JN426989

건축 CAD와 실무 I

기 초 및 실 습 편

이영훈·이덕용·장훈익 공저

SEOWOO PUBLICATIONS

머 리 말

건축 및 설계 디자인 분야에서 CAD가 광범위하게 사용되고 있는 요즈음, 이 분야에서 전세계적으로 가장 많이 사용되고 있으며, 우리가 주위에서 가장 친숙하게 만날 수 있는 CAD 프로그램이 바로 AutoCAD라는 것을 부정할 사람은 아무도 없을 것입니다.

하지만, 건축을 공부하는 많은 사람들이 이 AutoCAD를 배우려는데 있어서 어려움을 겪는 것 또한 사실입니다. 이는 대부분의 AutoCAD 관련 교재들이 명령어 위주로 서술되어 있기 때문입니다. 특히 AutoCAD는 건축, 조경, 토목, 기계, 전기, 전자 등 거의 모든 공학 및 디자인 분야에서 폭 넓게 사용되는 범용 CAD이기 때문에 명령어 위주의 서술만으로 건축이라는 특정 분야로의 적용이 쉽게 이루어질 수가 없는 것입니다.

따라서 이 교재는 되도록 실제 사용이 빈번한 명령어에 관해서만 설명하고, 건축 도면을 실제로 그려가면서 이를 연습해 나가는 학습 방법을 택했습니다. 명령어에 관한 기초적인 설명의 경우에도 최대한 시각적으로 이해하기 쉽게 구성하였으며, CAD 작업 과정의 모든 부분을 생략함이 없이 표현하려 했습니다. 또한 이 교재에 이어서 "건축 CAD와 실무II"를 학습하면 본 교재에서 다루는 2차원 도면뿐만 아니라 3차원 관련 학습도 연속적으로 이루어질 수 있을 것입니다. 최대한 이해하기 쉽게 쓰려고 노력하였으나 많은 부분에서 부족함이 있으리라 생각됩니다. 내용면에서 미흡한 부분은 여러분들의 지도 편달을 통해 수정해 나가겠습니다.

마지막으로 이 책이 나오기까지 도와준 가족들과 여러모로 배려를 아끼지 않으신 이강업 교수님, 진경돈 교수님, 박정규님께 감사를 드리고, 도서출판 서우에도 감사를 표합니다.

목 차

제1장 AutoCAD의 개요

제2장 2차원 명령어 학습

제3장 건축 기본도면 실습

AutoCAD의 개요

- CAD 개론
- AutoCAD의 개요

①

CAD 개론

CAD의 의미

▶ CAD란 Computer Aided Design의 약어로서 컴퓨터를 이용한 설계를 뜻합니다. CAD라는 말은 보통 디자인의 개념을 발전시키는데 있어 컴퓨터의 도움을 빌리는 창작적인 작업, 또는 설계의 기본개념 단계에서부터 최종 마무리 단계까지의 전 과정에 걸쳐서 컴퓨터의 여러 가지 능력이나 활용 기술을 사용하는 설계방식으로 생각되고 있으며, 설계시방을 컴퓨터에 입력하여 설계와 해석을 병행하거나 자동적으로 도면을 작성해 내는 DA (Design Automation)의 개념을 포함하기도 합니다.

또한 CAD가 Computer Aided Drafting의 의미로써 사용되어지기도 하는데, 이는 창작적인 작업을 의미하지 않고 단순히 컴퓨터가 보유하고 있는 강력한 데이터 처리기능을 사용하여 설계에 필요한 자료를 그림의 형태로 표현하는 것으로 사용하는 것입니다.

한편, 이러한 CAD와 서로 밀접한 관련성을 갖고 있는 것으로 CAM이라는 것이 있습니다. CAM은 Computer Aided Manufacturing의 약어로서 컴퓨터를 이용한 생산을 의미합니다. 이것은 CAD에 의해 구체화되고 형상화된 모델을 이용하여 가공단계에서 그 설계도나 제작도 등을 직접 참조하거나 공작기계의 작동을 지정하는 NC프로그램을 작성하는 등, 공정설계, 생산관리, 조립 및 검사 등의 제품 제조 전 과정에서 컴퓨터의 능력을 활용하는 기술의 총칭입니다.

TIP

> ***CAE : Computer Aided Engineering**의 약어로서, 제품의 생산을 위한 전 단계, 즉 설계 개발에서부터 제조부터 완성에 이르는 제품생산 전 단계에 걸쳐 기술정보와 생산관리 정보를 데이터 베이스로 구축하고 통합하여 컴퓨터에 의해 관리하는 종합적인 설계 생산 시스템을 말합니다.*

CAD의 활용

▶ **CAD는 건축, 토목, 조선, 플랜트, 자동차, 항공기, 반도체, 프린트기판, 금형, 일반기계, 공작기계, 일반전기기기, 의류, 영화, 광고, 군사 등과 같은 분야에서 적극적으로 활용되고 있으며, 최근에는 2차원적인 단순한 설계도면 작성에서 벗어나 3차원 모델의 작도 기능은 물론 역학적, 화학적, 음향, 모의 시험 등 다양한 시뮬레이션 기능에까지 사용범위를 넓혀가고 있으며, 최근 컴퓨터 그래픽과의 연계를 통해 애니메이션 분야로도 발전해 나가는 추세입니다.**

AutoCAD의 개요

AutoCAD 란?

▶ 현재 전세계적으로 가장 많이 사용되고 있는 **PC**용 **CAD**로는 이 책에서 다루고 있는 **Autodesk**(오토데스크)사의 **AutoCAD**(오토캐드)가 있으며, **INTERGRAPH**(인터그래프)사의 마이크로스테이션과 독일에서 개발된 **FELIXCAD**(펠릭스캐드)는 유럽에서는 사용되고 있습니다. 워크스테이션 **CAD**로는 **ALTIUM**(알티움)사의 **CATIA**(카티아) **PTC**사의 **PRO/ENGINEER**(프로엔지니어)를 비롯하여 **PC**보다 훨씬 많은 소프트웨어들이 많이 사용되고 있습니다.

AutoCAD Drafting Package는 사용자의 지시에 따라 요구되는 도면을 신속 정확하게 그려내는 설계 보조용 **software**로서, **AutoCAD**를 사용하면 전체 도면을 다시 그리지 않고도 설계도를 수정하거나 설계도상의 오류를 수정할 수 있습니다.

AutoCAD는 DOS를 기반으로 출발한 프로그램으로 다른 윈도우기반의 그래픽 프로그램과는 다른 **command**를 사용하여 그 중 어느 도형요소를 그리도록 **AutoCAD**에게 지시합니다. 이 **command**는 키보드에서 입력하거나 화면상의 메뉴에서 선택할 수 있고, 또 **digitizer**나 **mouse**의 버튼을 클릭하여 입력할 수도 있습니다. 그런 다음에 화면에 나타나는 **prompt**에 따라서 선택한 도형요소에 대한 **parameter** 값을 입력하게 되면 도형요소가 **display**상에 나타나게 됩니다. 이런 방식으로 또 다른 **command**를 입력하여 다른 도형요소를 그리거나 다른 **AutoCAD** 기능을 실행함으로써 작업이 이루어집니다.

AutoCAD의 역사

▶ **1982**년 추계 컴덱스 전시회에서 발표된 **AutoCAD**는 원래 **MS-DOS**용으로 출시되었지만, 오늘에 이르러서는 **Windows**나 **NT**와 같은 **PC**용 운영체계는 물론, 애플사의 매킨토시 버전을 비롯해, **IBM RISC SYSTEM/600**, 선 마이크로시스템즈의 **Openwindows** 등과 같은 **Unix**하에서도 확대 사용되고 있습니다.

가장 최근 버전인 이번 **AutoCAD2008**은 명령 중심이기 보다 더욱 설계 중심적으로 이루어진 사용자 인터페이스가 적용되었고 더욱 확장된 연계성과 능률적인 출력을 보장할 수 있게 되었습니다.

AutoCAD 2008의 시스템 요구사항

▶ AutoCAD2008으로 업그레이드하기 위해 시스템을 업그레이드할 필요가 없도록 AutoCAD 2008의 코드를 간결하고 효율적으로 유지했기 때문에, 최소 요구사항은 AutoCAD R14를 실행하기 위한 요구사항과 매우 유사합니다.

- Windows 95나 98 또는 Windows NT 4.0
- 133 MHz 프로세서를 갖춘 펜티엄 기반 PC
- 최소 32MB의 RAM, 64MB 권장
- 일반 설치를 위한 100MB의 디스크 공간
- 스왑 공간을 위한 64MB의 디스크 공간
- 800 x 600 x 64 그래픽 카드와 컬러 모니터
- 4배속 CD ROM 드라이브

2차원 명령어 학습

②

- AutoCAD 시작과 종료
- 2차원 기본도형 그리기와 OSNAP
- 편집명령(1)과 화면조정
- 편집명령(2)와 블록, 속성, XREF
- 도면층
- 문자와 기타 2차원 객체 작성
- 치수 기입

Auto CAD시작과 종료

시작

AutoCAD의 실행

1. 화면 왼쪽 아래에 있는 '시작'버튼을 누릅니다.

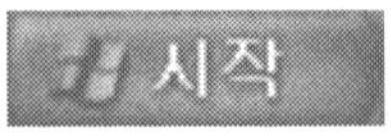

'프로그램'을 선택합니다.

AutoCAD 2008을 선택합니다.

AutoCAD 2008을 클릭합니다.

2. 바탕화면에 있는 AutoCAD 2008 아이콘을 더블클릭 합니다.

3. 탐색기를 통해 기존 제작된 파일(*.DWG)을 더블클릭 합니다.

TIP

Auto Cad의 도면파일은 'dwg'라는 확장자를 갖게 됩니다. 저장하게 되면 자동으로 백업파일로 같은이름의 파일로 'bak'의 확장를 가진 파일이 생성됩니다. 만일 작업도중 오류가 발생되어 저장하기 전에 다운된다면 'bak'파일의 확장자를 Window의 '다른이름으로 변경' 기능으로 'dwg'파일로 변경하면 가장 최근 저장된 파일로 사용 할 수 있습니다.

화면 구성

AutoCAD를 실행시키면 다음과 같은 AutoCAD 2008의 일반적인 화면 구성을 볼 수 있습니다.

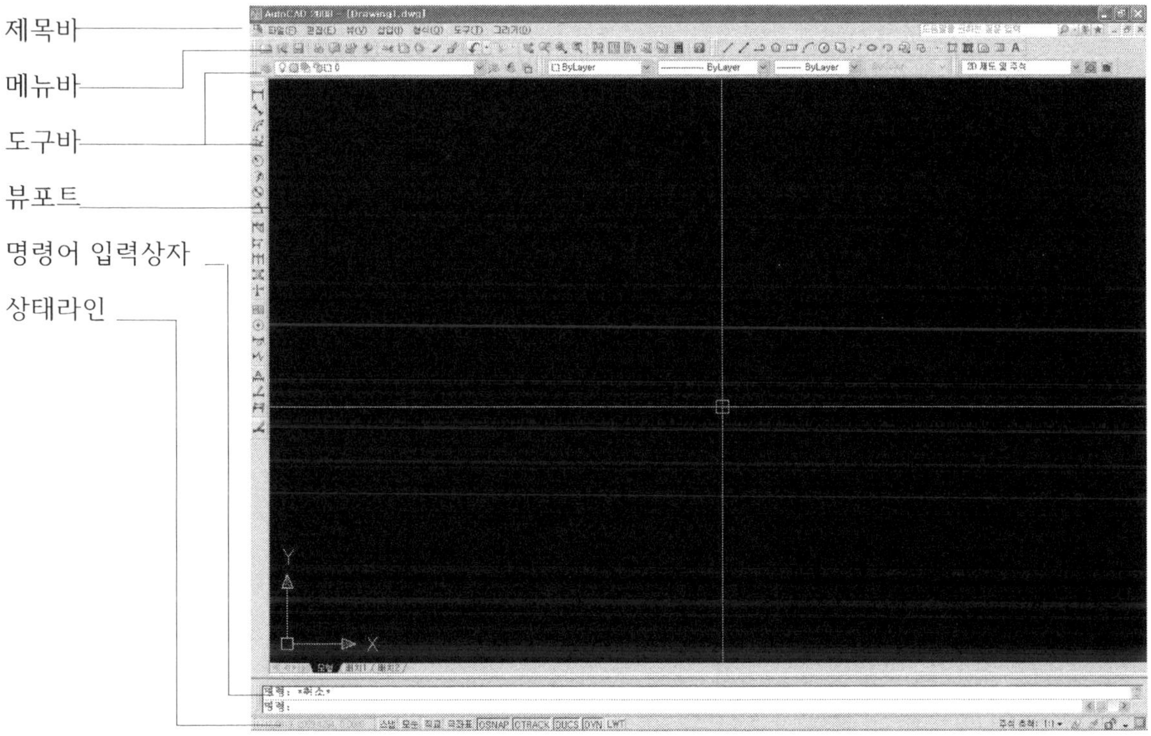

명령어를 실행하는 방법들

AutoCAD에서 명령어를 실행하는 방법으로는 메뉴를 이용하는 것, 도구(아이콘)을 이용하는 것, 명령행을 이용하는 것들입니다. 처음엔 낯설더라도 명령행에 단축명령어를 입력시켜 실행하는 방법을 권장합니다. 숙달되면 도면작성 속도가 향상됩니다.

예를 들어 가장 많이 쓰이는 명령인 '저장(save)'을 명령하기 위해서는 다음과 같은 방법이 가능합니다.

첫째, 메뉴바에서 File/Save로 마우스를 통하여 입력하는 방법

둘째, 도구바에 있는 아이콘 중에서 (Save 아이콘)을 찾아 클릭하는 방법

셋째, 명령행에 직접 Save를 입력한 후 enter를 치는 방법

지금부터 나오는 명령어는 위의 세가지 방법을 중심으로 설명되겠습니다.

좌표와 각도

좌표

생성된 객체는 모두 고유한 **x y z**의 좌표값을 갖고 있습니다. 다시 말해 실제 어떤 특정 객체를 생성하고자 하면 그 특정한 좌표값을 입력해야 한다는 뜻입니다. 그 방법으로 AutoCAD에서는 다음의 몇 가지를 제공하고 있습니다. 2D 작업시에는 크게 와닫는 개념은 아니나 3D 작업시에는 중요한 개념이므로 잘 기억해 두어야 할 필요가 있습니다.

1. 절대좌표 : 현재의 좌표계를 기준으로 한 좌표로서 절대적인 값. **3,4**
2. 상대좌표 : 마지막에 입력된 점을 원점으로 한 좌표값으로 **@**를 첨가하여 절대좌표와 구별. **@3,4**
3. 극좌표 : 거리와 각도를 이용하여 좌표를 지정하며, 절대극좌표와 상대극좌표가 있음.
    절대극좌표 : 원점으로부터의 거리와 각도. **5<60**
    상대극좌표 : 마지막에 입력된 점을 원점으로 한 극좌표. **@5<60**
4. 최후좌표 : 마지막에 입력되었던 좌표로서 **@**만 입력하면 마지막에 입력되었던 좌표가 지정.
5. Pointing Device를 이용한 직접 입력 : 마우스 등을 사용하여 원하는 좌표점에 커서를 둔 후 버튼을 눌러 입력

각도

AutoCAD에서 사용되는 각도계는 기본적으로 동쪽을 0°로 하여 반시계방향으로 그 각도가 증가합니다. 이를 그림으로 표현하면 다음과 같습니다. 이를 바꾸기 위해서는 **units** 명령을 사용하여 조절이 가능하나 공동작업 수행시에는 가급적 바꾸지 않거나 모두 바꾸어 사용하여야 합니다. 그것은 도량형을 통일해서 사용하는 것과 같은 이유입니다.

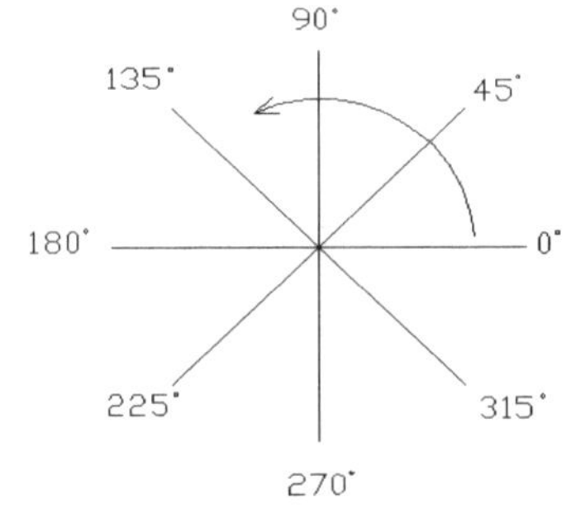

단위와 한계

Units(단위)

1. 기능 : AutoCAD는 범용 CAD이기 때문에, 이 명령을 통해 AutoCAD에서 사용되는 단위를 설정하고 조절합니다. 여기서는 건축에 사용되는 내용을 중심으로 표현했습니다.

2. 명령방법

● 명령행 입력 : units

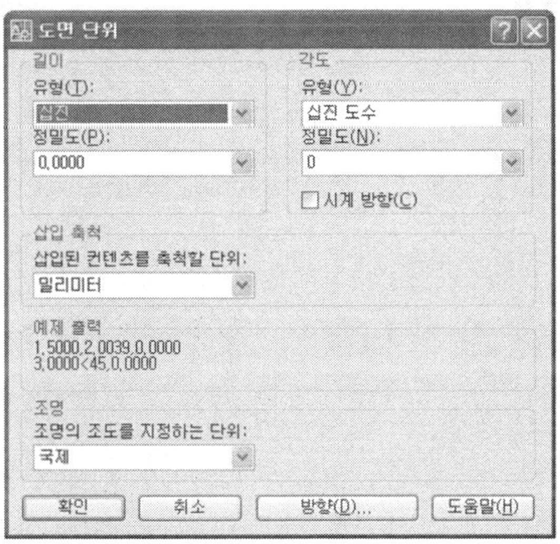

3. 입력

● 길이(Length)와 각도(Angle)의 type을 지정하고, 정밀도(Precision)에서 소수점이하 자릿수를 지정합니다. 단위는 mm 입니다.

● 시계방향을 체크하면 시계방향으로 각도가 증가합니다. 되도록 체크하지 않습니다.

● Direction버튼을 클릭하면 각도 0°의 기준을 조절할 수 있습니다.

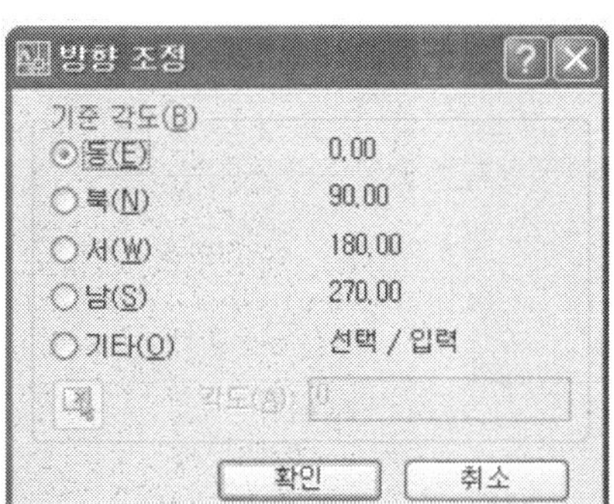

Limits(한계)

1. 기능 : 도면작업을 위한 도면의 크기를 설정합니다. 그리고자 하는 것보다 2~3배 정도 크게 잡는 것이 좋습니다.

2. 명령방법

   ● 명령행 입력 : limits

   ● 메뉴 : Format/Drawing Limits

3. 입력 (limits를 더 크게 지정해보겠습니다.)

   Command : limits (enter)

   Reset Model space limits

   Specify lower left corner or [ON/OFF]<0.000,0.000> : (enter)

   좌측 하단점 입력

   Specify upper right corner or <12.000,9.000> : 50,30 (enter)

   우측 상단점 입력 (A3용지 크기인 50,30을 입력)

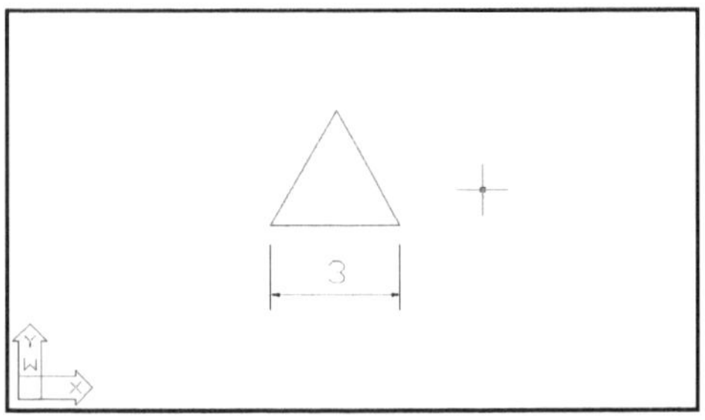

Limits(12,9)일 때,

한 변의 길이가 3인 정삼각형

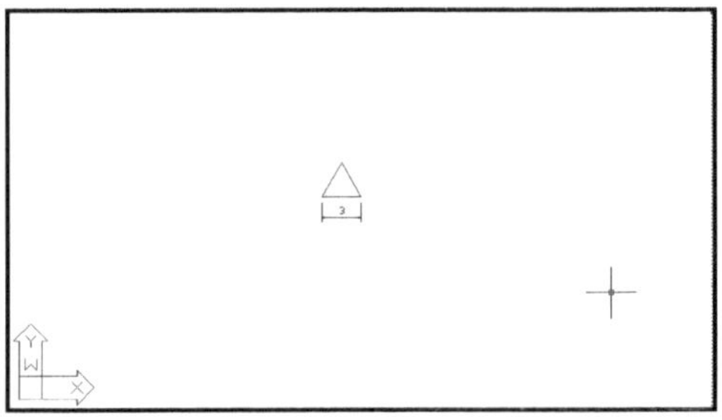

Limits가 (50,30)일 때,

한 변의 길이가 3인 정삼각형

TIP

__Limits__와 __Zoom__ : __limits__명령을 사용하여 도면의 한계에 변경을 주었을 경우에는 __zoom/all__ 기능을 이용하여 변경된 한계를 화면에 적용시켜주어야 합니다.

__Lomits__ 명령어는 건축실무에서는 도면 __Title__을 미리 불러놓고 사용하는 경우가 많으므로 __Limits__ 명령어는 많이 사용되는 명령어는 아닙니다.

저장과 종료(Save & Quit)

Save(저장)

1. 기능 : 작업한 도면을 저장하는 명령입니다. 저장을 하면 **dwg** 파일이 형성됩니다.

2. 명령방법

- 명령행 입력 : save
- 메뉴 : File/Save
- 도구 아이콘 : 

3. 관련명령

- QSAVE : 현재도면명으로 추가된 내용만 빨리 저장.
- SAVEAS : 다른 이름으로 저장하는 명령. (과거 version으로도 저장이 가능)
- Auto Save : 일정 간격으로 도면을 저장하는기능. (tools/options/Openand Save)

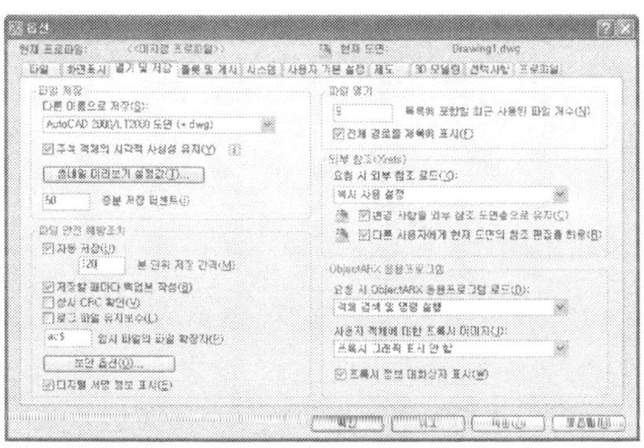

TIP

상위버전의 CAD에서 작업한 내용은 하위버전의 CAD에서는 열리지 않습니다. Option 또는 Config 명령어를 입력하여 열기 및 저장에서 다른이름으로 저장을 이용하여 늘 하위버전의 CAD로 자동저장토록하면 하위버전 CAD사용자와 공동작업시 편리하게 사용 할 수 있습니다.

Quit(종료)

1. 기능 : 작업을 미치고 AutoCAD를 종료하는 명령입니다.

2. 명령방법

- 명령행 입력 : quit 혹은 exit
- 메뉴 : File/Exit
- 도구 아이콘 : 

3. 관련명령

- Close : 현재 활성화 된 도면창만 닫을 뿐 AutoCAD를 종료하지는 않습니다.
- 항상 SAVE를 실행시킨 후 종료하는 습관을 기르는 것이 좋습니다.

2차원 기본도형 그리기와 OSNAP(Object Snap)

직선 그리기

Line(선)

1. 기능 : 직선을 그리는 명령입니다.

2. 명령방법

● 명령행 입력 : line

● 메뉴 : Draw/Line

● 도구 아이콘 : 

3. 입력

Command : line 혹은 l (enter)

Specify first point : 시작점의 좌표를 입력합니다.

Specify next point or [Undo] : 다음점의 좌표를 입력합니다.

Specify next point or [Undo] : 다음점의 좌표를 입력합니다.

(Undo를 입력하면 마지막 명령이 취소됩니다.)

Specify next point or [Close/Undo] : 다음점의 좌표를 입력합니다.

(Close를 입력하면 최초 시작점으로 연결되며, enter를 입력하면 선 그리기가 종료됩니다.)

4. 아래의 직사각형을 그려 봅시다.

이 사각형을 line을 이용하여 그리는 방법은 절대좌표, 상대좌표, 극좌표, 거리값에 의한 좌표를 이용하는 방법들이 있습니다. 실제로는 편집명령어를 이용하여 그리는 것이 쉬우나 좌표의 개념을 알기위해 연습해 봅시다.

● 먼저 절대좌표를 사용 4개의 점을 하나씩 입력하는 방법입니다.

Command : line (enter)

Specify first point or [Undo] : 3,3 (enter)

Specify first point or [Undo] : 8,3 (enter)

Specify first point or [Close/Undo] : 8,5 (enter)

Specify first point or [Close/Undo] : 3,5 (enter)

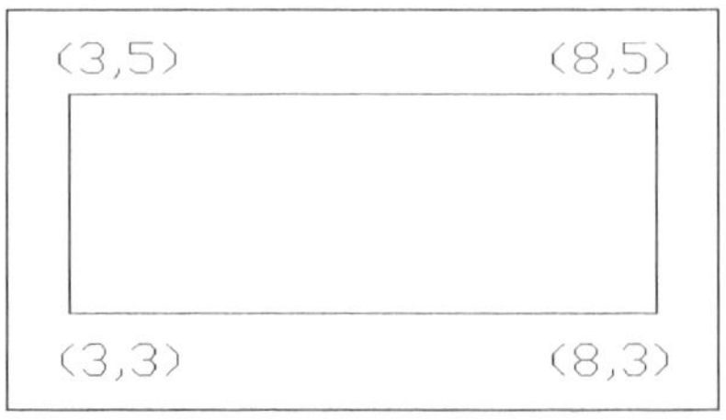

● 상대좌표를 사용하는 방법입니다.

Command : line (enter)

Specify first point or [Undo] : 3,3 (enter)

Specify first point or [Undo] : @5,0 (enter)

Specify first point or [Close/Undo] : @0,2 (enter)

Specify first point or [Close/Undo] : @-5,0 (enter)

Specify first point or [Close/Undo] : C (enter)

● 극좌표를 사용하는 방법입니다.

Command : line (enter)

Specify first point or [Undo] : 3,3 (enter)

Specify first point or [Undo] : @5<0 (enter)

Specify first point or [Close/Undo] : @2<90 (enter)

Specify first point or [Close/Undo] : @5<180 (enter)

Specify first point or [Close/Undo] : C (enter)

● 거리값에 의한 좌표를 사용하는 방법입니다. 커서를 선이 가고자 하는 방향으로 위치시킨 후 거리값을 입력합니다.

Command : line (enter)

TIP

원활한 작도를 위해 상태라인에 있는 기능을 알아두어야 합니다.

Ortho : *선을 그리거나 객체를 이동시키는 과정에서 커서를 수평 혹은 수직으로만 움직이도록 합니다.*
F8키를 이용하여 언제라도 변경할 수 있습니다.

Grid : *화면에 일정한 간격으로 격자를 보여줍니다. F7키를 이용하여 Grid를 on/off 할 수 있습니다.*
일반적인 건축실무에서는 Off 상태로 사용하고 필요한 경우 직접 Grid를 작도하여 사용합니다.

Snap : *커서가 움직이는 간격을 제어하는 기능을 합니다. F9키를 이용하여 Snap을 on/off 할 수 있습니다.*

곡선 그리기

Circle(원)

1. 기능 : 원을 그리는 명령입니다.
2. 명령방법
   - 명령행 입력 : circle
   - 메뉴 : Draw/Circle
   - 도구 아이콘 : 
3. 입력

   Command : circle 혹은 c (enter)

   Specify center point for circle or [3P/2P/Ttr (tan tan radius)] : 원의 중심을 입력합니다.

   Specify radius of circle or [Diameter] : 원의 반지름을 입력합니다.

> *알아두면 좋은 이야기*
>
> *원의 정의 : 평면상의 한점에서 같은 거리에 있는 점들의 집합*
>
> *구의 정의 : 공간상의 한점에서 같은 거리에 있는 점들의 집합*
>
> *고대건축에서 원은 정적인 표현이며 시작과 끝이 없는 완전한 도형으로 여겨져 왔습니다.*

TIP

> *일반적인 명령어는 보통 몇 가지의 옵션을 가지고 있는데, 그것들은 "[.....]" 안에 표시되어 있습니다.*
>
> *위의 **circle** 명령에 있어서 둘째 줄에 나오는 **[3P/2P/Ttr (tan tan radius)]**과 셋째 줄에 나오는 **[Diameter]**가 **circle** 명령의 옵션입니다.*
>
> ***3P** : 세 점을 이용하여 원을 그립니다.*
>
> ***2P** : 두 점을 이용하여 원을 그립니다.*
>
> ***Ttr** : 두 개의 물체에 접하는 원을 그립니다.*
>
> *건축실무에서는 위의 옵션들이 자주 사용되므로 잘 익혀두는 것이 좋습니다.*

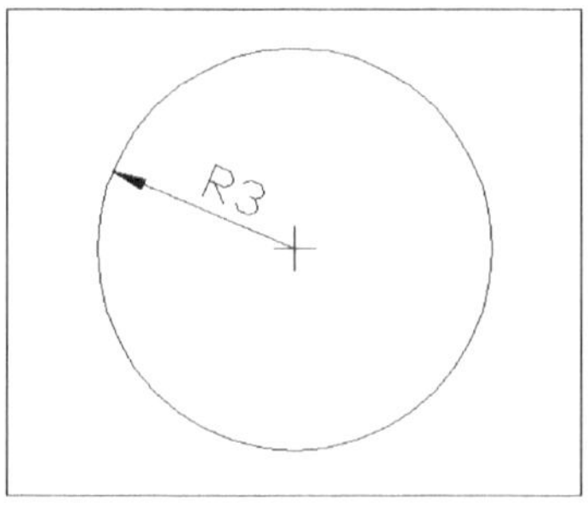

4. 다음의 원을 그려 봅시다.

- 원의 중심과 반지름으로 그리는 방법입니다.

Command : circle 혹은 **c (enter)**

Specify center point for circle or [3P/2P/Ttr (tan tan radius)] :

마우스로 화면 중앙을 클릭

Specify radius of circle or [Diameter] : 2 (enter)

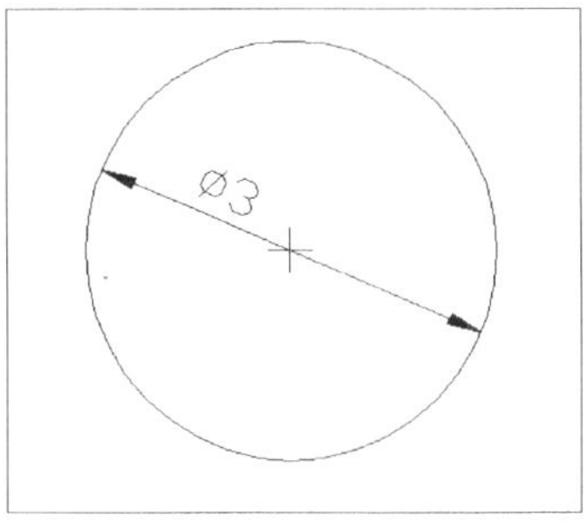

● 원의 중심과 지름으로 그리는 방법입니다..

Command : circle 혹은 c (enter)

Specify center point for circle or [3P/2P/Ttr (tan tan radius)] :

마우스로 화면 중앙을 클릭

Specify radius of circle or [Diameter] : d

Specify diameter of circle : 3 (enter)

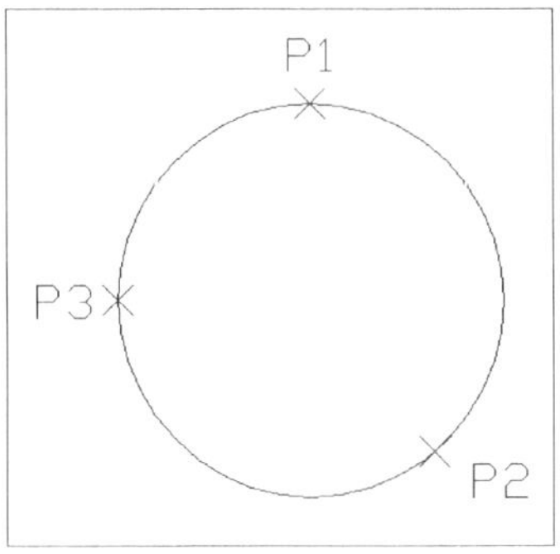

● 세 점을 이용하여 그리는 방법입니다.

Command : circle 혹은 c (enter)

Specify center point for circle or [3P/2P/Ttr (tan tan radius)] : 3P

Specify first point on circle : P1 클릭

Specify second point on circle : P2 클릭

Specify third point on circle : P3 클릭

* 두 점을 이용하여 그리는 방법도 위와 같습니다.

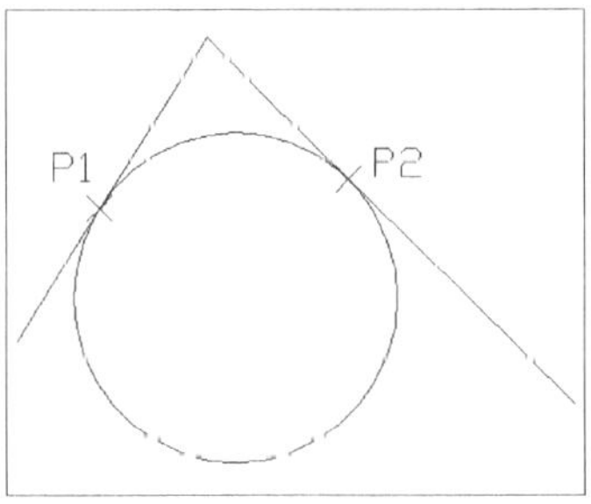

● 두 개의 물체에 접하는 원을 그리는 방법입니다.

Command : circle 혹은 c (enter)

Specify center point for circle or [3P/2P/Ttr (tan tan radius)] : ttr

Specify point on object for first tangent of circle : P1 근처 클릭

Specify point on object for second tangent of circle : P2 근처 클릭

Specify radius of circle : 3 (enter)

Arc(호)

1. 기능 : 호을 그리는 명령입니다.

2. 명령방법

- 명령행 입력 : arc 혹은 a
- 메뉴 : Draw/Arc
- 도구 아이콘 : 

3. 입력

Command : arc 혹은 a (enter)

Specify start point of arc or [CEnter] : 호의 시작점을 입력합니다.

Specify second point of arc or [CEnter/ENd] : 호의 두 번째 점을 입력합니다.

Specify end point of arc : 호의 끝점을 입력합니다.

TIP

호를 그리는 방법에는 10가지가 있습니다. 이것들은 앞에서 언급한 것과 같이 옵션으로서 주어집니다. 호의 경우 start point, second point, end point, center point, length, angle, radius와 같은 매개 변수들을 어떻게 선택하느냐에 따라서 여러 방법이 생겨납니다. 자유곡선은 여러 개의 연속된 원호로 이루어지게 됩니다.
건축실무에서 자유곡선을 표현할 때 유용하게 사용되는 명령어로 잘 익혀두어야 합니다.

4. 다음의 호를 그려 봅시다.

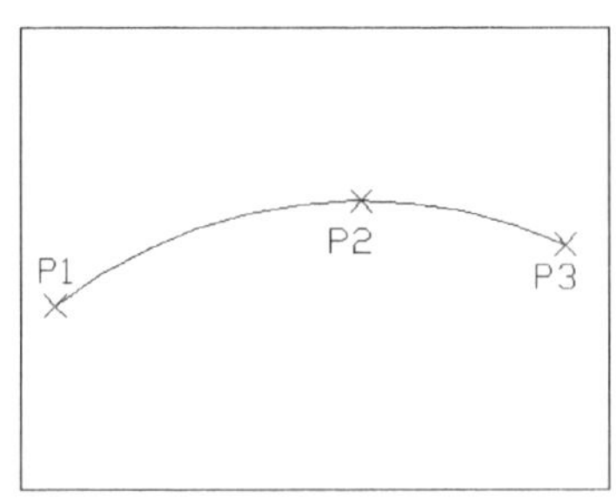

- 시작점, 두 번째 점, 끝점으로 호를 그리는 일반적인 방법입니다.

Command : arc 혹은 a (enter)

Specify start point of arc or [CEnter] : P1점 클릭

Specify second point of arc or [CEnter/ENd] : P2점 클릭

Specify end point of arc : P3점 클릭

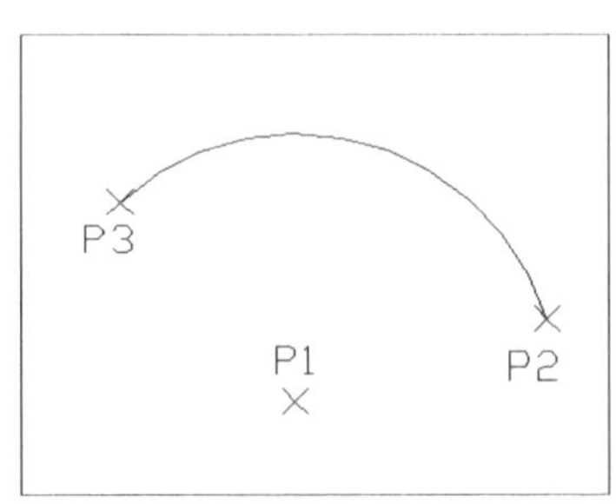

- 중심점, 시작점, 끝점으로 호를 그리는 방법입니다.

Command : arc 혹은 a (enter)

Specify start point of arc or [CEnter] : ce (enter)

Ellipse(타원)

1. 기능 : 타원을 그리는 명령입니다.
2. 명령방법
   - 명령행 입력 : ellipse 혹은 el
   - 메뉴 : Draw/Ellipse
   - 도구 아이콘 : 
3. 입력

> *알아두면 좋은 이야기*
>
> *건축에 있어서 타원은 바로크의 시작을 알리는 형태였습니다. CAD에서는 하나의 중심으로 그려지게 되지만 실제로는 두개의 중심을 가지게 되며 그사이의 동적인 움직임이 내제되어 있습니다. 고전의 정적인 표현에 반해 동적인 표현이 시도되는 것이 바로크의 특징이라 하겠습니다.*

Command : ellipse 혹은 el (enter)

Specify axis endpoint of ellipse or [Arc/Center] : 축의 한쪽 끝점을 입력합니다.

Specify other endpointof axis : 축의 반대편 끝점을 입력합니다.

Specify distance to other axis or [Rotation] : 다른 축까지의 거리를 입력합니다.

4. 다음의 타원을 그려 봅시다.

- 한 축의 지름과 다른 한 축의 반지름 지정

Command : ellipse (enter)

Specify axis endpoint of ellipse or [Arc/Center] : P1클릭

Specify other endpoint of axis : P2 클릭

Specify distance to other axis or [Rotation] : P3클릭

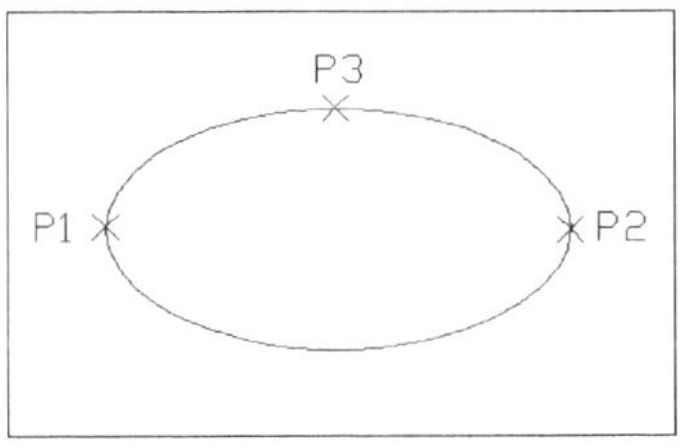

- 중심을 기준으로 장축과 단축의 반지름을 지정하여 타원을 그리는 방법입니다.

Command : ellipse (enter)

Specify axis endpoint of ellipse or [Arc/Center] : c (enter)

Specify center of ellipse : P1 클릭

Specify endpoint of axis : P2 클릭

Specify distance to other axis or [Rotation] : P3클릭

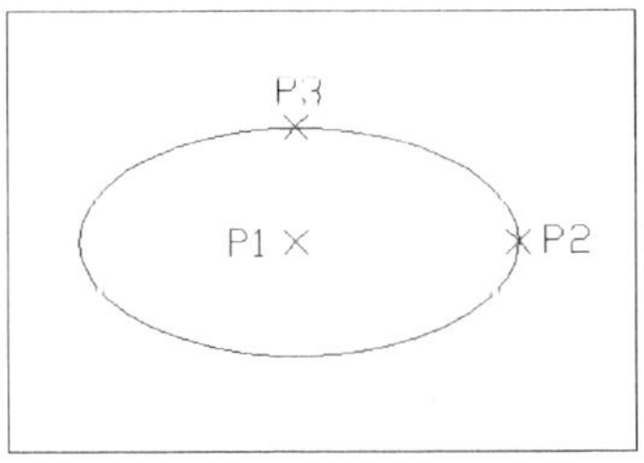

Polyline 그리기

Pline(라인)

1. 기능 : pline을 그리는 명령입니다. pline은 이제까지의 살펴본 직선, 호와는 달리 폭을 갖고 있는 직선과 호로서 한번의 pline 명령으로 그려진 선은 하나의 도면 요소로서 취급됩니다.

2. 명령방법

   - 명령행 입력 : pline
   - 메뉴 : Draw/Pline
   - 도구 아이콘 : 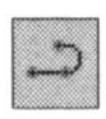

3. 입력

   Command : pline 혹은 pl (enter)

> *알아두면 좋은 이야기*
> *점은 좌표(위치)만 존재합니다.*
> *선은 위치와 위치사이의 길이값만 존재합니다.*
> *면은 선과 선으로 둘러싸인 폭(면적)값이 존재합니다.*
> *입체는 면으로 둘러싸인 체적값이 존재합니다.*
> *Pline은 선이면서 면과같은 폭값이 부여될 수 있는 특별한 선입니다.*

   Specify start point : 시작점을 입력합니다.

   Current line-width is 0.0000 현재 선의 폭을 표시합니다.

   Specify next point or [Arc/Close/Halfwidth/Length/Undo/Width] : 다음 점을 입력하거나 옵션을 선택 합니다. 명령을 종료하기 위해서는 enter를 누릅니다.

4. 다음의 pline을 그려 봅시다.

   - pline의 옵션 중 arc와 line을 사용하여 그리는 방법입니다..

   Command : pline 혹은 pl (enter)

   Specify start point : P1점 클릭

   Specify next point or [Arc/Close/Halfwidth/Length/Undo/Width] : P2점 클릭

   Specify next point or [Arc/Close/Halfwidth/Length/Undo/Width] : 호를 그리기 위하여 A를 입력하여 모드를 바꿉니다.

   Specify endpoint of arc or [Angle/CEnter/CLose/Direction/Halfwidth/Line/Radius/Second pt/Undo/Width] : 호의 끝점인 P3점을 클릭

   Specify endpoint of arc or [Angle/CEnter/CLose/Direction/Halfwidth/Line/Radius/Second pt/Undo/Width] : line 모드로 돌아오기 위하여 L을 입력

Specify next point or [Arc/Close/Halfwidth/Length/Undo/Width] : P4점 클릭

Specify next point or [Arc/Close/Halfwidth/Length/Undo/Width] : P5점 클릭

Specify next point or [Arc/Close/Halfwidth/Length/Undo/Width] : C를 입력하여 시작점인 P1점으로 pline을 닫는다.

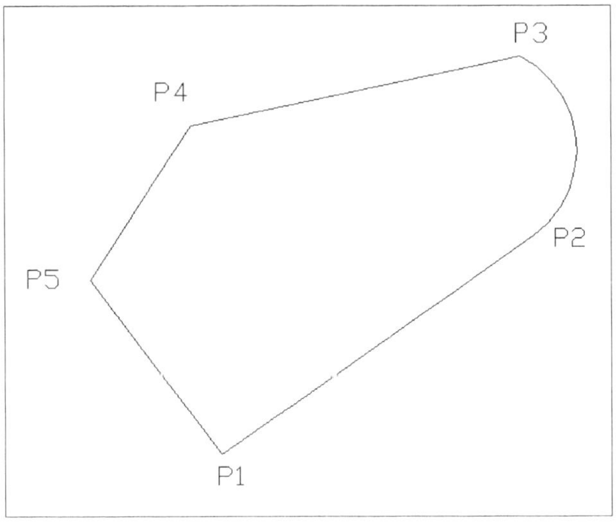

TIP

line명령으로 연속하여 그려진 선은 마치 서로 이어진 것처럼 보이지만 사실은 서로 분리되어 있습니다. 하지만, pline으로 그려진 선은 하나의 객체로 인식되어져 편집이 가능한 정점(vertex)들이 생기게 됩니다.

이러한 pline을 line으로 바꾸기 위해서는 explode 명령을 사용합니다. explode는 pline을 일반적인 선과 호로 분해합니다. 또한 폭을 가진 pline은 그 폭이 0이 되고, 블록이나 치수선과 같은 복합 object를 개별적인 요소로 분해하기도 합니다.

Pedit(Pline편집)

1. 기능 : pline을 편집하는 명령입니다.

2. 명령방법

- 명령행 입력 : pedit 혹은 pe
- 메뉴 : Modify/Object/Polyline
- 도구 아이콘 : 

3. 입력

Command : pedit 혹은 pe (enter)

Select polyline : 편집하려는 pline을 선택합니다.

Enter an option [Close/Join/Width/Edit vertex/Fit/Spline/Decurve/Ltype gen/Undo] : 옵션을 선택합니다.

Enter an option [Close/Join/Width/Edit vertex/Fit/Spline/Decurve/Ltype gen/Undo] : 명령을 종료하기 위해서는 enter를 누릅니다.

4. pedit 명령의 옵션

- close 혹은 open : pline을 닫거나 열린 상태로 만들어 줍니다.
- join : 기존의 pline에다가 pline 혹은 일반적인 선과 호를 연결해 줍니다. 단 끝점이 맞닿아 있어야 합니다.
- width : 지정하는 폭으로 pline의 폭을 변형시킵니다.
- edit vertex : pline의 정점을 편집합니다.
- fit : 정점들을 지나는 굴곡이 큰 곡선으로 변형됩니다.
- spline : 정점의 안쪽을 지나는 곡선으로 변형됩니다.
- decurve : 곡선을 직선화 합니다.
- ltype gen : 정점의 둘레의 라인타입을 정합니다.
- undo : 직전의 편집명령을 취소합니다.

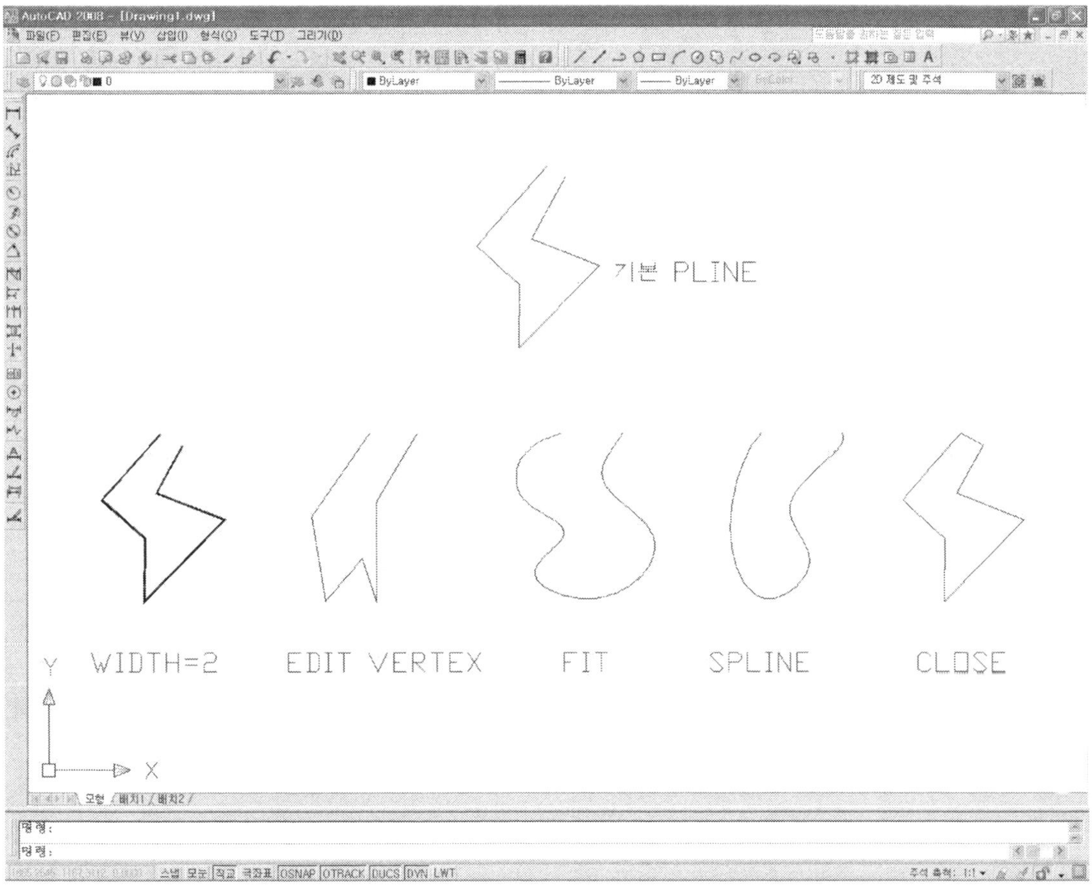

5. Pedit 명령을 연습해 봅시다.

● 먼저 pline 명령을 이용하여 위의 기본 pline을 그립니다.

● 선의 폭을 조정해 봅시다.

Command : pedit (enter)

Select polyline : 그려둔 pline을 선택.

Enter an option [Close/Join/Width/Edit vertex/Fit/Spline/Decurve/Ltype gen/Undo] : W (enter)

Specify new width for all segments : 2 (enter) (폭이 0이면 일반 선과 그 폭이 같게 됩니다.)

Enter an option [Close/Join/Width/Edit vertex/Fit/Spline/Decurve/Ltype gen/Undo] : (enter)

● F, S 등의 옵션들도 연습해 봅니다.

다각형 그리기

Rectangle(사각형)

1. 기능 : 사각형을 그리는 명령입니다. 이때 형성된 사각형은 4개의 line으로 이루어진 것이 아니라 1개의 pline으로 이루어진 것입니다. 따라서 앞에서 언급했던 pedit 명령을 사용하여 여러 변형을 줄 수 있습니다.

2. 명령방법
   - 명령행 입력 : rectangle 혹은 rectang, rec
   - 메뉴 : Draw/Rectangle
   - 도구 아이콘 : 

> *알아두면 좋은 이야기*
>
> ***Rectangle**은 건축도면 작성시 도면을 보조하는 기호작성시 많이 사용됩니다. 자주쓰인다기 보다 알아두면 대단히 유용하게 사용되는 명령어로 알아두시면 좋습니다.*

3. 입력

   Command : rectangle 혹은 rectang, rec (enter)

   Specify first corner point or [Chamfer/Elevation/Fillet/Thickness/Width] : 시작점을 입력합니다.

   Specify other corner point : 다음 점을 입력하여 사각형을 완성합니다.

4. Rectangle의 옵션 설명
   - chamfer : 모따기 값을 지정합니다. 0은 모따기 값이 없는 경우입니다.
   - **elevation** : 고도 즉 **xy**평면을 **z**축 방향으로 이동시킵니다.
   - **fillet :** 모깎기 값을 지정합니다.
   - **thickness** : 선의 **z**축 방향 두께를 지정합니다.

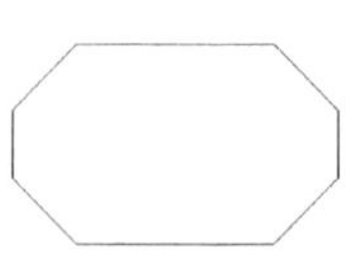

모따기(chamfer)

모깎기(fillet)

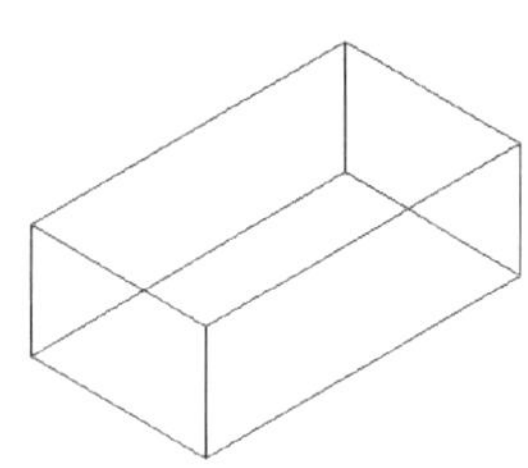

Thickness

TIP

> ***Rectang**의 옵션에 의해 설정된 값들은 일단 기억되기 때문에, 다음 번에 다시 **Rectang** 명령을 실행하면 이전에 설정된 옵션이 다시 적용됩니다. 따라서 명령행에 나오는 설정값을 확인하고 필요한 경우에는 변경해 주어야 합니다. 대부분의 명령어중 옵션에 의해 설정되는 것들은 연속으로 실행되므로 항상 확인해야 합니다.*

Polygon(다각형)

1. 기능 : 각 변의 길이가 같은 다각형을 형성하는 명령어로 3개의 변을 갖는 정삼각형으로부터 1024개의 변을 갖는 다 각형 까지 그릴 수 있습니다.

2. 명령방법

- 명령행 입력 : polygon 혹은 pol
- 메뉴 : Draw/Polygon
- 도구 아이콘 : 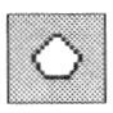

3. 입력

Command : polygon 혹은 pol   (enter)

Enter number of sides <4> : 변의 수를 입력합니다.

Specify center of polygon or [Edge] : 숭심점을 입력합니다.

Enter an option[Inscribed in circle/Circumscribed about circle]<I> : 가상의 원에 내접하게 할 것인지 외접하게 할 것인지를 지정합니다.

Specify radius of circle : 원의 반지름을 설정합니다.

(Edge 옵션 : 한 변의 길이와 좌표를 입력하여 다각형을 그릴 수 있습니다.)

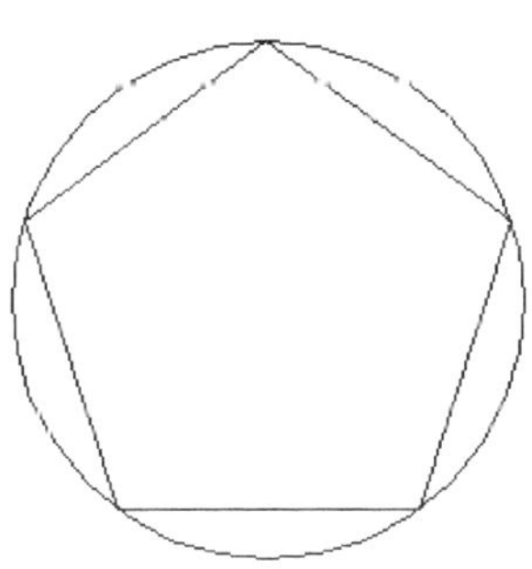

원에 내접하는 다각형

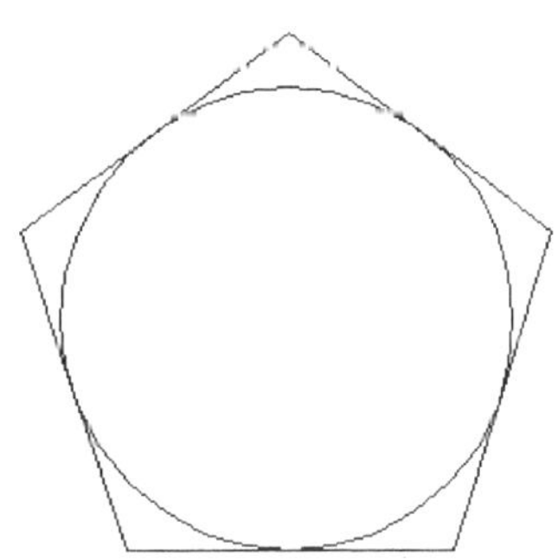

원에 외접하는 다각형

객체 스냅(Osnap)

Osnap(Object Snap)

1.기능 : 물체의 특정점을 잡도록 해줍니다. 따라서 정확한 좌표점을 모르더라도 보조선 없이 정확한 위치를 찾아낼 수 있습니다.

2. 지정방법 : Osnap을 지정하는 방법은 다음 두 가지가 있습니다.

- 단일 점(재지정) 모드 : 매번 필요할 때 마다 Osnap을 지정하는 방법입니다.
- 실행 모드 : 필요한 여러 Osnap을 미리 지정해 두면 Osnap이 실행 모드인 경우 매번 재지정할 필요가 없습니다.

3. Osnap의 유형

- Endpoint(끝점) : 객체의 끝점
- Midpoint(중간점) : 객체의 중간점
- Intersection(교차점) : 객체 교차점
- Center(중심점) : 원, 호, 타원의 중심점
- Tangent(접점) : 객체에 접선을 이루는 원이나 호 위의 점
- Quadrant(사분점) : 원, 호, 타원의 사분점
- Perpendicular(수직점) : 객체에 수직을 이루는 다른 객체 위의 점
- Extension(연장선) : 객체 연장 경로
- Apparent Intersection(가상 교차점) : 두 객체를 연장하여 생기는 가상의 교차점
- Nearest(근처점) : 커서가 있는 부분에서가장 가까운 Osnap이 지정
- Parallel(평행)
- Node(절점) : Point 명령으로 형성된 점을 Osnap 걸 때
- Insertion(삽입점) : 블록, 문자 등의 삽입점
- None(없음) : Osnap을 끌 때

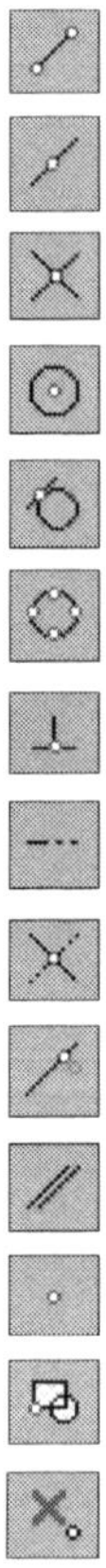

모두 지정하게 되면 도면작도시 방해되므로

주로 사용하는 3~4가지만 지정하여 사용하는 것이 좋습니다.

5. 단일 점(재지정) 모드 사용 방법

- shift + 마우스 오른쪽 클릭 하여 나오는 메뉴를 사용하여 지정할 수 있습니다. (ㄱ)
- 아이콘을 사용하여 지정할 수 있습니다. (ㄴ)
- 명령행에 직접 입력할 수 있습니다. (ㄷ)

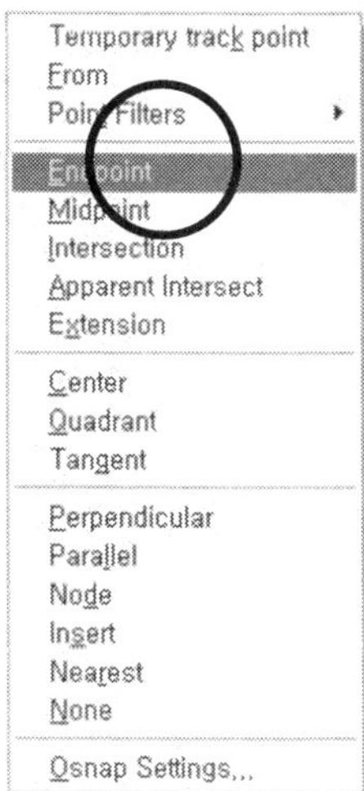

(ㄱ)

(ㄴ)

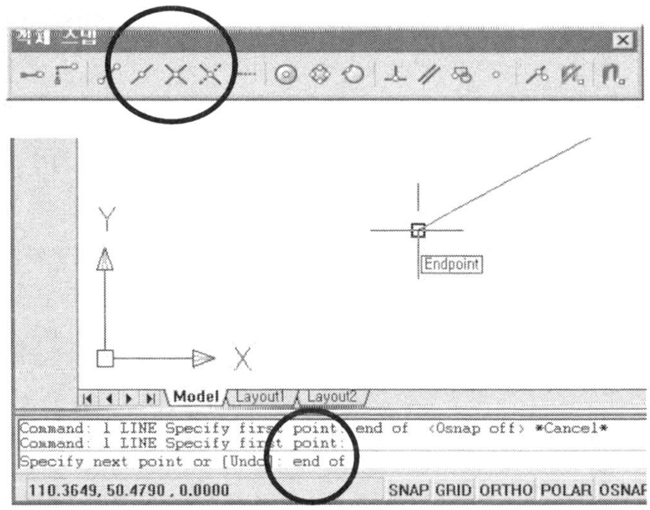

(ㄷ)

6. Osnap 실행 모드 사용 방법

- 명령행 입력 : osnap
- 메뉴 : Tools/Drafting Settings
- 도구 아이콘 : 
- 사용하고자 하는 osnap을 하나 이상 지정하여 사용할 수 있습니다. 이때 상태라인의 Osnap 항목이 켜서 있어야 합니다. (F3키 혹은 Ctrl+F를 이용하여도 Osnap을 실행 모드화 할 수 있습니다.)

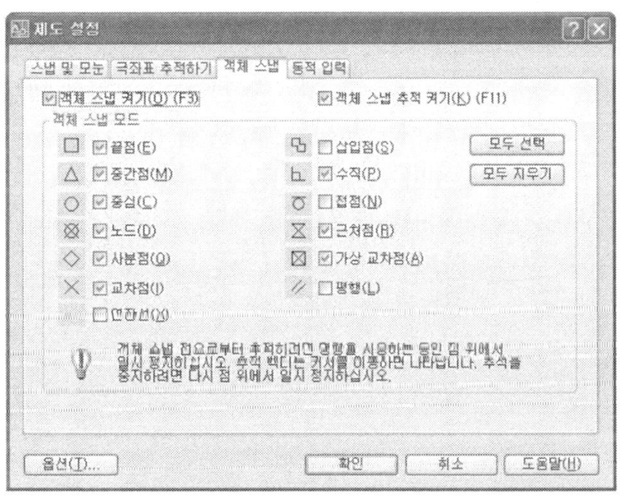

7. **Osnap**이 어떻게 사용되는지 살펴 봅시다.

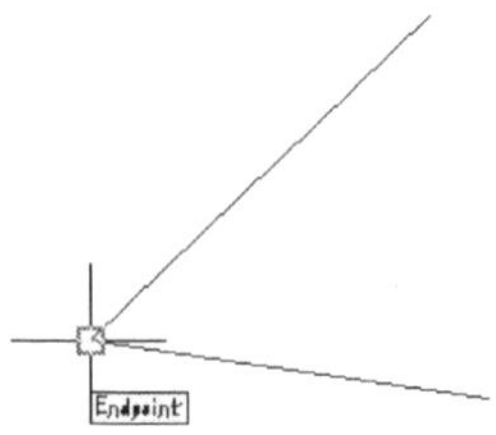

endpoint

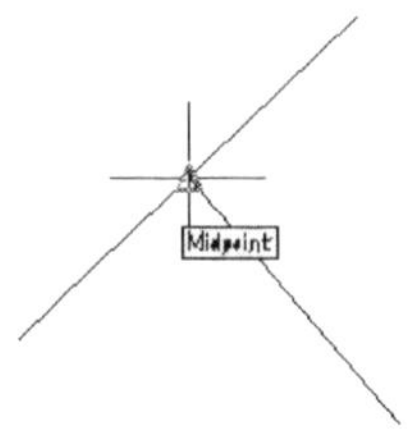

midpoint

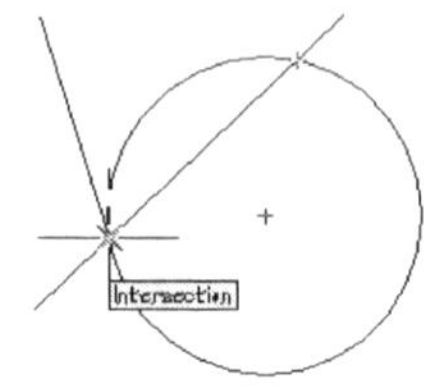

intersection

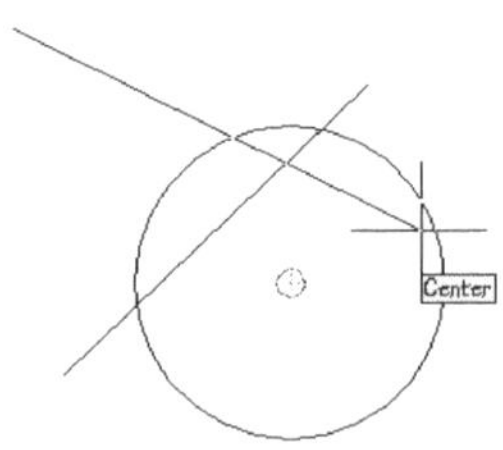

center

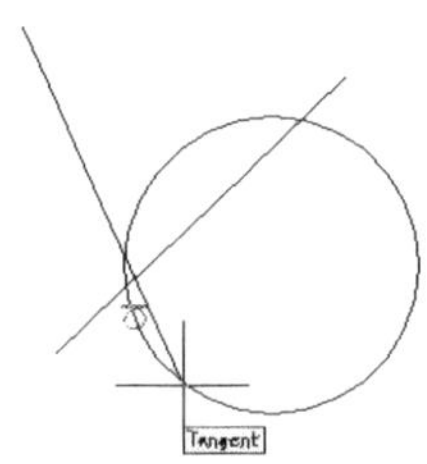

tangent

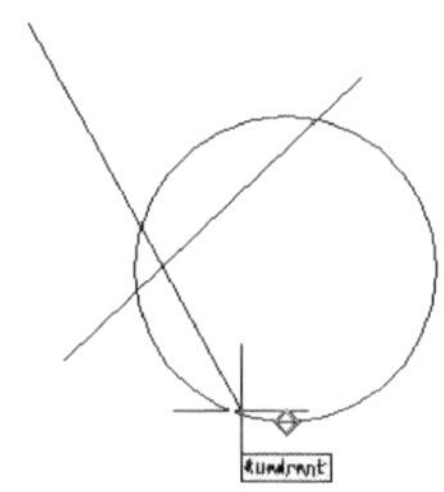

quadrant

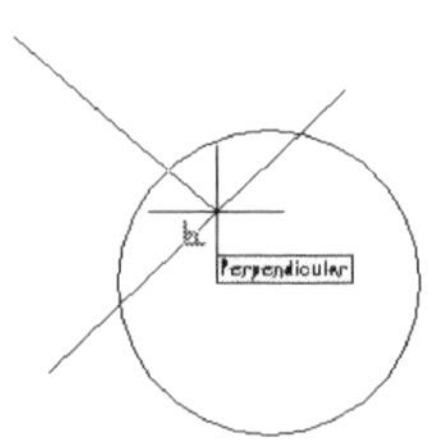

perpandicular

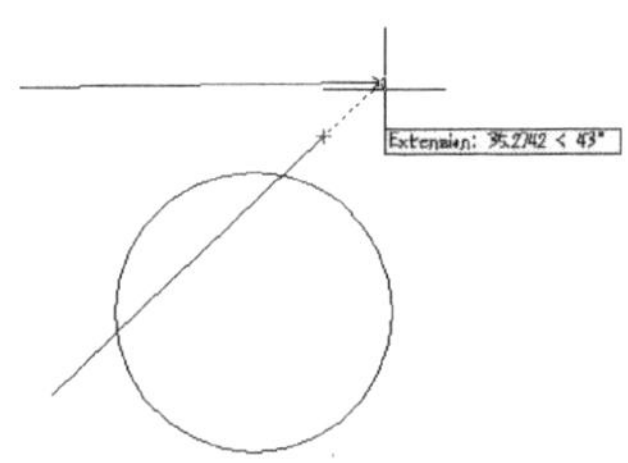

extension

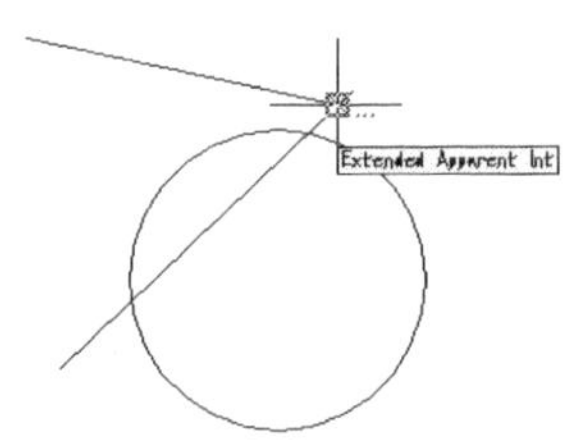

apparent intersection

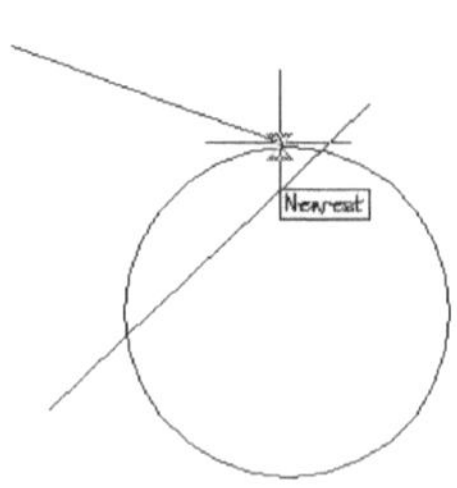

nearest

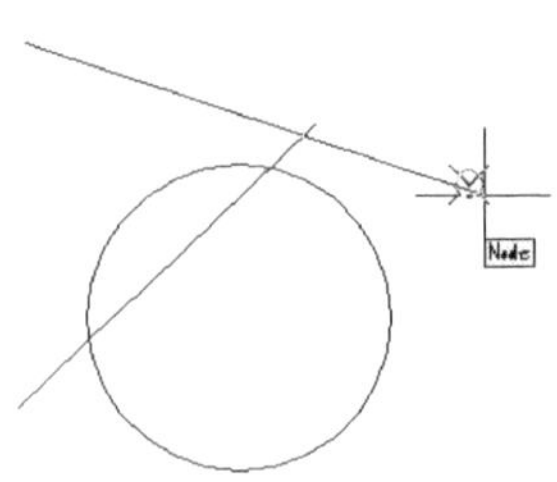

node

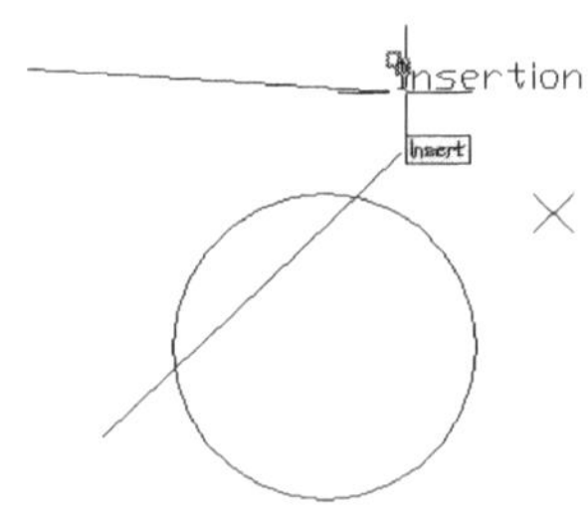

insertion

편집명령(1)과 화면조정

객체의 선택

Pickbox

1. 기능 : pickbox의 크기를 바꾸는 명령입니다.

2. 명령방법

   ● 명령행 입력 : pickbox

3. 입력

   Command : pickbox (enter)

   Enter new value for PICKBOX <3> : 정수값을 입력합니다. (0~50)

4. Pickbox의 크기는 너무 크거나 작으면 객체 선택시 어려움이 있으므로 적절한 크기로 설정해서 사용해야 합니다.

TIP

중앙의 Drawing 영역에서 나타나는 커서의 형태는 다음의 세가지가  *있습니다.*

첫 번째의 것은 기본형으로서 아무런 명령도 내려져 있지 않을 때 나타나며, 두 번째의 것은 점을 지정할 때, 세 번째의 것은 객체를 지정할 때 나타납니다.

Blipmode

1. 기능 : drawing 영역에서 클릭할 때 "+" 모양으로 나타나는 blip을 화면에 보이게 혹은 보이지 않게 합니다.

2. 명령방법

   ● 명령행 입력 : blipmode

3. 입력

   Command : blipmode (enter)

   Enter mode [ON/OFF] <OFF> : ON혹은 Off를 입력합니다.

객체 선택시의 옵션

1. 명령행에 "Select objects :"라는 말이 나온 다음에 다음과 같은 옵션을 사용할 수 있습니다.

- Window : 대각선 방향으로 박스를 만들었을 때 그 사각형에 완전히 들어가는 객체만 선택합니다.
- Last : 마지막에 그려진 객체를 선택합니다.
- Crossing : 대각선 방향으로 박스를 만들었을 때 그 사각형에 조금이라도 포함되는 객체를 선택합니다
- Box : Window 와 Crossing을 함께 사용할 수 있습니다. 오른쪽으로 박스를 만들면 Window가 왼쪽으로 박스를 만들면 Crossing 기능이 수행됩니다.
- All : 화면의 모든 도면요소를 선택합니다.
- WPolygon : 다각형을 그려 그 안에 완전히 들어가는 것들만 선택합니다.
- CPolygon : 다각형을 그려 그 안에 조금이라도 들어가는 것들을 모두 선택합니다.
- Group : 그룹으로 지정된 것을 지정하여 그 안의 모든 요소를 선택합니다.
- Add : 특정요소를 추가하여 선택합니다.
- Remove : 특정요소의 선택을 제외합니다.
- Multiple : 객체를 계속해서 선택할 수 있어 작업시간을 단축시켜 줍니다.
- Previous : 마지막으로 편집된 객체를 선택합니다.
- Undo : 선택한 순서에서 역으로 선택에서 제외합니다.
- Auto : Object Point, Window, Crossing 옵션을 선택적으로 사용할 수 있습니다.
- Single : 도면요소를 하나만 선택할 때 사용합니다.

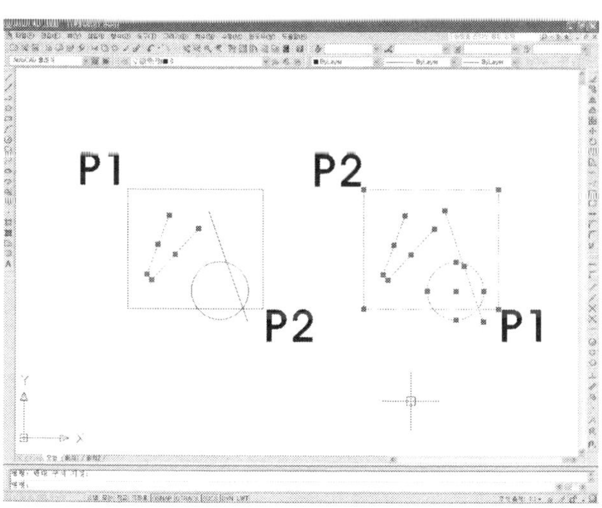

Window Selection(좌)과

crossing Selection(우)의 비교

Window Selection과 crossing Selection의 객체 선택방법은 매우 중요한 것으로 명령어로서 인식하기 보다는 습관적으로 사용 할 수 있도록 숙달되어야 합니다.

이동,복사,선대칭복사,회전

Move(이동)

1. 기능 : 객체를 원하는 위치로 이동시키는 명령입니다.
2. 명령방법
   - 명령행 입력 : move 혹은 m
   - 메뉴 : Modify/Move
   - 도구 아이콘 : 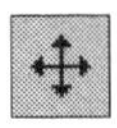
3. 입력

Command : move 혹은 m (enter)

Select objects : 움직이고자 하는 객체들을 선택합니다. 선택이 끝나면 enter를 칩니다.

Specify base point or displacement : 기준점(P1)을 입력합니다.

Specify second point of displacement or<use first point as displacement> : 이동점(**변위점,P2**)을 입력합니다.

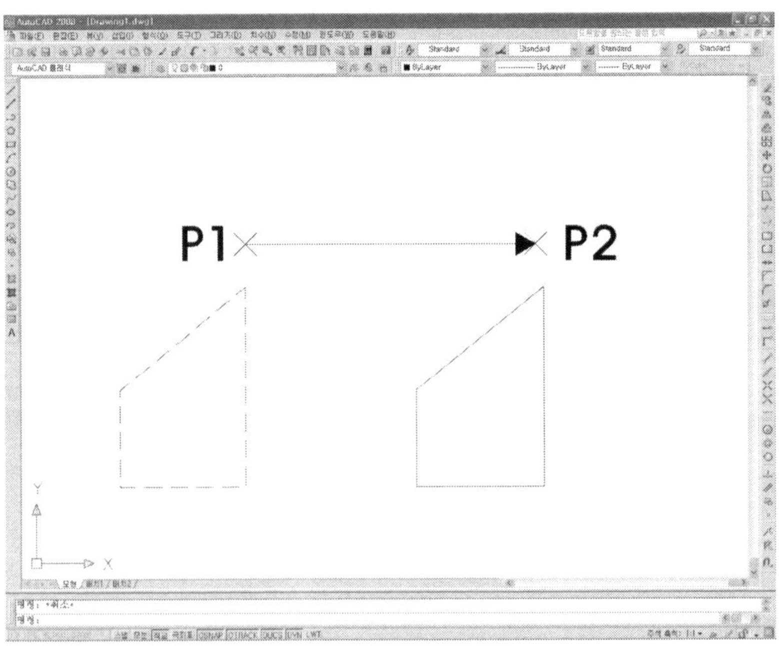

TIP

Move 명령의 원리는 두 점의 변위 만큼 객체를 이동시키는 것입니다. 건축실무에 있어 Base Point는 도면상 실재하는 요소일 경우도 있지만 편의에 의해 Base Point를 만들어 사용 할 수도 있습니다.

뒤에 나오게 되는 Pan이라는 명령어는 객체를 이동시키는 것이 아니라 화면을 이동시키는 것입니다.

Copy(복사)

1. 기능 : 객체를 원하는 위치로 복사하여 이동시키는 명령입니다.

2. 명령방법

● 명령행 입력 : copy 혹은 co

● 메뉴 : Modify/Copy

● 도구 아이콘 : 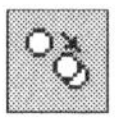

3. 입력

Command : copy 혹은 co (enter)

Select objects : 복사하고자 하는 객체들을 선택합니다. 선택이 끝나면 enter를 칩니다.

Specify base point or displacement, or [multiple] : 기준점(P1)을 입력합니다.

Specify second point of displacement or<use first point as displacement> : 이동점(**변위점**,P2)을 입력합니다.

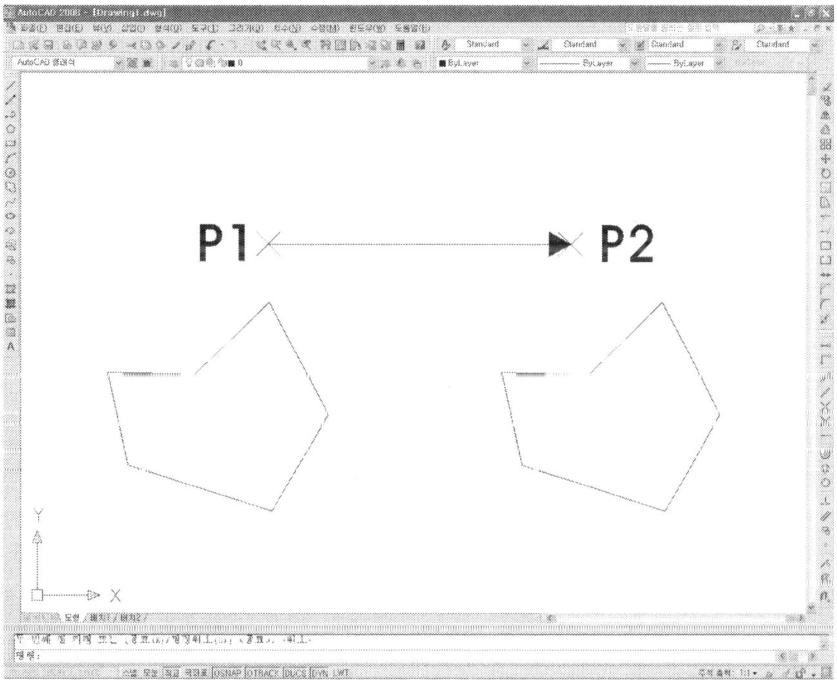

TIP

Copy 명령은 앞의 Move와 그 원리가 같습니다.

이전에는 다중복사(Multiple)가 옵션이었으나 Auto Cad 2007부터 기본으로 표현됩니다.

Window 명령어로 사용되는 'Ctrl+C' 와 구분됩니다. 'Ctrl+C' 는 같은화면이 아닌 다른 화면으로의 복사에 사용됩니다. 이때 Base Point도 같이 복사해 주어야 유용하게 사용 할 수 있습니다.

Mirror(선대칭 복사)

1. 기능 : 객체를 지정된 축에 선대칭으로 복사하거나 이동시키는 명령어입니다.

2. 명령방법

   - 명령행 입력 : mirror 혹은 mi
   - 메뉴 : Modify/Mirror
   - 도구 아이콘 : 

3. 입력

   Command : mirror 혹은 mi (enter)

   Select objects : mirror하고자 하는 객체들을 선택합니다. 선택이 끝나면 enter를 칩니다.

   Specify first point of mirror line : 축의 첫번째 점을 입력합니다.

   Specify first point of mirror line : 축의 두번째 점을 입력합니다.

   Delete source objects? [Yes/No] <N> : Y를 입력하면 기존의 객체가 제거됩니다.

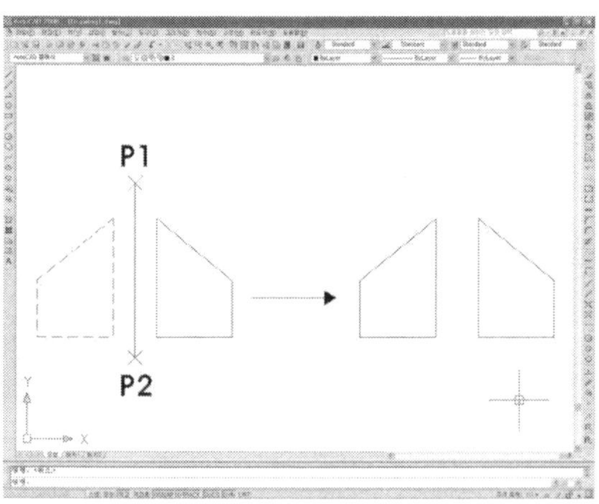

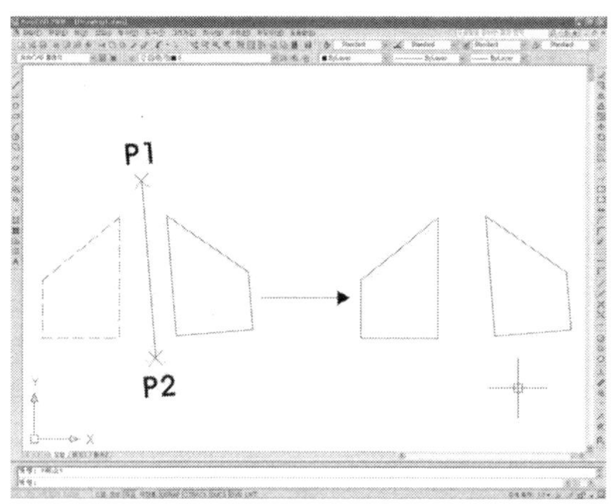

알아두면 좋은 이야기

지금까지의 대부분의 건축물이 평평한 거울(mirror)인 유클리드기하학을 도구로서 표현되어지고 생성되어왔습니다. 휘어진 거울이라면 어떨까요? 근대의 수학은 미적분학과 더불어 기하학에 있어서도 휘어진 공간을 계산하기 시작합니다. 그러한 노력의 부산물이 바로 컴퓨터이지요. CAD에서는 유클리드 기하학에서는 할 수 없는 일들을 할 수 있습니다. 정7각형도 만들 수 있고, 10m를 정확하게 3등분 할 수 도 있습니다.

Rotate(회전)

1. 기능 : 객체를 일정한 각도로 회전시키는 명령입니다.

2. 명령방법

● 명령행 입력 : rotate혹은 ro

● 메뉴 : Modify/Rotate

● 도구 아이콘 : 

3. 입력

Command : rotate 혹은 ro (enter)

Select objects : 회전하고자 하는 객체들을 선택합니다. 선택이 끝나면 enter를 칩니다.

Specify base point : 회전의 중심점을 입력합니다.

Specify rotation angle or [Reference] : 회전할 각도를 입력합니다.

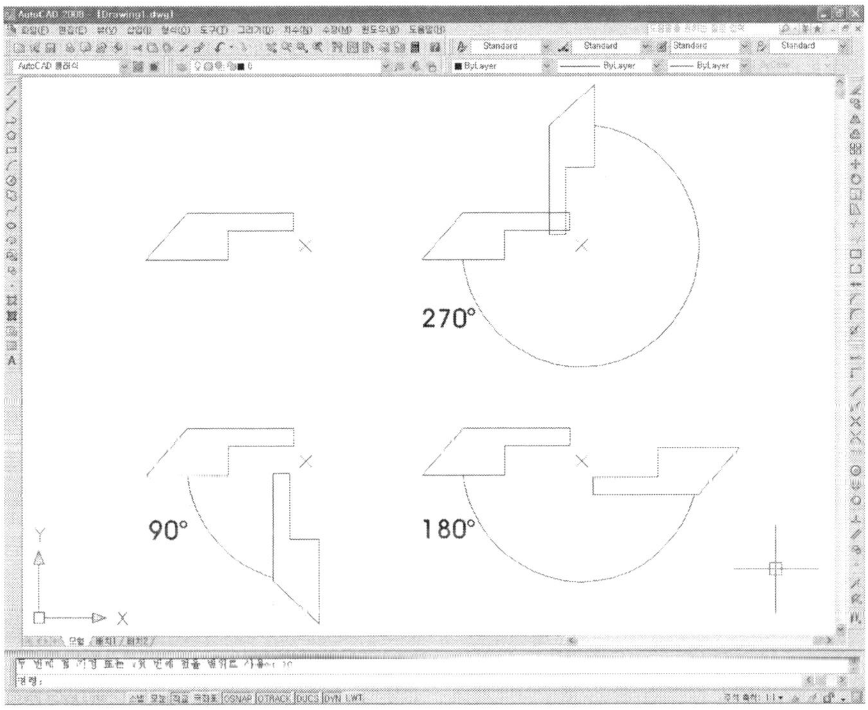

TIP

양(+)의 각도를 입력하면 물체는 시계반대방향으로 회전합니다.

Reference 옵션을 선택하면, Reference angle과 new angle을 입력하게 되는데, 회전하는 각도는 Reference angle - New angle의 값만큼 회전하게 됩니다.

배열, 모서리 다듬기

Array(배열)

1. 기능 : 객체를 사각 또는 원형의 형태로 배열하여 복사는 명령어입니다.

2. 명령방법

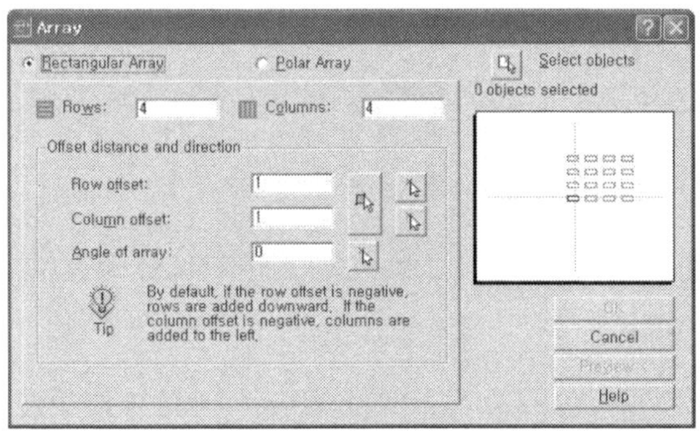

● 명령행 입력 : array 혹은 ar

● 메뉴 : Modify/Array

● 도구 아이콘 : 

3. 입력

● 먼저 사각형태의 배열입니다.

Command : array 혹은 ar (enter)

Select objects : 배열하고자 하는 객체들을 선택합니다. 선택이 끝나면 enter를 칩니다.

Enter the type of array [Rectangular/Polar] <R> : r (enter) 사각배열로 지정합니다.

Enter the numberof rows (---) <1> : 3 (enter) 세로방향으로 복사배열할 정수를 입력합니다.

Enter the number of columns (111)<1> : 4 (enter) 가로방향으로 복사배열할 정수를 입력합니다.

Enter the distance between the rows or specify unit cell (---) : 20 객체간 세로 거리를 입력합니다.(enter)

Specify the distance between the columns (111): 20 객체간 가로 거리를 입력합니다.(enter)

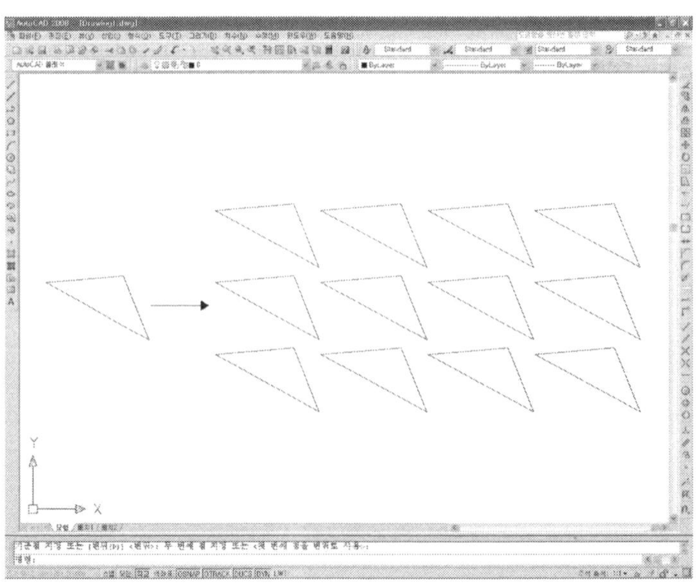

● 다음 원형배열입니다.

Command : array 혹은 ar (enter)

Select objects : 배열하고자 하는 객체들을 선택합니다. 선택이 끝나면 enter를 칩니다.

Enter the type of array [Rectangular/Polar] <R> : p (enter) 원형배열로 지정합니다.

Specify center point of array : 원형배열의 중점을 입력합니다.

Specify the angle to fill (+=ccw, -=cw) <360> : 270 (enter) 회전하게 될 각도를 입력합니다.

Rotate arrayed objects? [Yes/No] <Y>: Y로 하면 객체가 중심을 향해 자전하며 N으로 하면 자전하지 않습니다.

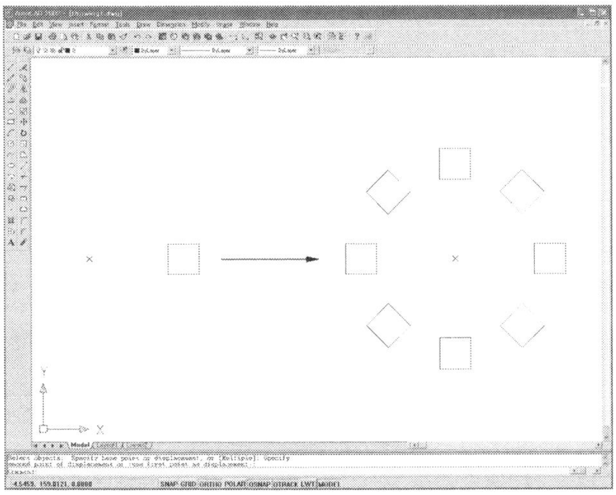

자전하는경우

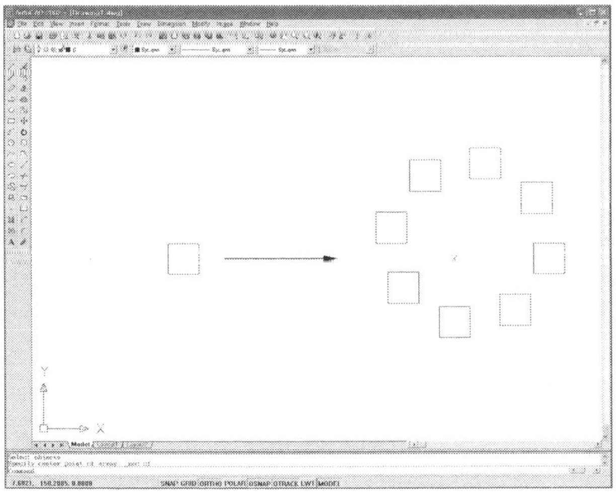

자전하지 않는 경우

Fillet(모깎기)

1. 기능 : 두개의 객체를 지정된 반지름의 값을 갖는 호로 연결하여주는 명령어입니다.

2. 명령방법

- 명령행 입력 : fillet 혹은 f
- 메뉴 : Modify/Fillet
- 도구 아이콘 : 

3. 입력

Command : fillet 혹은 f (enter)

Current settings : mode TRIM, Radius = 10.0000 옵션의 현재 설정값을 보여줍니다.

Select first object or [Polyline/Radius/Trim] : 모깎기할 첫번째 객체를 선택합니다.

Select second object : 두번째 객체를 선택합니다.

4. pline을 모깎기할 경우에는 polyline 옵션을 선택해야 하며, 그 경우에는 각 모서리가 한번에 모깎기가 됩니다.

5. 모깎기의 반지름을 조절하려는 경우에는 Radius 옵션을 사용하며, Trim 옵션은 원래 모서리도 동시에 표현합니다.

6. Radius가 0인 경우에는 직선으로 모깎기가 이루어집니다.

Trim Mode인 경우

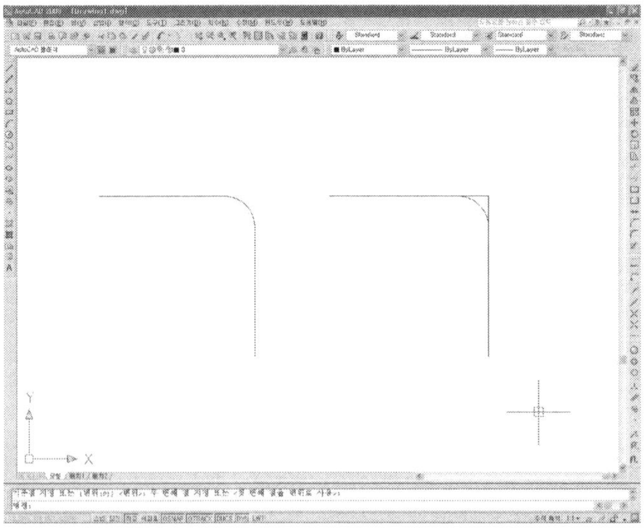

No Trim Mode인 경우

TIP

*한번 입력된 반지름은 기억되어 고정되므로 **fillet** 명령을 사용할 때에는 항상 반지름을 확인해야 합니다.*
*선이 겹치거나 서로 만나지 않아도 상관 없으며, 직선 뿐만 아니라 원과 호도 **fillet**이 가능합니다.*
*건축실무에서는 **Fillet**은 호로 연결시키는 고유의 의미보다는 반지름 값을 **0**으로 두어 두 개의 선을 만나게 하는 명령어로 많이 사용됩니다.*

Chamfer(모따기)

1. 기능 : 두개의 객체를 연장하여 연결시키거나 교차점으로부터 일정한 거리에서 다른 직선을 이용하여 서로 연결시키는 명령어입니다.

2. 명령방법

   - 명령행 입력 : chamfer 혹은 cha
   - 메뉴 : Modify/Chamfer
   - 도구 아이콘 : 

3. 입력

   Command : chamfer 혹은 cha (enter)

   (Trim mode) Current chamfer Dist1=10.0000, Dist2=10

   Select first line or [Polyline/Distance/Angle/Trim/Method] : 모깎기할 첫번째 선을 선택합니다.

   Select second line : 두번째 선을 선택합니다.

4. Distance는 모따기에 사용될 길이를 지정해주는 옵션이며, Angle 옵션을 사용하면 거리와 각도를 지정하여 모따기됩니다.

Dist1 = Dist2인 경우

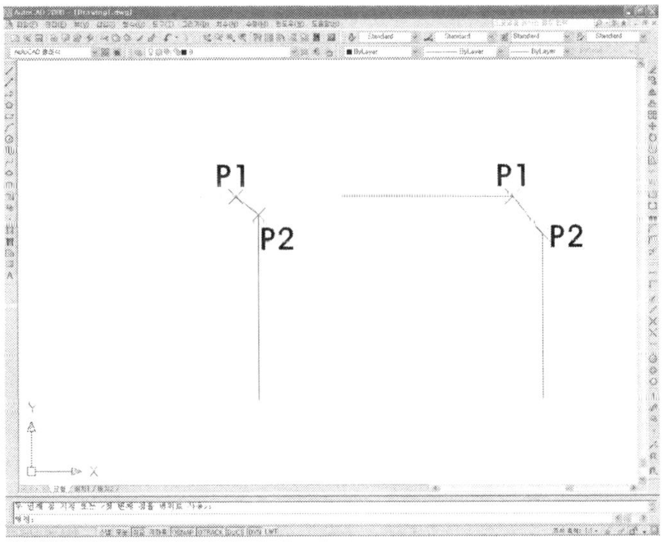

Dist1 < Dist2인 경우

TIP

> *Chamfer는 건축실무에서 그다지 많이 사용되지는 않습니다. 그것은 Dist값을 주어 한번에 형태를 만드는 것 보다 더 많은 명령어를 수행하더라도 Offset명령어를 이용하여 형태를 둘러보며 작업하는 것이 더 선호되기 때문입니다.*

간격 띄우기, 연장, 자르기

Offset (간격　띄우기)

1. 기능 : 객체를 지정한 거리만큼 수평으로 띄어서 복사하는 명령어입니다.

2. 명령방법

- 명령행 입력 : offset 혹은 o
- 메뉴 : Modify/Offset
- 도구 아이콘 : 

3. 입력

Command : offset 혹은 o (enter)

Specify offset distance or [Through] 복사할 간격을 입력합니다.

Select objects to offset or <exit> : offset할 객체를 선택합니다.

Specify point on side to offset : offset할 방향을 선택합니다. 명령을 종료하려면 enter를 칩니다.

4. 원, 호, pline의 경우도 offset이 됩니다. 단 이때에는 그 크기가 변합니다.

5. offset할 간격을 모르고, 특정점이나 물체를 알고 있는 경우에는 Through 옵션을 사용하여 그 점을 입력하면 그 점을 지나가도록 복사됩니다.

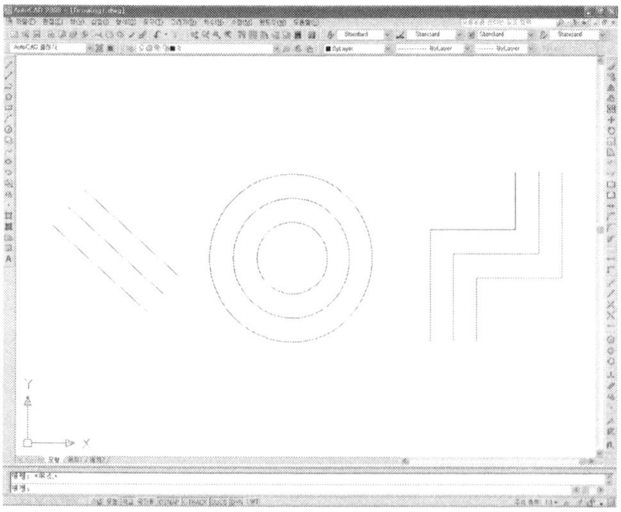

일반 선인 경우　　원인 경우　　Pline인 경우

TIP

Offset 명령어는 건축실무에 있어 중심선을 기준으로 한 벽체를 작도하는데 가장 많이 쓰이는 유용한 명령어로 숙달되어야 합니다.

일반 선은 선의 특성(길이,각도등)이 고정되고 일정간격으로 복사되지만 원이나 Pline의 경우 면적이나 길이등이 복사방향으로 확대되거나 축소되는등 변형이 있게 됩니다.

Extend(연장)

1. 기능 : 직선 혹은 곡선을 어떤 기준이 되는 물체에 까지 연장하는 명령어입니다.

2. 명령방법

   - 명령행 입력 : extend 혹은 ex
   - 메뉴 : Modify/Extend
   - 도구 아이콘 : 

3. 입력

   Command : extend 혹은 ex (enter)

   Current settings : Projection=UCS Edge=None

   Select boundary edges …

   Select objects : 경계선을 선택합니다. 선택이 끝나면 enter를 칩니다.

   Select object to extend or [Project/Edge/Undo] : 연장할 객체를 선택합니다.

4. 여기서 중요한 점은 연장할 경계선을 먼저 지정해주어야 한다는 점입니다.

5. Stretch명령어와 구분해서 사용해야 합니다.

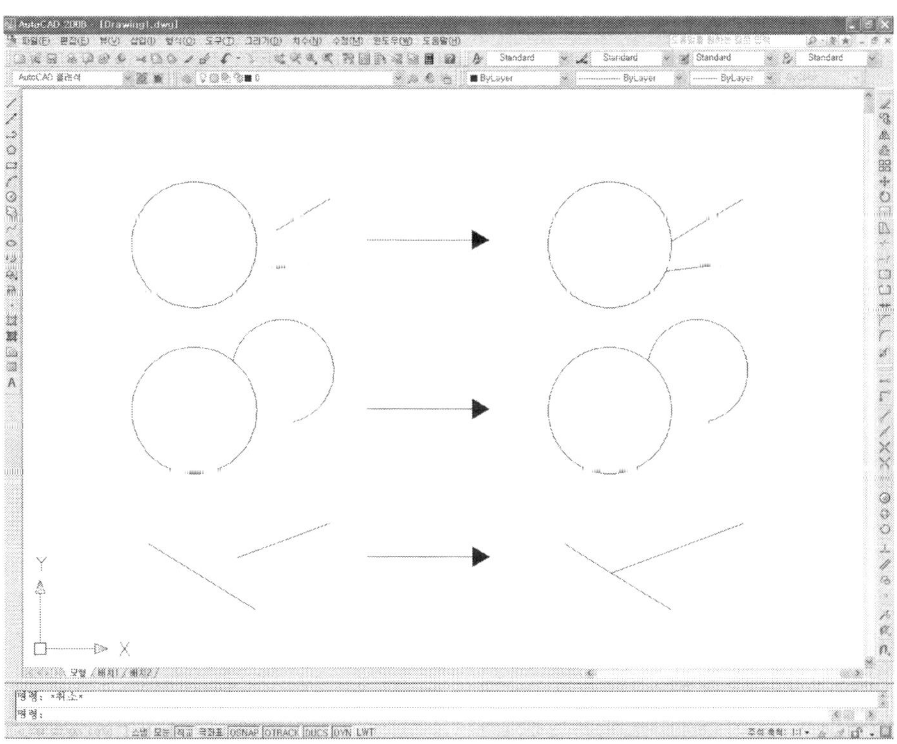

경계선 선택　　　　　　　　연장할 객체 선택

Trim(자르기)

1. 기능 : 하나 또는 둘 이상의 객체를 기준이 되는 선을 경계로 하여 자르는 명령어입니다.

2. 명령방법

- 명령행 입력 : trim혹은 tr
- 메뉴 : Modify/Trim
- 도구 아이콘 : 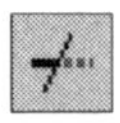

3. 입력

Command : trim 혹은 tr (enter)

Current settings : Projection=UCS Edge=None

Select cutting edges ...

Select objects : 경계선을 선택합니다. 선택이 끝나면 enter를 칩니다.

Select object to trim or [Projection/Edge/Undo] : 자를 객체를 선택합니다.

4. 만약 선택할 물체가 많지 않다면, Window selection이나 crossing selection을 사용하여 선택하는 것이 작업에 편리합니다. 하지만 물체가 복잡한 경우에는 오히려 작업이 힘들어지므로 주의하여야 합니다.

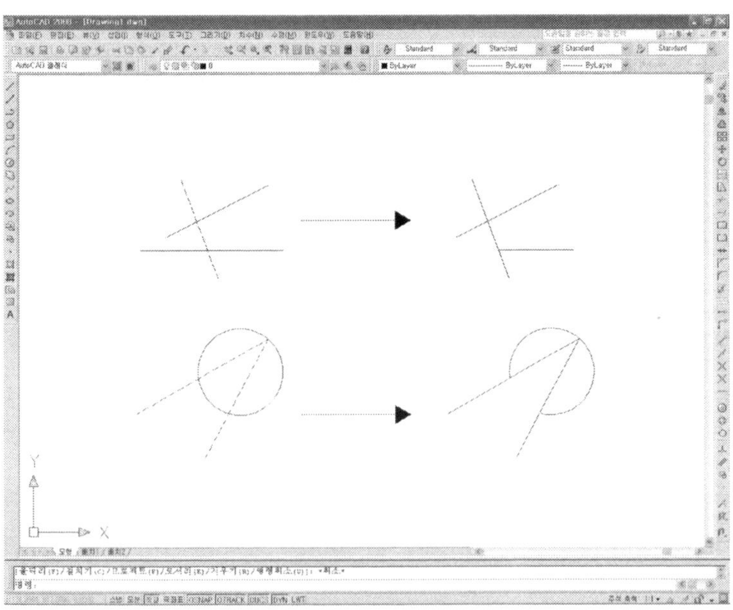

경계선 선택 절단할 부분 선

TIP

*개체를 삭제하는 명령어는 **Erase**로 단축명령어로 **E**를 사용합니다. **Window** 명령어인 **Cut(Ctrl+x)**와 구분해서 사용해야 합니다. **Cut(Ctrl+x)**를 사용했을 때는 붙여넣기**(Ctrl+V)** 가 가능합니다.*

Break(끊기)

1. 기능 : 객체의 일부분을 끊어내는 명령어입니다.
2. 명령방법
   - 명령행 입력 : break 혹은 br
   - 메뉴 : Modify/Break
   - 도구 아이콘 : 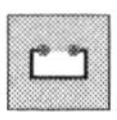
3. 입력

   Command : break 혹은 br (enter)

   Select object : 끊기를 할 객체를 선택합니다.

   Specify second break point or [First point] : f (enter) f를 입력하여 첫번째 점을 입력할 수 있도록 합니다.

   Specify first break point : 끊기를 할 첫번째 점을 지정합니다.

   Specify second break point : 끊기를 할 두번째 점을 지정합니다. 두번째 점은 적당한 위치에 지정하여도 끊기를 할 객체를 향해 수선을 내린 부분이 지정되어 끊기가 수행됩니다.

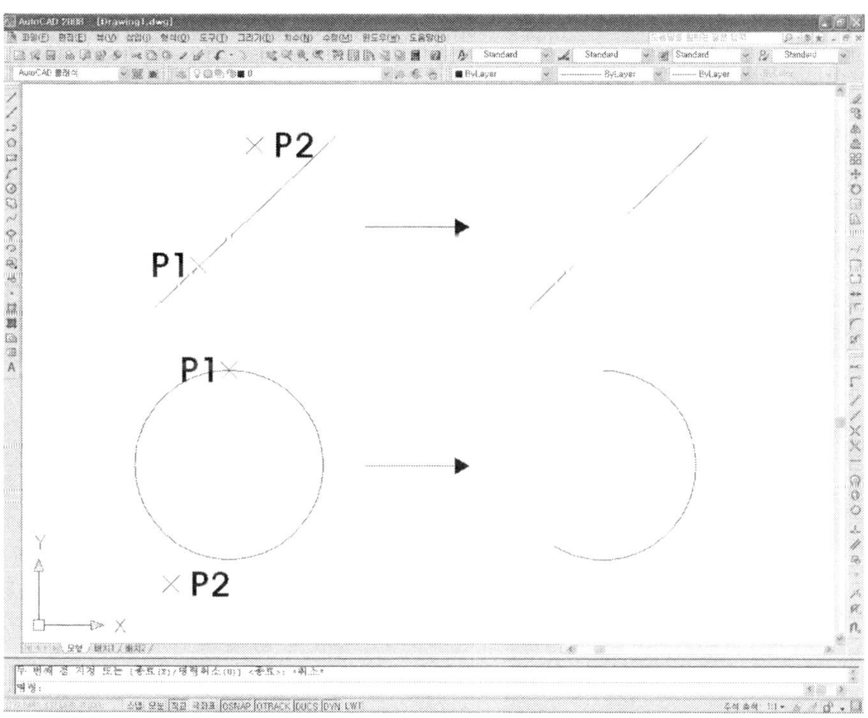

P1과 P2를 순서대로 선택　　Break 명령의 결과

화면조정

Pan(화면이동)

1. 기능 : 화면을 이동시키는 명령어입니다.

2. 명령방법

   ● 명령행 입력 : pan혹은 p

   ● 메뉴 : View/Pan

   ● 도구 아이콘 : 

3. 입력

   Command : pan 혹은 p (enter)

   Press ESC or ENTER to exit , or right-click to display shortcut menu.

4. 커서를 드래그 하여 실시간 pan 기능을 사용할 수 있습니다.

TIP

Zoom과 Pan은 shortcut menu로써 연동되어 있습니다. 즉 Zoom 혹은 Pan 기능을 수행하다가 마우스 오른 쪽 버튼을 누르기만 하면 옆에 보이는 menu가 나타나는데 이를 통해 Zoom과 Pan이 연동되는 것입니다. 그로 인하여 Zoom/Previous를 했을 때, Pan 하였던 화면까지도 나타납니다.

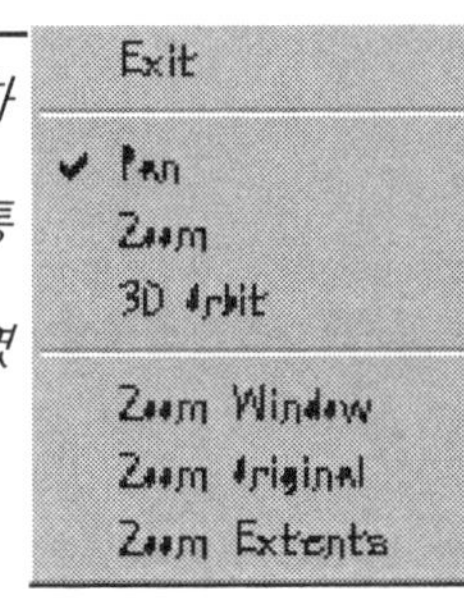

Zoom(확대,축소)

1. **기능** : 화면을 확대 및 축소하는 명령어입니다.

2. 명령방법

● 명령행 입력 : zoom혹은 z

● 메뉴 : View/Zoom

● 도구 아이콘 :

3. 입력

Command : zoom 혹은 z (enter)

Specify corner of window, enter a scale factor (nX or nXP), or

[All/Center/Dynamic /Extents/Previous/Scale/Window] <real time> :

4. 옵션설명

● Realtime(실시간) : 마우스를 위로 드래그하면 확대 되고, 아래로 드래그하면 축소됩니다. 

● All(**전체**) : Limts로 설정된 영역을 보여줍니다. 

● Center(중심) : 지정하는 점을 중심으로 하여 주어진 높이의 2배를 화면에 표시합니다. 

● Dynamic(동적) : 도면 전체를 보여준 후 필요한 부분을 확대합니다. 

● Extents(범위) : 모든 객체를 화면 상에 꽉 차게 확대합니다. 

● Previous(이전) : 바로 이전의 화면상태로 돌아갑니다. 

● Scale(축척) : 현 Limits를 기준으로 입력한 scale factor만큼 확대 및 축소됩니다. 

nX : Limts와 상관 없이 현재 화면 상태를 기준으로 입력한 scale factor만큼 확대 및 축소됩니다.

nXp : Paper Space에서의 확대와 축소 비율을 조절합니다.

● Window(윈도우) : 두점을 모서리로 하는 박스를 지정하여 그 부분을 확대하여 보여줍니다. 

TIP

실무 건축도면 제작작업중 가장 많이 쓰이는 명령어입니다. 도면제작은 기본적으로 1:1의 축척을 가지게 되며 화면의 확대 및 축소를 이용하여 관찰하며 작도하는 것입니다. 원하는 곳을 필요한 만큼 볼 수 있도록 숙달되어야 합니다.

화면 정리, 재생성

Redraw(화면 정리)

1.기능 : 화면에 표시된 불필요한 blip이나 잔상들을 없애고, 겹쳐진 객체 중 하나를 지웠을 경우 보이지 않게 되는 나머지 객체를 보이게 해주는 명령어입니다.

2. 명령방법

- 명령행 입력 : redraw혹은 r
- 메뉴 : View/Redraw

Regen(화면 재생성)

1. 기능 : 그려진 객체의 정보를 다시 계산하여 화면에 보여주는 명령어입니다.

2. 명령방법

- 명령행 입력 : regen
- 메뉴 : View/Regen

TIP

Redraw와 Regen의 차이점 : AutoCAD에서 각종 도면의 정보는 Database의 형태로 저장됩니다. Regen 명령을 하면 이러한 정보들이 모두 재 계산됩니다. 한편 Redraw는 화면에 나타나는 정보만을 다시 그려주는 것이기 때문에 Regen에 비해 시간이 많이 걸리지 않습니다. 예를 들어 원을 Zoom In 하면 다각형으로 보이게 되는데, 이를 Redraw 하면 다각형으로 보이지만 Regen 하면 다시 원으로 재생성 되어 보임을 알 수 있습니다.

편집명령(2)과 특성, 블록, 외부참조

크기조절

Stretch(신축)

1. 기능 : 객체를 줄이거나 늘리는 명령어입니다.

2. 명령방법

● 명령행 입력 : stretch 혹은 s

● 메뉴 : Modify/Stretch

● 도구 아이콘 : 

3. 입력

Command : stretch 혹은 s (enter)

Select objects to stretch by crossing-window or crossing-polygon…

반드시 crossing selection으로 선택해야 합니다.

Select objects : stretch할 객체를 선택합니다. 선택이 끝나면 enter를 칩니다.

Specify base point or displacement : 기준점을 지정합니다.

Specify second point of displacement : 이동점을 지정합니다.

4. 다음 직사각형을 stretch해 봅시다.

● 먼저 rectang 명령으로 직사각형을 하나 그립니다.

Command : stretch

Select objects to stretch by crossing-window or crossing-polygon…

Select objects : P1에서 P2로 crossing selection합니다.

Specify base point or displacement : P3를 지정합니다.

Specify second point of displacement : P4를 지정합니다.

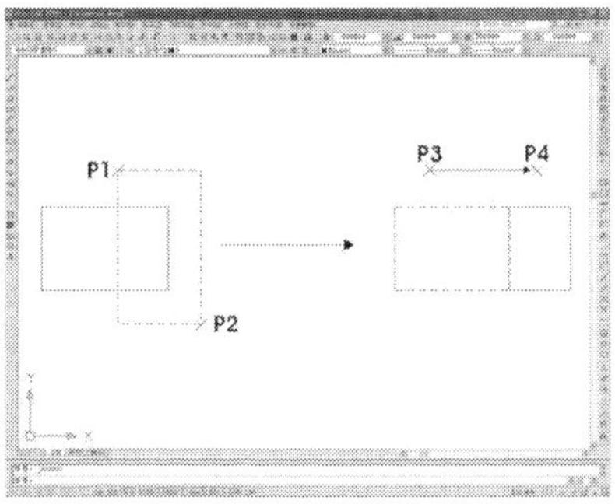

TIP

stretch에서 가장 중요한 것은 객체 선택시에 반드시 stretch할 부분만 Crossing Selection하여야 한다는 것입니다. Window selection 할 경우는 move와 같은 기능을 하게 됩니다.

Scale(축척)

1. 기능 : 객체의 크기를 크게 혹은 작게 변경하는 명령어입니다.

2. 명령방법

● 명령행 입력 : scale 혹은 sc

● 메뉴 : Modify/Scale

● 도구 아이콘 :

3. 입력

Command : scale 혹은 sc (enter)

Select objects : 객체를 선택합니다. 선택이 끝나면 enter를 칩니다.

Specify base point : 기준점을 지정합니다.

Specify scale factor or [Reference] : scale factor를 입력하거나 참조 길이를 사용합니다.

(scale factor가 1보다 크면 확대 되는 것입니다.)

4. Scale Factor를 사용하는 것은 어렵지 않으므로, 참조 길이를 사용하여 scale 명령을 연습해 봅시다.

● 길이를 직접 입력하는 방법

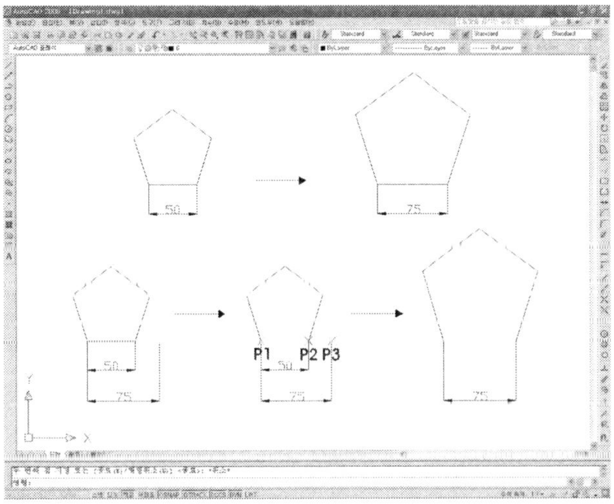

Command : stretch

Select objects : 오각형을 선택합니다.

Specify base point : P1 선택합니다.

Specify scale factor or [Reference] : R

Specify reference length<1> : 50

Specify new length : 75

● 점을 지정하는 방법

Command : stretch

Select objects : 오각형을 선택합니다.

Specify base point : P1 선택합니다.

Specify scale factor or [Reference] : R

Specify reference length<1> : P2를 지정합니다. P1에서 P2까지의 거리가 reference length가 됩니다.

Specify new length : P3를 지정합니다. P1에서 P3까지의 거리가 new length가 됩니다.

객체의 분할

Divide(등분할)

1. 기능 : 객체를 원하는 개수만큼 동일한 간격으로 나누어 포인트를 찍어주는 명령어입니다.
2. 명령방법
   - 명령행 입력 : divide 혹은 div
   - 메뉴 : Draw/Point/Divide
3. 입력

   Command : divide 혹은 div (enter)

   Select object to divide : 나눌 객체를 선택합니다.

   Enter the number of segments or [Block] : 객체가 나누어 질 개수를 입력합니다.

TIP

Divide 명령어에는 공차개념이 들어가 있습니다. 10을 3등분 할 경우 3.333...의 무한수로 표현되는데 Auto Cad에서는 그것을 공차개념으로 표현하고 소수점 이하는 Units에서 설정된 만큼만 표현됩니다. Divide는 제도용구로 고대에 건축가를 상징하는 도구였습니다.

Measure(길이분할)

1. 기능 : 객체를 원하는 길이만큼 일정한 간격으로 나누어 포인트를 찍어주는 명령어입니다.
2. 명령방법
   - 명령행 입력 : measure 혹은 me
   - 메뉴 : Draw/Point/Measure
3. 입력

   Command : measure 혹은 me (enter)

   Select object to measure : 나눌 객체를 선택합니다.

   Specify length of segment or [Block] : 길이를 입력합니다.

TIP

divide와 measure에서 block 옵션은 point(점) 대신에 미리 정해두었던 block을 일정한 간격으로 찍어주는 기능을 합니다.

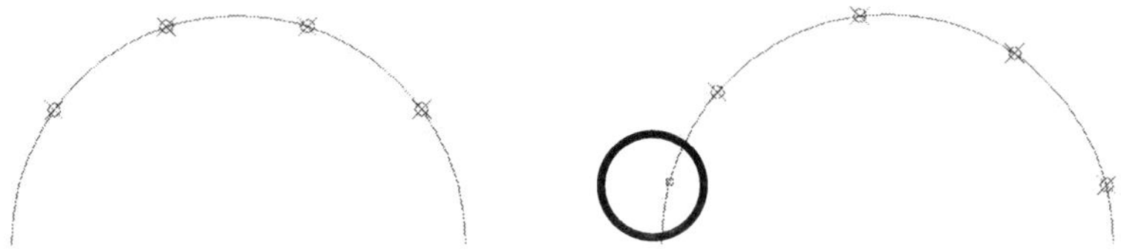

5개로 Divide한 것　　　　Measure한 것

● 분할된 위치에 Point가 찍혀 있는 것을 볼 수 있습니다.

● mpasure에서 객체를 지정할 때 그 위치에 따라서 분할되는 모습이 다릅니다.
이는 선택한 위치에서 가까운 끝점에서부터 분할을 시작하기 때문입니다.
위는 객체의 좌측 부분을 선택한 예입니다.

Point(점)

1. 기능 : 점을 찍는 명령어입니다.
2. 명령방법
   - 명령행 입력 : point 혹은 po
   - 메뉴 : Draw/Point/Single Point 혹은 Multi Point
   - 도구 아이콘 : 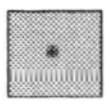
3. 점을 찍기 위해서는 미리 점의 유형을 지정해 두어야 합니다.
   - 명령행 입력 : ddptype
   - 메뉴 : Format/Point Style

점의 유형을 지정해주는 아이콘

점의 크기 : 첫번째 것은 화면에 상대적으로 점의 크기를 설정하고 두번째 것은 절대 단위 크기로 설정

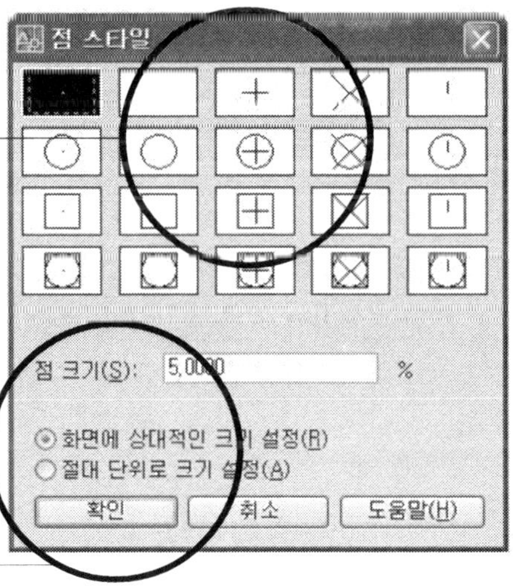

특성 바꾸기

AutoCAD에서 생성되는 모든 객체는 반드시 어떤 특정의 특성을 가지게 됩니다. 여기에는 레이어, 색상, 선종류, 선가중치 등이 그 특성들입니다. 객체의 이러한 특성은 크게 세가지의 방법을 통해 변경될 수 있는데, 첫째로 change 명령을 통한 명령행에서의 변경이 그것이고, 둘째로 properties 명령을 통한 방법, 셋째는 개체 특성 도구 막대를 통한 방법입니다.

여기서는 앞의 두가지 방법을 살펴보고, 객체 특성 도구막대에 관한 것은 레이어를 다룰 때 알아보도록 하겠습니다.

객체 특성 도구막대

Change & Chprop

1. 기능 : 객체의 특성을 바꾸어주는 명령어입니다.
2. 명령방법
   - 명령행 입력 : change
3. 입력

   Command : change (enter)

   Select objects : change할 객체를 선택합니다. 선택이 끝나면 enter를 칩니다.

   Specify change point or [Properties] : 점을 지정하면 선의 길이 원의 지름 등을 변경할 수 있습니다.
4. 원을 change해 봅시다.

   Command : change (enter)

   Select objects : 원을 선택 (enter)

   Specify change point or [Properties] : P1 지정

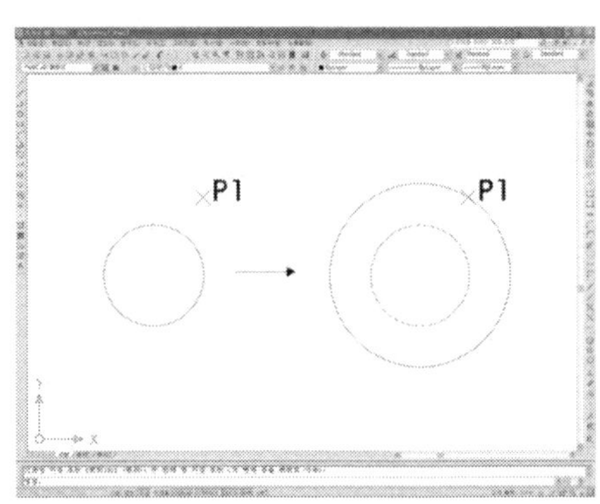

5. Properties 옵션을 선택하면 객체의 색, 높이 레이어, 선 형태, ltscale, 두께를 변경할 수 있습니다.

   [Color/Elev/LAyer/LType/ltScale/Lweight/Thickness]
6. Chprop 명령은 이 옵션에서 Elevation 항목이 제외된 명령입니다.

MatchProp(특성일치)

1. 기능 : 선택한 객체의 특성을 다른 객체에 적용시키는 명령어입니다.

2. 명령방법

● 명령행 입력 : matchprop 혹은 ma

● 메뉴 : Modify/Matchprop

● 도구 아이콘 : 

3. 입력

Command : matchprop 혹은 ma (enter)

Select source object : 원본이 되는 객체를 선택합니다.

Current active settings : Color Layer Ltype…..일치시킬 수 있는 여러가지 특성들이 표시됩니다.

Select destination object(s) or [Settings] : 목적이 되는 객체를 선택합니다. 선택이 끝나면 enter를 누릅니다.

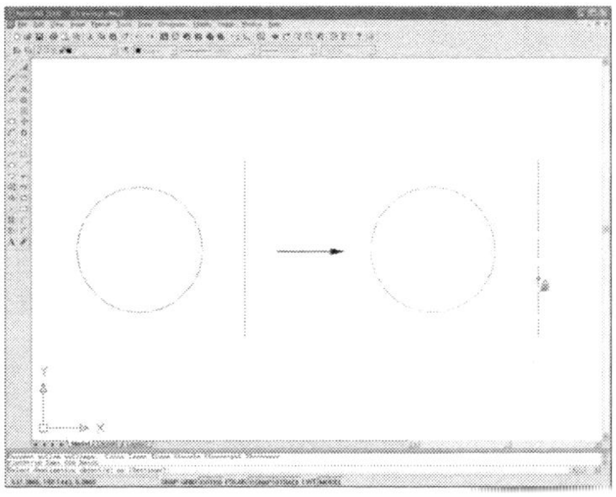

4. Settings 옵션을 선택하면 Property Settings 대화상자가 나타나며, 이를 통해 일치시키거나 그러지 않으려는 특성의 항목을 제어할 수 있습니다.

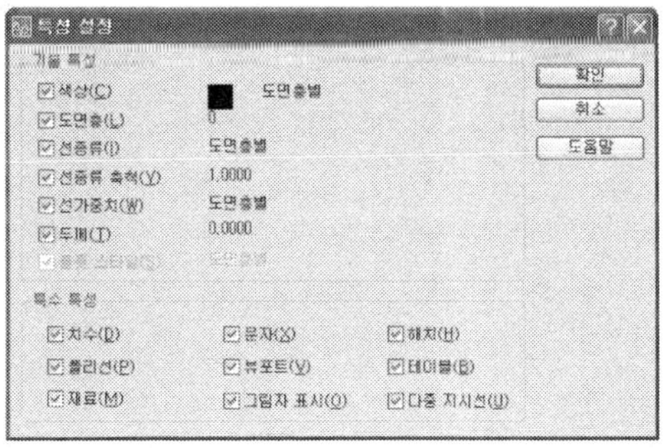

Properties(특성)

1.기능 : 특성 윈도우를 불러내서 객체의 특성들을 바꿔 줄 수 있도록 하는 명령어입니다.

2. 명령방법

● 명령행 입력 : properties 혹은 ch

● 메뉴 : Modify/Properties

● 도구 아이콘 : 

3. 이 특성 윈도우는 고정될 수도 있고, 원하는 위치로 이동시킬 수도 있습니다.

4. 선택된 객체가 없는 경우에는 오른 쪽과 같이 활성 도면의 현재 설정 상태를 표시하며 객체 선택 리스트에 No selection 이라고 표시됩니다.

5. Alphabetic은 특성을 알파벳순으로 나열하고 Categorized는 객체의 특성별로 나누어 나열합니다.

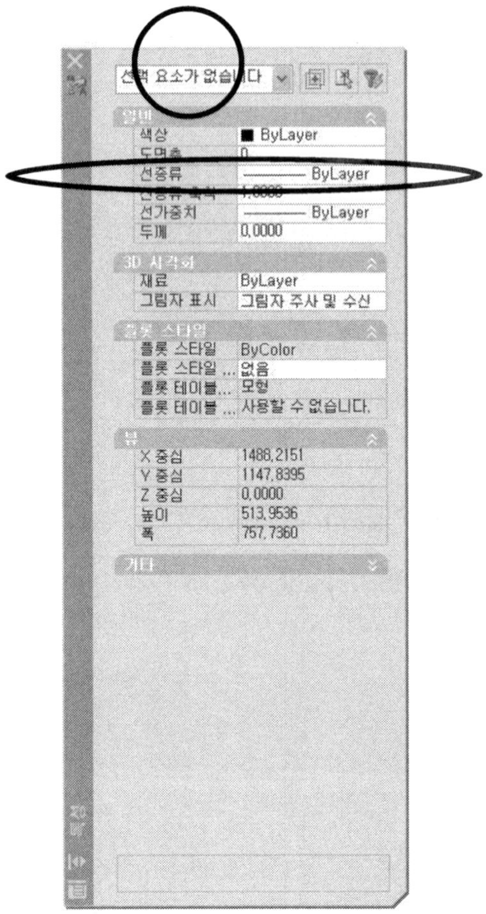

이동된 상태

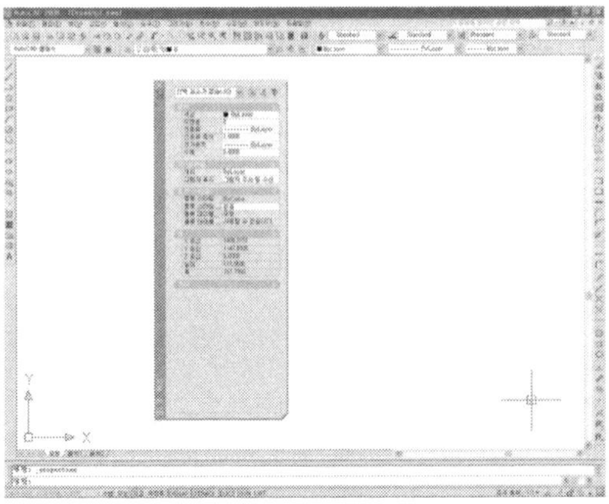

고정된 상태

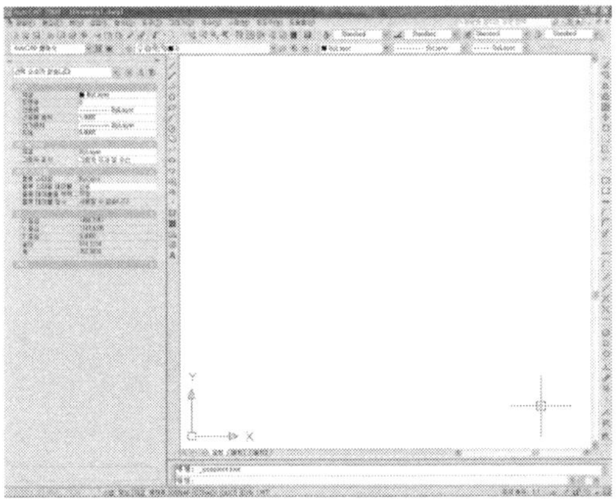

6. 한가지 예를 들어 사용 방법을 알아봅시다. (먼저 객체를 몇 개 그린 후, 모두 선택합니다.)

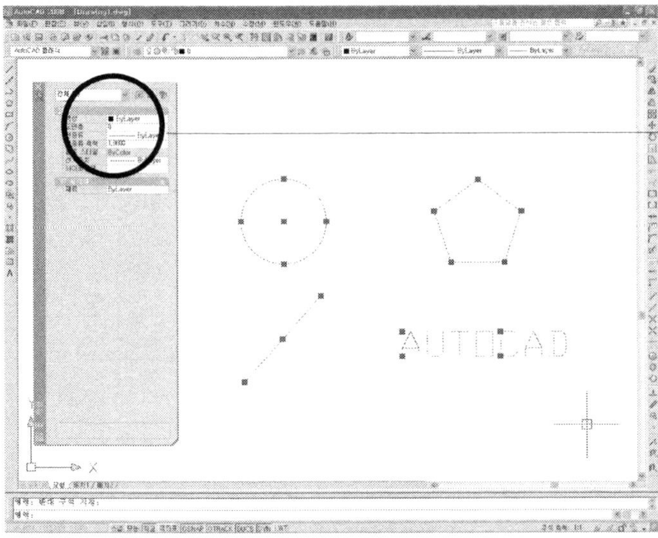

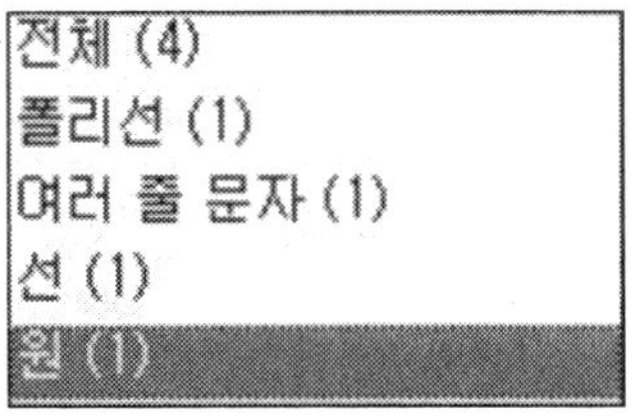

● 객체 선택 리스트를 선택하면 현재 선택된 객체들이 분류되어있습니다.

● 리스트에서 circle을 선택하면 객체에 대한 특성이 다음과 같이 표시됩니다.

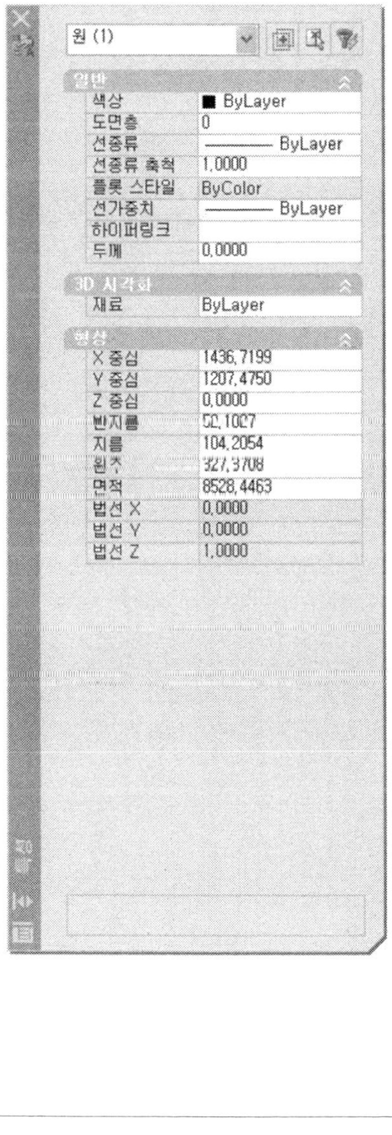

● General : 원의 색, 레이어, 선 유형, 프롯 유형 등의 원의 일반적 특성 변경

Geometry : 원의 좌표 및 삽입 정보 변경

● 변경하고자 하는 항목에 커서를 클릭하여 변경을 한 수 있습니다.

● 선택을 빠져나오려면 esc를 누릅니다.

● circle을 선택한 상태에서 이 circle의 색상을 바꾸기 위해서 Color 항목을 클릭하면 우측에 버튼이 나타납니다. 이 버튼을 클릭하여 다른 색으로 지정할 수 있습니다.

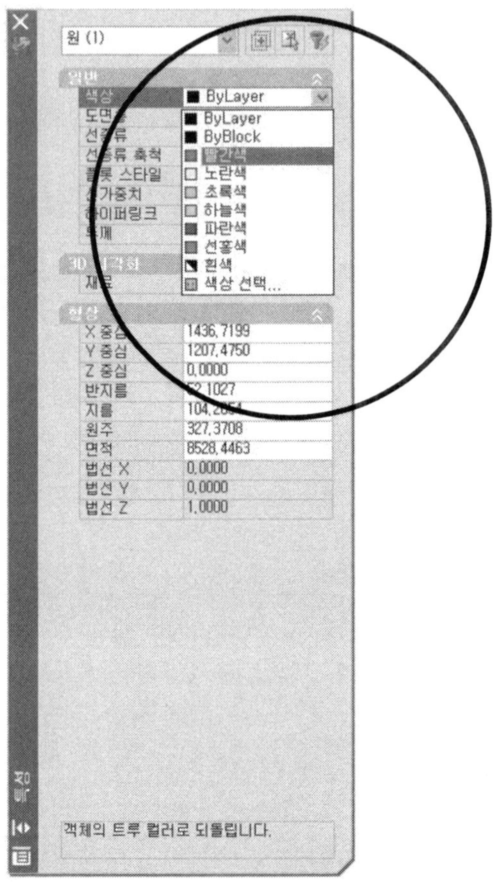

TIP

*색상 : **AutoCAD**에서는 기본적으로 **256**컬러를 사용하고 있으며 트루컬러도 지원합니다. 그러나 실무 건축 도면작업시에는 다음의 기본색을 주로 사용합니다. 그것은 출력시 선의 두께와 관계가 있습니다. 이 색상은 고유의 번호가 정해져 있습니다. 다음의 기본색에 대한 번호는 알고 있어야 합니다.*

1번 - 빨강색 (RED)

2번 - 노란색(YELLOW)

3번 - 초록색(GREEN)

4번 - 하늘색(CYAN)

5번 - 파란색(BLUE)

6번 - 자주색(MAZENTA)

7번 - 하양(WHITE)/ 검정(BLACK)

블록과 외부참조

블록(block)은 여러 가지 특성을 갖는 객체들을 묶어서 임의의 이름을 붙인 그룹입니다. 반복적으로 사용하는 기호나 그외 다른 도면 요소들을 블록으로 만들어 놓고 필요할 때 마다 불러내어 사용할 수 있으므로 작업의 능률을 올릴 수 있습니다. 이러한 블록들은 insert 명령에 의해서 삽입됩니다.

유사한 명령으로 wblock이 있습니다. block은 현재 도면 내에서 사용이 되는 블록을 정의하는 명령이지만 wblock은 지정하는 경로로 저장되어 새로운 도면이 됩니다. 즉 도면의 일부분을 새로운 이름으로 저장하여 또 다른 도면을 생성하는 명령입니다. 건축실무에서 많이 사용되는 방법입니다.

외부참조(Xref)는 현재의 도면에 외부의 도면을 연결시켜주는 것입니다. insert의 경우 삽입된 도면은 데이터도 함께 저장 되기 때문에 관리가 어렵고 디스플레이의 속도 또한 떨어지게 됩니다. 이를 극복하기 위하여 외부참조는 연결된 도면의 데이터를 현재 도면에 저장하지 않고 따로 관리합니다.

Block(블록)

1. 기능 : 블록을 만드는 명령이입니다.
2. 명령방법
   - 명령행 입력 : block, bmake 혹은 b
   - 메뉴 : Draw/Block/Make
   - 도구 아이콘 : 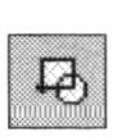
3. 입력
   - Command : block, bmake 혹은 b (enter)

     Block Definition 대화상자가 나타납니다.

- Name 난에 블록의 이름을 적습니다.
- Pick Point 버튼을 클릭하면 대화상자가 사라지고 원래 도면 화면으로 돌아갑니다.

  Specify insertion base point : 블록의 삽입시 기준이 되는 점을 지정해 줍니다.
- Select objects 버튼을 클릭합니다.

  Select objects : 블록으로 만들 객체들을 선택합니다. 선택이 끝나면 enter를 칩니다.
- 대화상자에서 OK 버튼을 클릭하면 블록이 만들어 집니다.

4. 옵션 설명

- Retain (유지) : 블록으로 만드려는 객체들을 그대로 유지하도록 합니다.
- Convert to block (블록으로 변환) : 블록으로 만드려는 객체들을 블록으로 변화시킵니다.
- Delete (삭제) : 블록으로 만드려는 객체들을 삭제시킵니다.

TIP

block으로 만들 때 선택된 객체들이 사라져버린 경우는 위의 대화상자에서 'Delete'가 지정되어 있을 때입니다. 이런 경우에는 oops 명령을 사용하면 마지막으로 지워진 객체를 살려낼 수 있습니다.

5. 블록 명령을 연습해 봅시다.

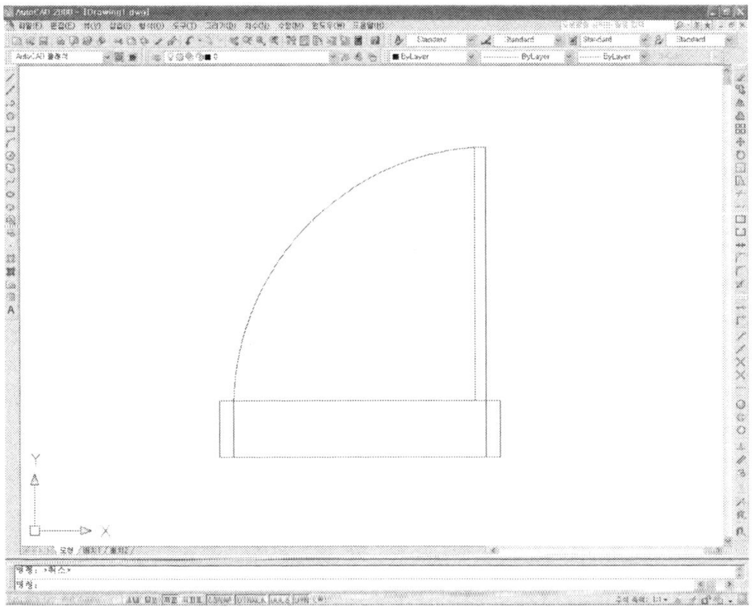

● Command : block (enter) 대화상자가 나타납니다.

● Name 난에 'Door'라고 입력합니다.

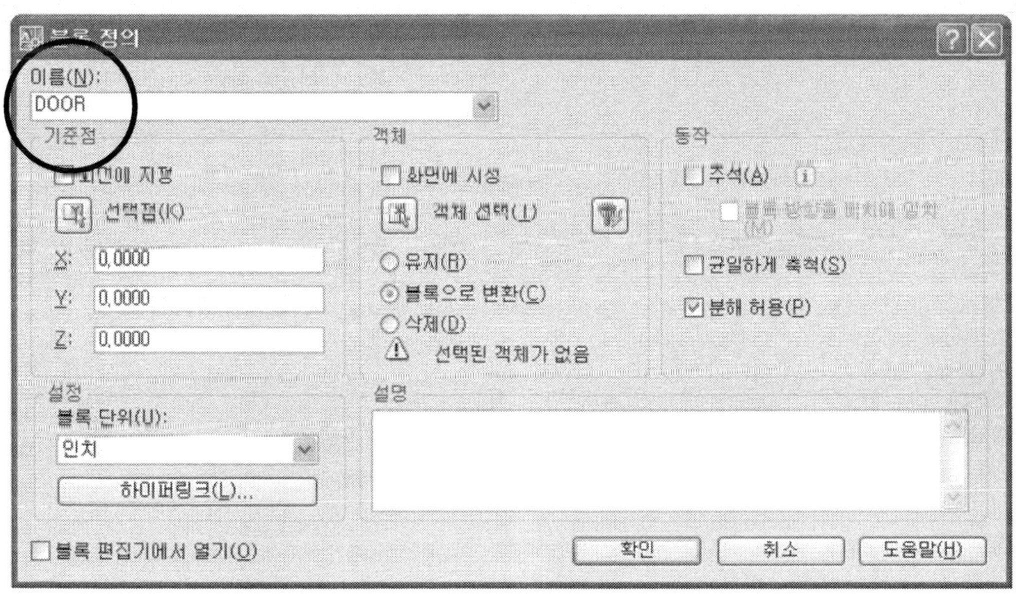

● Pick Point 버튼을 클릭합니다. 

Specify insertion base point :　블록의 삽입시 기준이 되는 P1을 입력합니다.

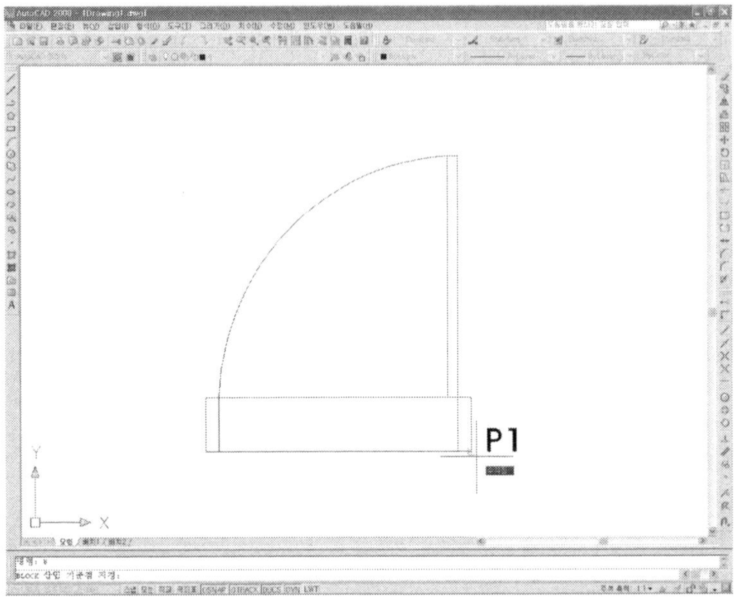

● Select objects 버튼을 클릭합니다. 

Select objects :　전체를 선택합니다. 선택이 끝나면 enter를 칩니다.

● 대화상자에서 OK 버튼을 클릭하면 블록이 만들어 집니다.

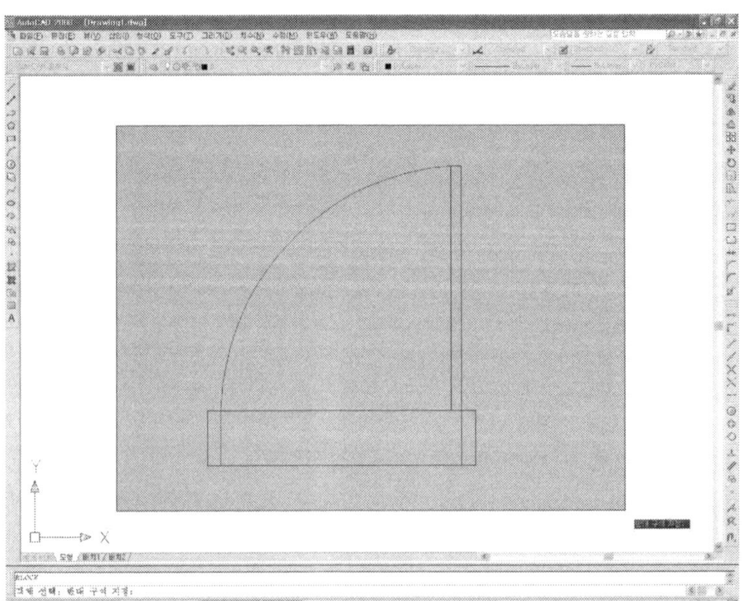

Wblock(Write Block)

1. 기능 : 도면의 일부를 선택하여 새로운 파일로 만드는 명령어입니다.

2. 명령방법

- 명령행 입력 : wblock

3. 입력

- Command : wblock (enter)

  Write Block 대화상자가 나타납니다.

  Destination 항목을 제외하면 앞에서 보았던 Block Definition 대화상자와 유사합니다.

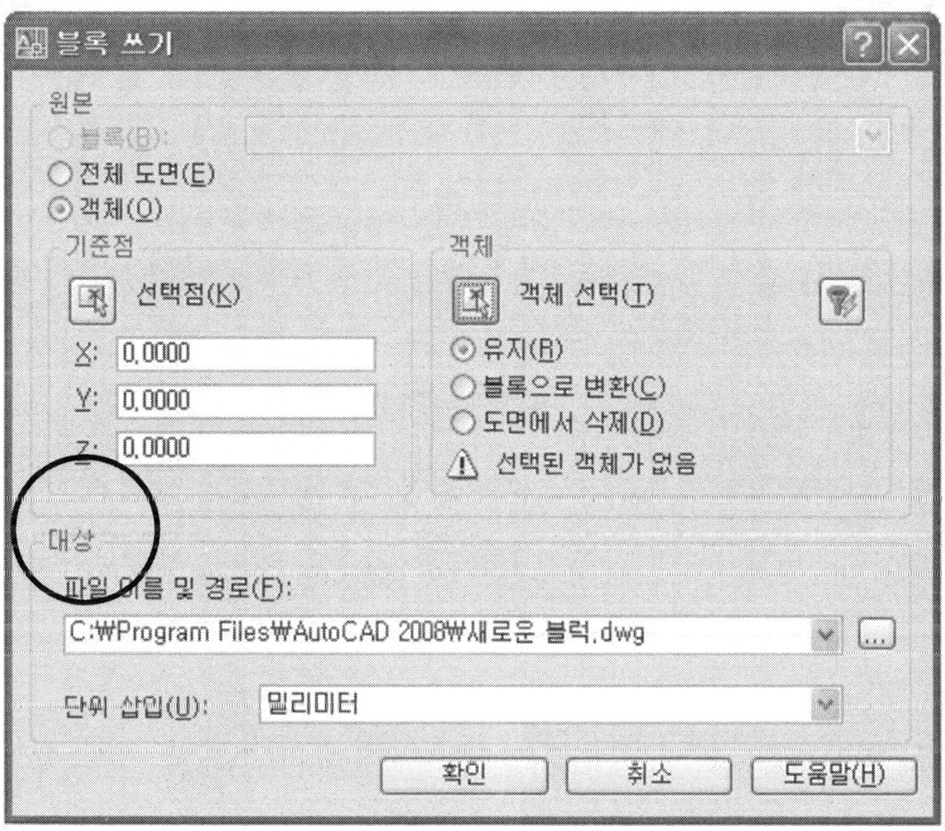

4. Destination 항목을 이용하여 새로 저장되는 파일의 이름과 그 저장 위치를 지정합니다.

Insert(삽입)

1. 기능 : block 혹은 도면 파일을 불러와 삽입하는 명령어입니다.

2. 명령방법

● 명령행 입력 : insert 혹은 i

● 메뉴 : Insert/Block

● 도구 아이콘 : 

3. 입력

● Command : insert 혹은 i (enter)

Insert 대화상자가 나타납니다.

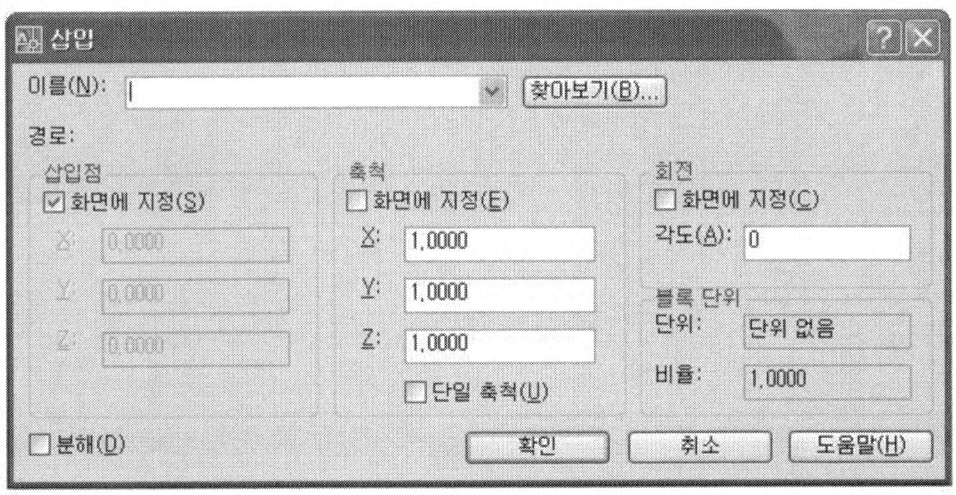

● 삽입하려는 block의 이름을 직접 입력하거나 Browse 버튼을 이용하여 파일을 선택한 후 OK 버튼을 클릭하면 insert가 이루어집니다.

4. 옵션에서 보이듯이 Insertion Point, Scale, Rotation, Explode 등을 따로 지정할 수 있습니다.

● Insertion Point(삽입점) : 화면상에서 삽입점의 좌표를 지정하거나 대화상자에서 좌표를 직접 입력 할 수 있습니다.

● Scale(축척) : 화면상에서 scale을 지정하거나 대화상자에서 비율을 직접 입력할 수 있습니다.

● Rotation(회전) : 마우스로 회전각을 지정하거나 대화상자에서 각도를 직접 입력할 수 있습니다.

● Explode(분해) : 불러 올 블록이나 파일의 explode의 여부를 묻는 체크 박스 입니다.

Xref(외부참조)

1. 기능 : Xfer Manager (외부참조관리자)를 실행시키는 명령어입니다.

2. 명령방법

   - 명령행 입력 : Xref
   - 메뉴 : Insert/Xref Manger
   - 도구 아이콘 : 

3. 입력

   - Command : xref (enter)

     Xref Manager 대화상자가 나타납니다.

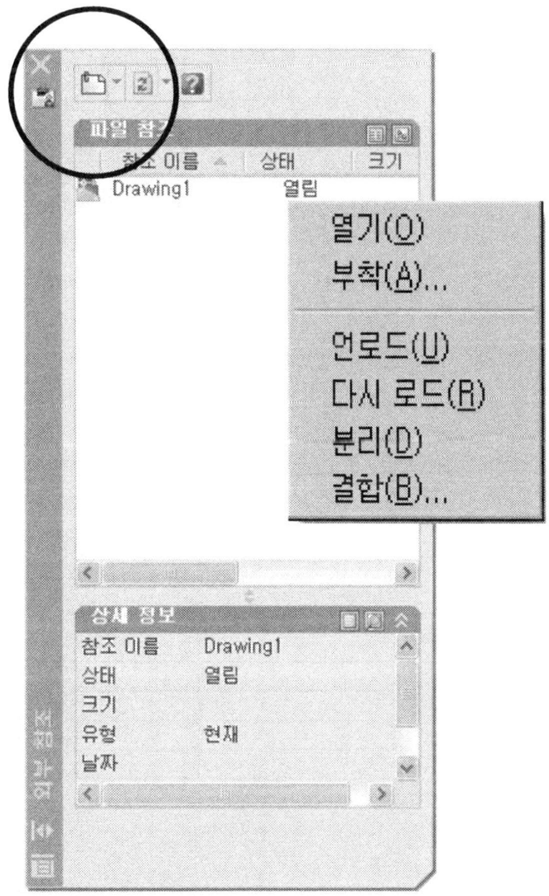

4. Xref Manager에서는 표시한 것과 같이 여러가지 작업들을 할 수 있습니다.

   - Attach(부착) : 도면을 불러옵니다.
   - Detach (분리): 도면을 제거합니다.
   - Reload(다시로드) : 갱신된 도면을 새로 불러들일 때 사용합니다.
   - Unload(언로드) : 도면의 갱신을 취소합니다.
   - Bind(결합) : 외부참조도면은 편집이 불가능 합니다. 이를 가능하게 하기 위해 현재 도면의 일부분으로 만들어 줍니다.

5. Attach 버튼을 클릭합니다.

● Attach할 파일을 묻는 대화상자가 나타납니다.

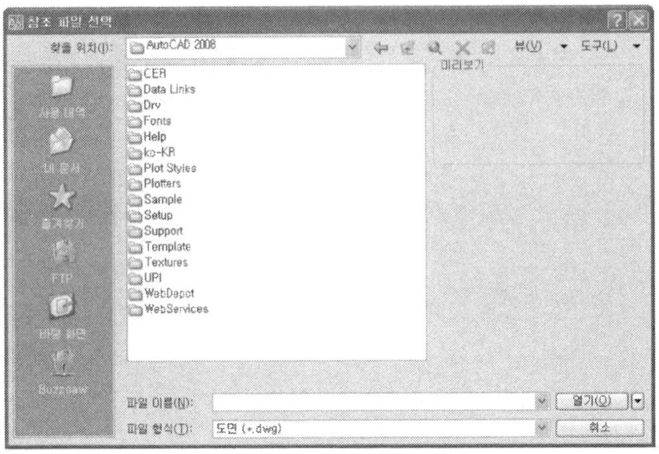

● Attach할 파일을 지정하고 OK 버튼을 클릭합니다.

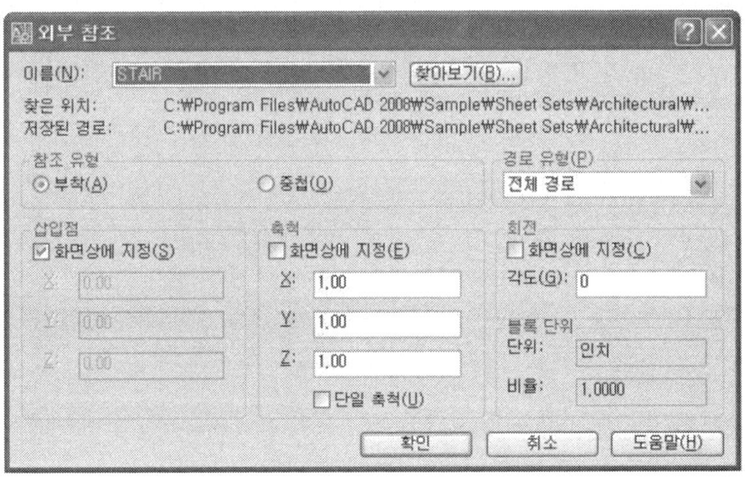

● 명령행에 다음과 같이 표시됩니다.

Attach Xref "stair" : c:\WINDOWS**바탕화면**\stair.dwg

"stair" loaded.

Specify insertion point or [Scale/X/Y/Z/Rotate/PScale/PX/PY/PZ/PRotate] :

● 삽입할 위치를 지정하면 Attach가 완료됩니다.

Layer(도면층) 관리

Layer의 이해

레이어(layer)란 도면층을 말합니다. 이는 사용자가 분류해 놓은 도면 정보들을 여러 개의 투명한 종이에 따로 그려 넣어서 이를 겹쳐 놓은 것과 같습니다. 작업에 필요하지 않는 레이어는 잠시 꺼둘 수도 있고, 같은 레이어에 있는 객체들의 색상과 선종류를 한번에 제어할 수도 있습니다. 이를 통해서 복잡한 도면 작업을 할 때 아주 편리하게 사용할 수 있습니다.

작업을 시작하기 전에 반드시 레이어를 나누고 시작하는 것이 필요합니다. 특히 건축 도면의 경우 기본적으로 중심선, 벽선, 문, 창문, 가구, 문자, 해칭, 치수, 전기배선, 수도배관 등으로 레이어를 나누고 작업에 들어가는 것이 좋습니다.

이러한 레이어의 생성과 관리는 도면층 특성 관리자(Layer Properties Manager)를 통해 이루어집니다.

Layer(도면층)

1. 기능 : 도면층 특성 관리자(Layer Properties Manager)를 통해 레이어를 관리하는 명령어입니다.
2. 명령방법
   - 명령행 입력 : layer 혹은 la
   - 메뉴 : Format/Layer 
   - 도구 아이콘 :
3. 입력
   - Command : layer 혹은 la (enter)

     Layer Properties Manager 대화상자가 나타납니다.

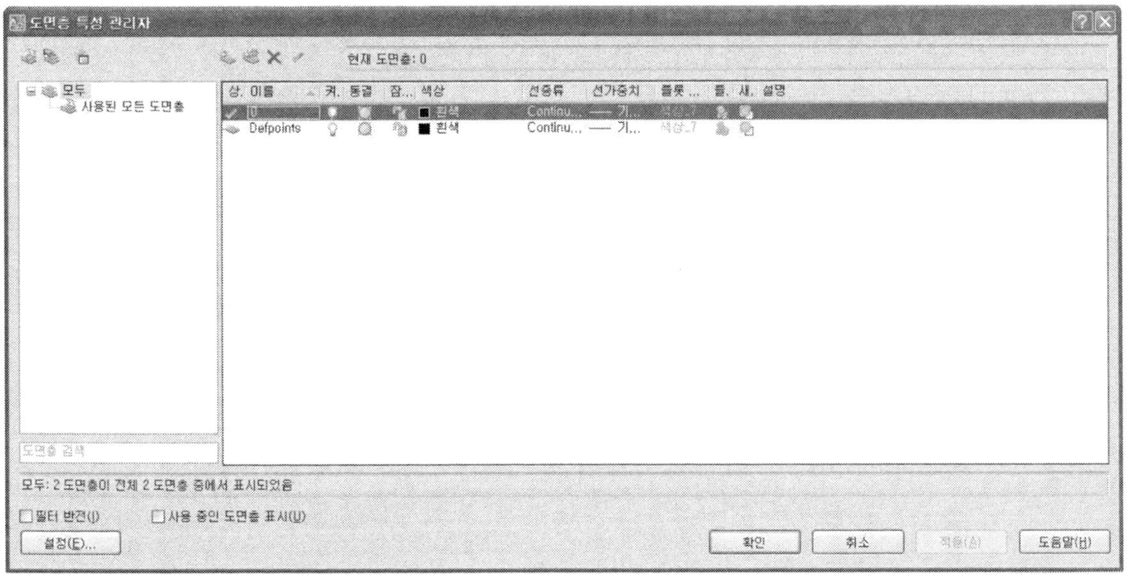

Layer Properties Manger 대화

- Layer Filter : 명명된 레이어를 표시합니다.

- 레이어를 새로 만들고, 삭제, 선택한 레이어를 현 레이어로 지정할 수 있으며, 대화상자 아래의 Detail 부분의 디스플레이를 제어할 수도 있습니다.

- 도면에서의 현 레이어를 보여줍니다. 여기서는 레이어 0이 현 레이어 입니다.
- Layer List : 레이어의 리스트와 그 특성들을 표시합니다.

4. 레이어를 직접 만들어 봅시다.

● Command : layer 혹은 la (enter)

나타난 Layer Properties Manager 대화상자의 New 버튼을 누르면 list에 “layer1”이 추가됨을 알 수 있습니다. 그 이름을 “cen”으로 바꾸어줍니다.

● 레이어 “wall”, “door”, “window”도 이러한 방법으로 만들어줍니다.

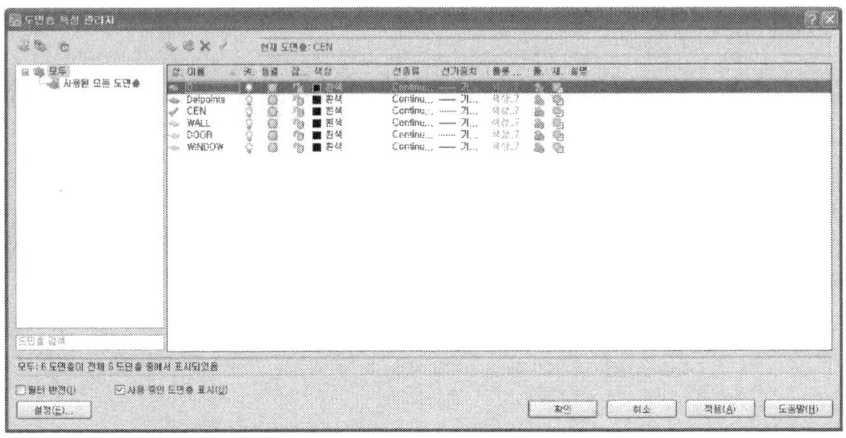

5. 다음에는 각각의 레이어의 color, linetype, lineweight들을 설정해줍니다.

● “cen”의 색상을 설정하기 위해, list에서 “cen”을 선택한 후 색상 아이콘을 클릭하면 다음과 같은 대화상자가 나타납니다.

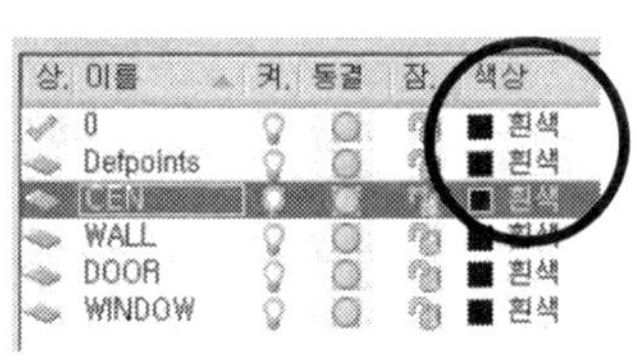

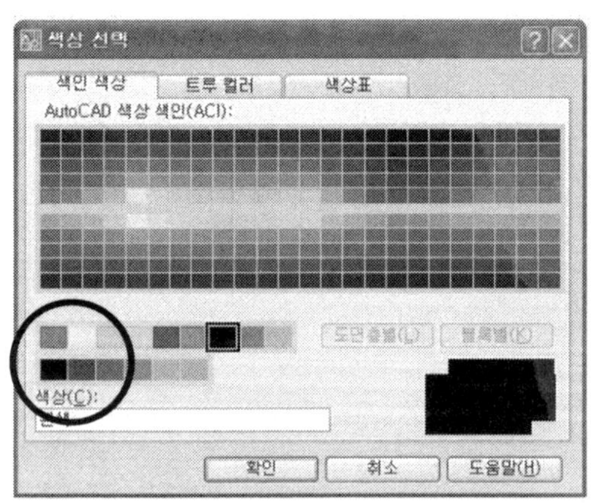

“cen”의 색상을 빨간색으로 설정하기 위해, Standard Colors에서 빨간색을 선택합니다.

“wall”은 노란색, “door”는 초록색, “window”는 파란색으로 각각 설정해 줍니다.

● 이번에는 linetype을 설정합니다.

"cen"의 선종류를 바꾸기 위하여 list에서 Continuous를 선택하면 Select Linetype 대화상자가 나타납니다. 여기에는 현재 도면에서 사용할 수 있는 선종류가 표시되어 있습니다. "cen"에서 사용하려는 선이 없기 때문에 linetype을 load하기 위해 Load 버튼을 누른 후 원하는 linetype인 "CENTER2"를 선택합니다.

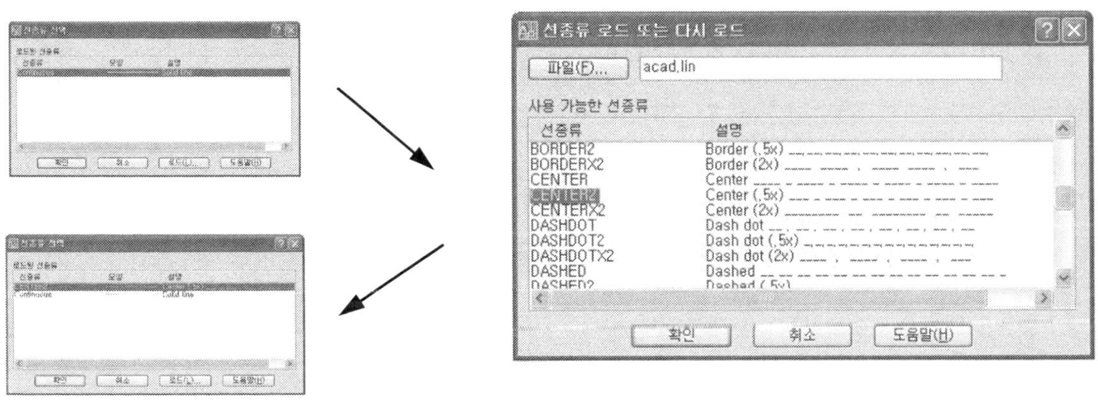

Select Linetype 대화상자에 "CENTER2"가 추가 되었음을 볼 수 있습니다. 이제 "CENTER2"를 선택하고 OK버튼을 누르면 "cen"의 linetype이 "CENTER2"로 바뀌게 됩니다.

● lineweight는 다음과 같이 설정합니다.

"cen"의 선가중치를 바꾸기 위하여 list에서 lineweight 아이콘을 클릭하면 Lineweight 대화상자가 나타납니다.

가중치를 0.15mm로 설정하고 OK를 클릭하면 "cen"의 lineweight가 0.15mm로 바뀝니다.

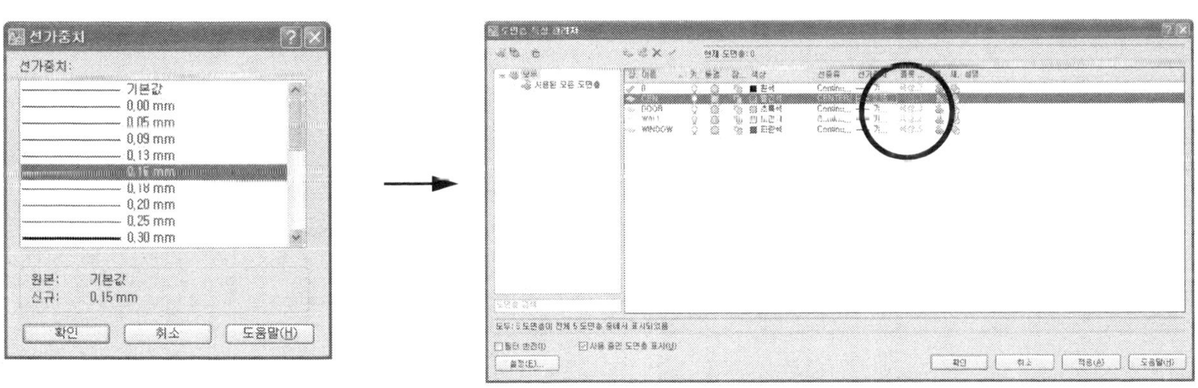

● Plot 설정은 해당 레이어을 plot할 것인가의 여부를 지정하는 기능입니다.

plot 아이콘 을 클릭하여 그 여부를 결정합니다.

plot 가능 :

plot 불가 :

5. Toolbar에서도 위에서 변경했던 레이어의 여러 특성들을 변경할 수도 있습니다.

6. On/Off 설정, Freeze/Thaw 설정, Lock/Unlock 설정

● On/Off : 지정한 레이어를 보이게 하거나 보이지 않게 하는 기능입니다.

● Freeze/Thaw : 지정한 레이어를 동결시키거나 동결해지하는 기능입니다. On/Off와 비슷한 기능이지만, 속도향상에 도움이 됩니다.

● Lock/Unlock : 레이더를 잠그거나 푸는 기능입니다. 레이어가 잠기면 해당 객체는 화면상에 나타나 지만 편집은 불가능합니다.

Layer 운영방식은 대부분의 그래픽관련 프로그램에서 채택하고 있는 방식으로 건축실무에서 유용하게 사용됩니다. 도면작성시 선의 겹침이나 복잡한 부분의 경우 레이어를 제어하여 보다 손쉽게 작성할 수 있고 도면의 수정, 수량산출 및 공기량 산출을 위한 체적산출등에 유용하게 사용됩니다. 공동작업의 경우 레이어를 통일해서 작업하는 것이 필수입니다. 처음에는 번거롭게 느낄 수 있으나 꼭 이해하고 숙달해야만 하는 개념입니다.

객체 특성 도구막대(object Properties Toolbar)

기능 : 객체의 레이어, 색상, 선종류, 선가중치 등을 신속하게 제어할 수 있습니다.

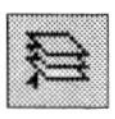

임의의 객체를 선택했을 때, 그 객체의 레이어가 현재 레이어로 설정됩니다.

layer 명령을 수행합니다.

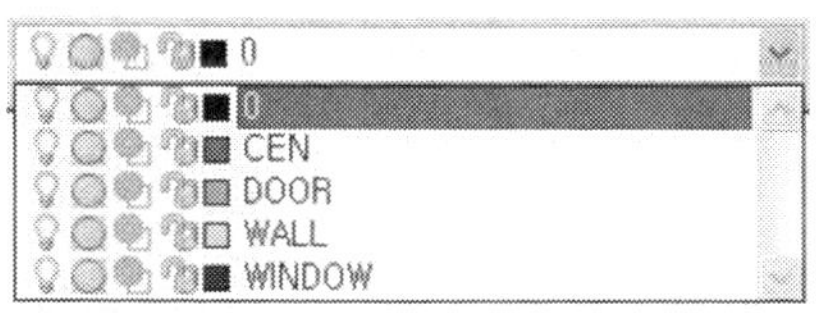

선택한 레이어가 현재 레이어로 설정되며, On/Off, Freeze/Thaw, Lock/Unlock의 설정 여부를 지정할 수 있습니다.

색상을 지정할 수 있습니다. ByLayer로 되어 있으면 객체의 색상이 레이어에 지정된 대로 설정되며, ByBlock으로 되어 있으면, 객체의 색상이 블록으로 지정되기 전의 기본색상으로 설정됩니다.

선종류의 선가중치도 같은 방법으로 정할 수 있습니다.

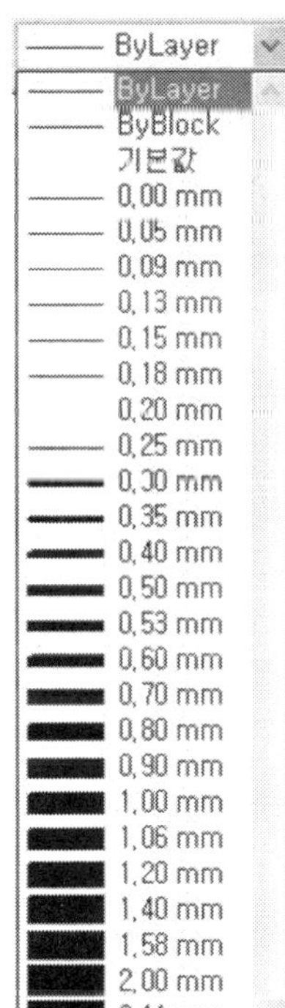

문자와 기타 2차원 객체작성

문자의 입력

AutoCAD2000에서 문자의 입력은 Text(단일행 문자)와 Mtext(다중행 문자) 명령을 통하여 이루어집니다. 이전 버전에 있던 Dtext 명령은 Text 명령에 포함되었습니다.

Text(단일행 문자)

1. 기능 : 한 줄의 문자를 입력하거나 여러 줄의 행을 입력할 때 사용합니다.
2. 명령방법
   - 명령행 입력 : text 혹은 dtext
   - 메뉴 : Draw/Text/Single Line Text
   - 도구 아이콘 :  혹은 
3. 입력
   - Command : text혹은 dtext (enter)

     Current text style : “Standard” Text height : 2.5000 현재의 text style과 문자의 높이를 표시합니다.

     Specify start point of text or [Justify/Style] : 문자의 시작점을 입력하거나 옵션을 선택합니다.
4. 문자를 입력해 봅시다.
   - Command : text (enter)

     Current text style : “Standard” Text height : 2.5000

     Specify start point of text or [Justify/Style]: 문자가 시작될 점을 클릭합니다.

     Specify height <2.5000> : 5 (enter) 문자의 높이를 입력합니다.

     Specify rotation angle of text <0> : (enter) 문자의 회전각을 입력합니다.

     (enter를 치면 <>안의 값 지정)

     Enter text : Text & Dtext (enter)

     Enter text : (enter) 문자의 입력을 끝내려면 아무 내용 없이 enter를 칩니다.

Mtext(다중행 문자)

1. 기능 : Text 명령과 달리 여러 행의 긴 문장을 입력할 때 사용하는 명령어입니다.

2. 명령방법

● 명령행 입력 : mtext, mt 혹은 t

● 메뉴 : Draw/Text/Multi Line Text

● 도구 아이콘 :

3. 입력

● Command : mtext, mt 혹은 t (enter)

Current text style : "Standard" Text height : 2.5000 현재의 text style과 문자의 높이를 표시합니다.

Specify first corner : 문자가 들어 갈 박스의 첫번째 코너를 지정합니다.

Specify opposite corner or [Height/Justify/Line spacing/Rotation/Style/Width] :

박스의 나머지 코너를 지정하거나 옵션을 선택합니다.

4. 문자를 입력하고 조절해 봅시다.

● Command : mtext (enter)

Current text style : "Standard" Text height : 2.5000 현재의 text style과 문자의 높이를 표시합니다.

Specify first corner : 문자가 들어 갈 박스의 첫번째 코너를 지정합니다.

Specify opposite corner or [Heirht/Justify/Line spacing/Rotation/Style/Width] :

박스의 나머지 코너를 지정하면 다음의 대화상자가 나타납니다.

● 대화상자에 다음과 같이 입력합니다.

Mtext 명령어 연습 (enter)

Multi Line Text (enter)

오토캐드 2000 (enter) (enter)

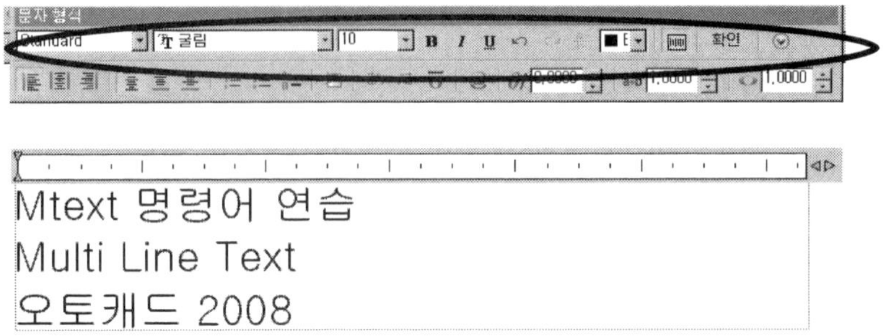

● 일반 word processor 처럼 폰트를 바꾸거나 크기, 색상을 조절할 수 있습니다.

● Properties 탭을 선택하면 Text style, Justification(자리맞추기), Width(단락의 폭), Rotation 등을 변경할 수 있습니다.

● 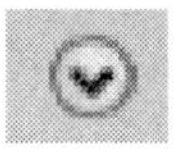 버튼을 누르면 다음처럼 특수 문자를 입력할 수 있습니다.

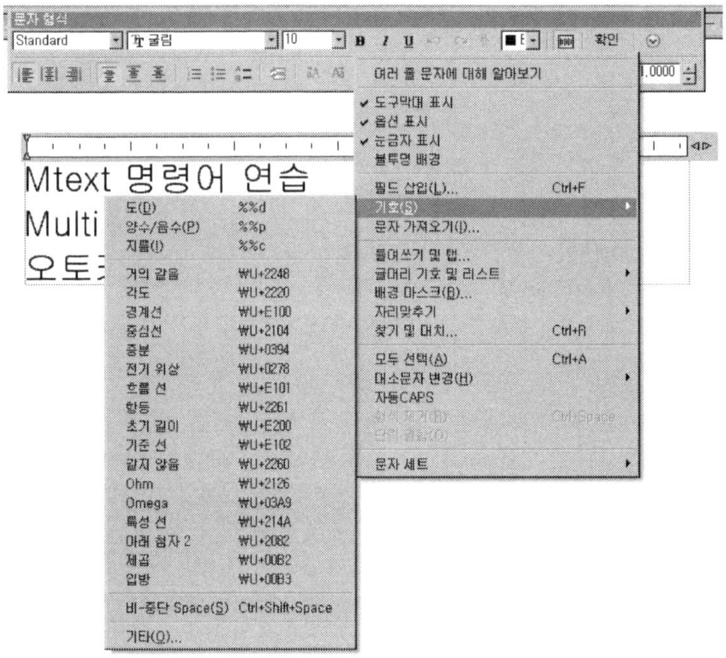

TIP

다음의 특수문자는 자주사용되는 것으로 직접 기입하여 표현 할 수 있도록 하는 것이 좋습니다.

%%D(*각도표시*) : **45%%D → 45°**

%%C(*지름표시*) : **%%C30 → Ø30**

%%P(*공차표시*) : **%%P20 → ±20**

특수문자가 표현되지 않는 폰트도 있습니다.

폰트앞에 **@** *표시되어 있는 것은 옆으로 글자가 뉘어 쓰여집니다.*

건축도면에서 문자는 도면을 구성하는 마지막단계로서 적절한 폰트와 크기, 굵기등으로 위계와 질서가 부여되어야 적절한 도면이 형성됩니다.

문자의 수정

문자의 수정은 Ddedit 명령 혹은 Properties 명령에 의해 이루어집니다.

Ddedit(문자 수정)

1. 기능 : 문자를 수정하는 명령어입니다.
2. 명령방법
   - 명령행 입력 : ddedit
   - 메뉴 : Modify/Text
   - 도구 아이콘 : 
3. 입력
   - Command : ddedit

     Select an annotation object or [Undo] : 수정할 문자를 선택하면 다음의 대화상자가 나타납니다.

     문자가 text 명령으로 작성된 경우 

 화면에서 바로 수정가능합니다.

     문자가 mtext 명령으로 작성된 경우

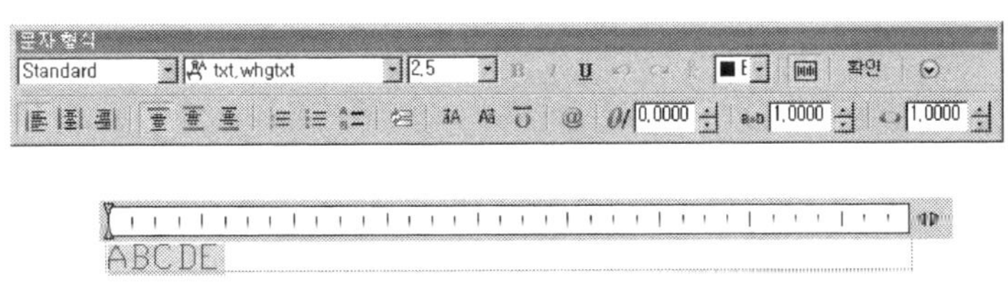

Properties 명령을 사용하면 보여지는 대화상자의 형태는 다소 다르지만, text의 경우는 문자열 자체의 내용에 대한 수정만이 가능하고, mtext의 경우는 Font, Height, Width factor, Oblique angle 등의 여러 특성들과 문자열 내용을 변경할 수 있습니다.

TIP

*일반적으로 문자는 레이어를 구분합니다. 왜냐하면 레이어가 별도로 지정되어있으면 **Freeze**를 이용하여 문자 레이어를 끌 수 있기 때문입니다. 이렇게 해 두면 도면 작업의 속도가 한층 빨라집니다. 한편 **Qtext** 명령을 사용하면 문자 부분이 문자로 보이지 않고 박스 형태로 나타납니다. 이를 통하여서도 작업 속도의 향상을 기대할 수 있으나, 기존의 객체와 혼돈 될 우려가 있습니다.*

Text Style(문자 유형 설정)

유형(Style)과 폰트(Font)는 다른 의미입니다. 즉 Font, Height, Width factor, Oblique angle, Upside down, Backwards 등의 여러 특성들이 설정되는 것이 유형입니다.

AutoCAD의 모든 문자는 어떤 특정 유형과 관련되어 있습니다. 기본으로 "STANDARD"의 유형이 주어지는데, 사용자는 여기에 새로운 유형을 추가하거나 편집, 변경, 제거하여 사용할 수 있습니다.

Style(유형)

1. 기능 : 문자의 유형을 정하는 명령어입니다.
2. 명령방법
   - 명령행 입력 : style 혹은 st
   - 메뉴 : Format/Text Style
3. 입력
   - Command : style 혹은 st

     Text Style 대화상자가 나타납니다.

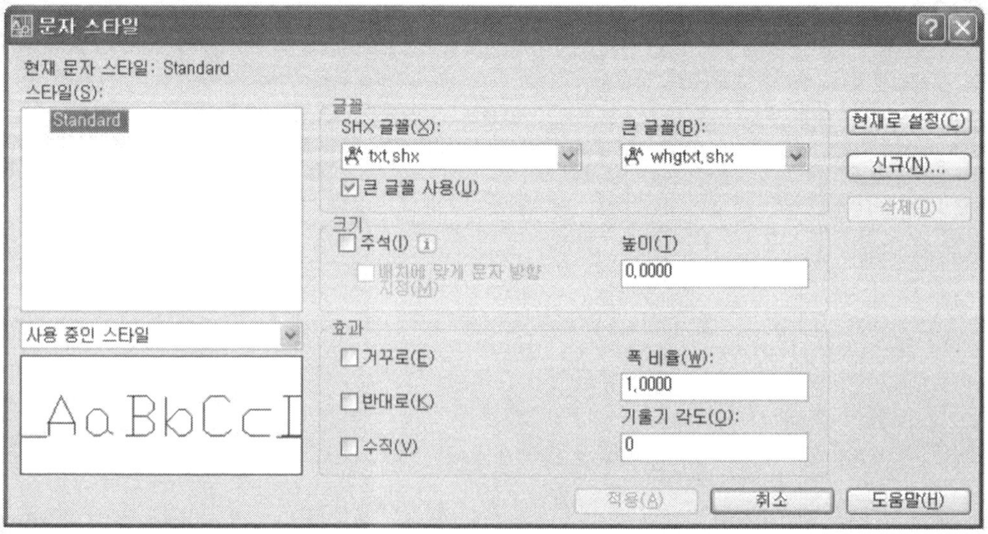

4. Text Style을 추가해 봅시다.

- Test Style 대화상자에서 New 버튼을 클릭한후, 새로운 유형의 이름 "st01"을 입력합니다.

- Font를 Arial로 바꿉니다.

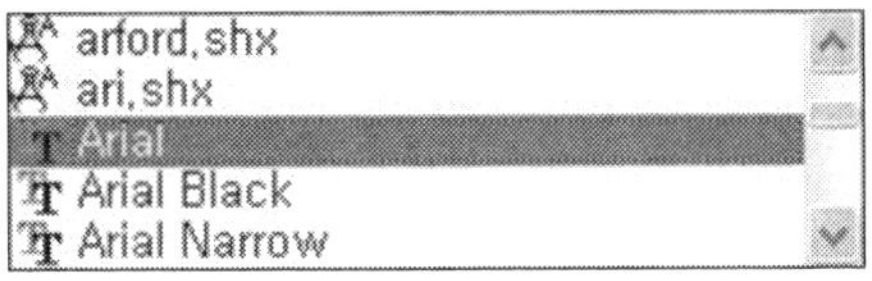

- Apply하고 대화상자를 Close한 후 Text 명령으로 문자를 입력하면 유형 "st01"에서 지정한 데로 나타납니다.

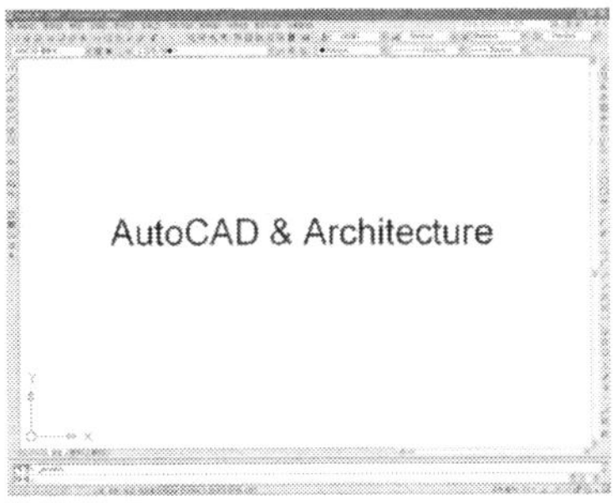

- 이번에는 지정했던 유형 "st01"의 이름과 특성을 바꿔봅시다. 먼저 style 명령으로 Text Style 대화상자를 불러낸다음 Rename 버튼을 이용하여 유형 이름을 "st02"로, Font를 Time New Roman으로 바꿉니다.
- Effect영역에서 'Upside down'항목을 체크하고, 'Width factor'를 3으로 입력한 후, Apply합니다.

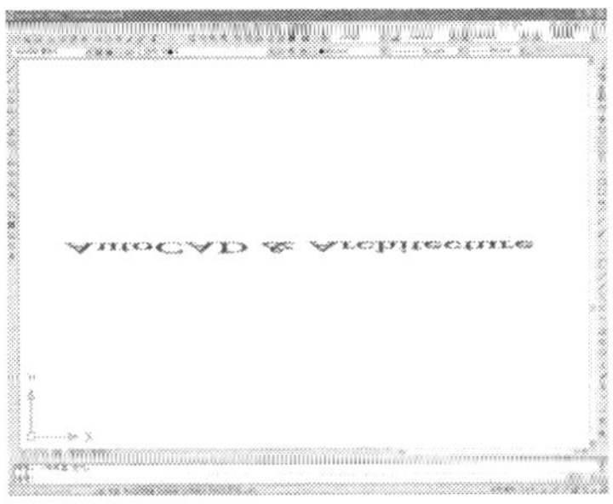

- 유형 "st01"로 쓰여졌었던 문자의 특성이 유형 "st02"로 변화되었음을 알 수 있습니다. 그런데, 여기서 주목할 것은 'Width factor'에는 아무런 변화도 없다는 사실입니다. 사실 'Height', 'Width factor', 'Oblique angle'들은 변경 이후에 작성된 문자들에만 영향을 주고, 이전에 작성된 문자를 변경시키지는 않습니다.

해칭

hatch

1. 기능 : 대화상자를 통하여 해치를 작성하는 명령어입니다.
2. 명령방법
   - 명령행 입력 : hatch 혹은 h
   - 메뉴 : Draw/Hatch
   - 도구 아이콘 : 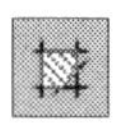
3. 입력
   - Command : bhatch, bh 혹은 h (enter)

     Boundary Hatch 대화상자가 나타납니다.

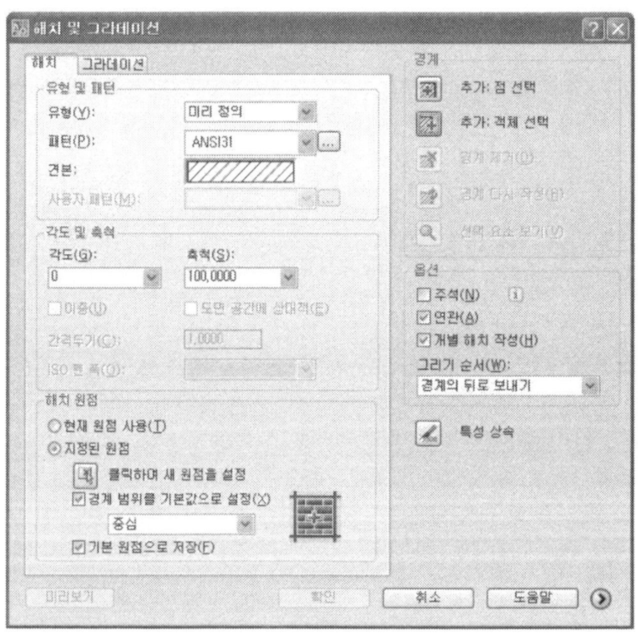

Boundary Hatch 대화상자

TIP *해치를 위해서는 해치가 들어갈 영역이 닫혀져 있어야 합니다. 그렇지 않은 경우에는 오른쪽과 같은 에러 메시지가 나타납니다. 그리고 해치는 하나의 객체로 인식되어지며,* ***explode*** *명령을 이용 분해하여 편집할 수도 있습니다.*

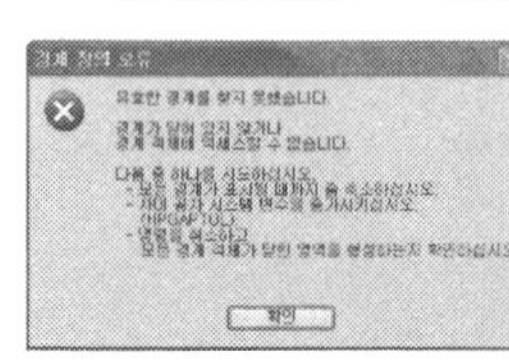

● Type : 3가지 종류의 패턴이 제공됩니다.

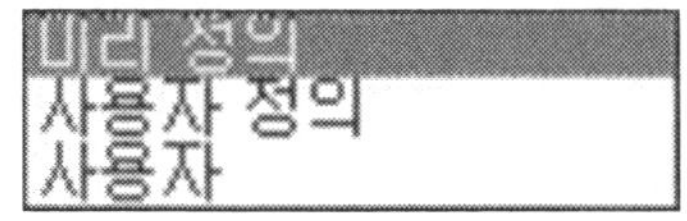

Predefined (AutoCAD에서 제공하는 패턴)

User-defined (일반적인 패턴)

Custom (사용자 정의 패턴)

● Pattern : 우측 [...] 의 버튼을 누르면 Hatch Pattern Palette가 나타납니다.

이 대화상자에서 Predefined Pattern과 Custom Pattern을 찾아 볼 수 있습니다.

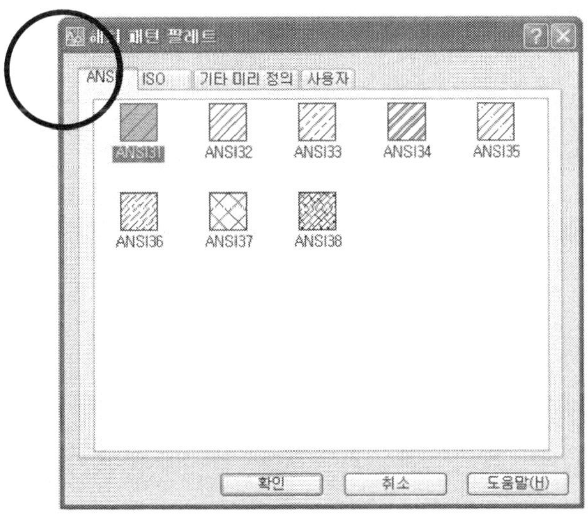

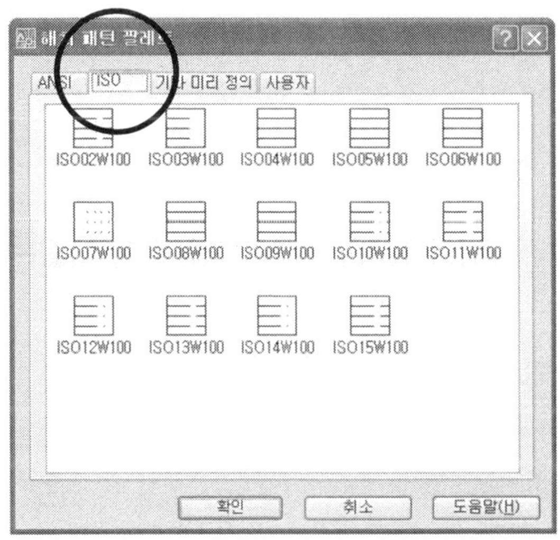

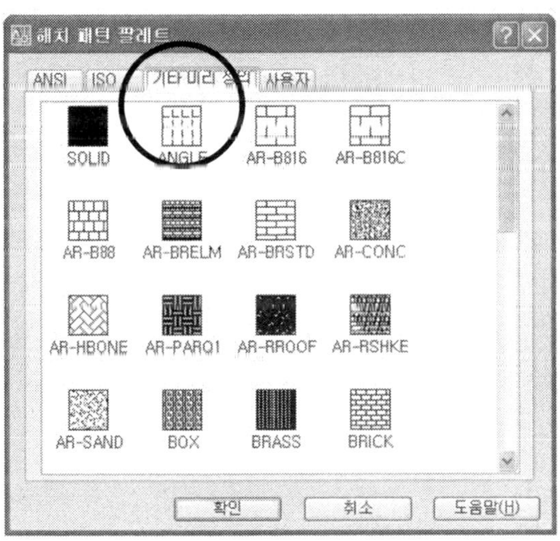

위쪽에있는 탭을 선택함에 따라 여러가지 종류의 패딘이 나다납니다.

미리정의된 패턴들을 중복조합하여 새로운 패턴을 생성시켜 사용 할 수도 있습니디.

실무건축도면에서 많이 사용하는 기능으로 잘 익혀 두어야 합니다.

● Angle (각도) : 선의 각도를 입력합니다.

(User-defined에서 0º는 수평선입니다.)

● Scale (축척) : 기본 스케일 값은 1입니다.

이 값은 화면크기가 0,0에서 12,9까지에서 적당한 값이므로 limits값이 커지면 스케일 값도 커져야 합니다.

● Pick Points : 경계영역 선택 방법으로 찍은 점을 둘러싸는 (점선택) 외곽선을 선택합니다.

● Select Objects : 경계가 되는 객체를 직접선택하는 (객체선택) 영역 선택 방법입니다.

4. Bhatch를 연습해 봅시다.

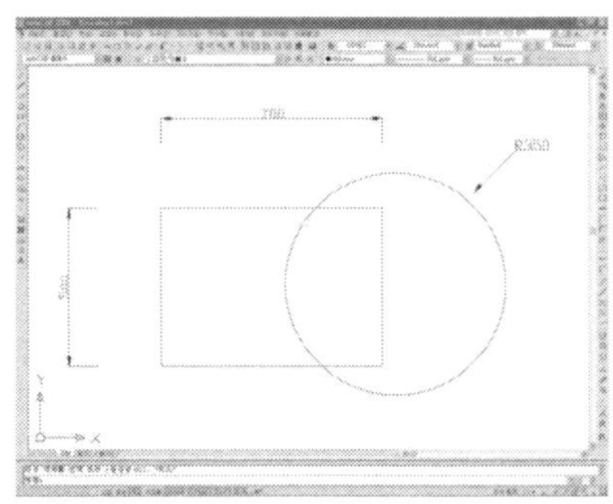

● 오른쪽과 같이 먼저 몇 개의 도형을 그립니다.

● Command : hatch 혹은 h (enter)

Hatch 대화상자가 나타납니다.

● 표시한 버튼을 눌러 나온 Hatch Pattern Palette에서 ANSI31을 찾아 OK버튼을 누릅니다.

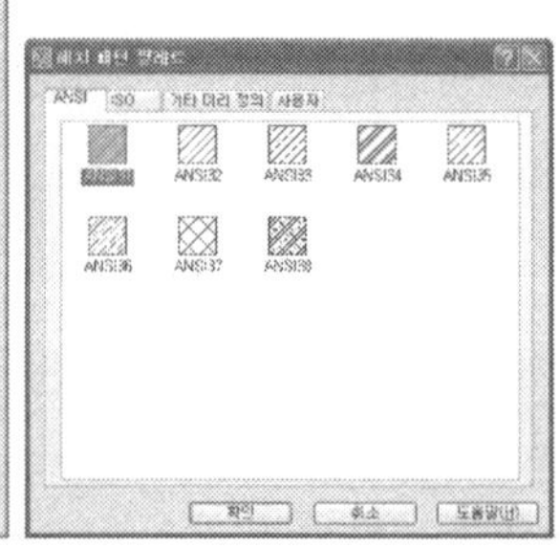

● Angle을 0으로 스케일을 1로 합니다.

● Pick Point 버튼을 누르면 대화상자가 사라지고 도면으로 돌아옵니다.

● 원의 오른쪽 영역을 클릭합니다.

해칭이 너무 촘촘하게 되었습니다.

이런 경우에는 scale을 조정해 주어야 하겠습니다.

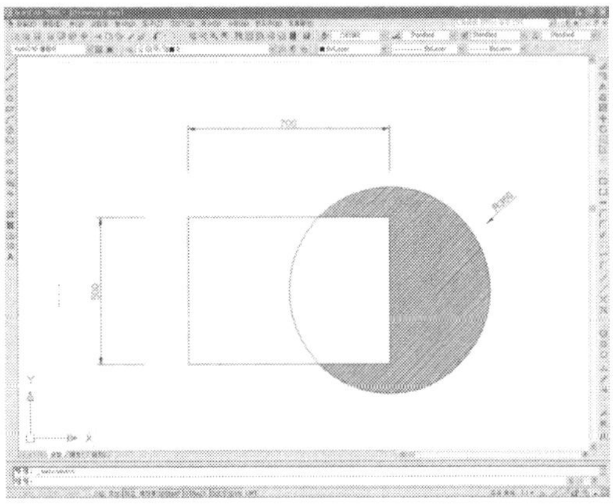

● 해치를 erase하고 다시 hatch 명령을 실행하여 scale을 10으로 조정해서 같은 영역에 해치를 입혀 봅시다.

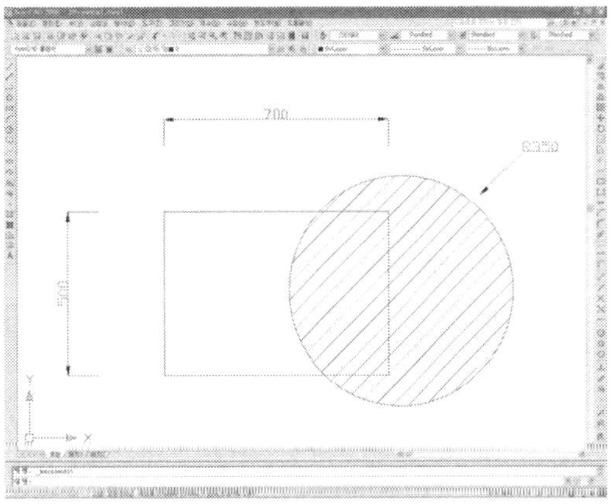

● 이번에는 User-Defined Pattern을 연습해 봅시다.

그림처럼 Type에서 User-Defined를 선택합니다.

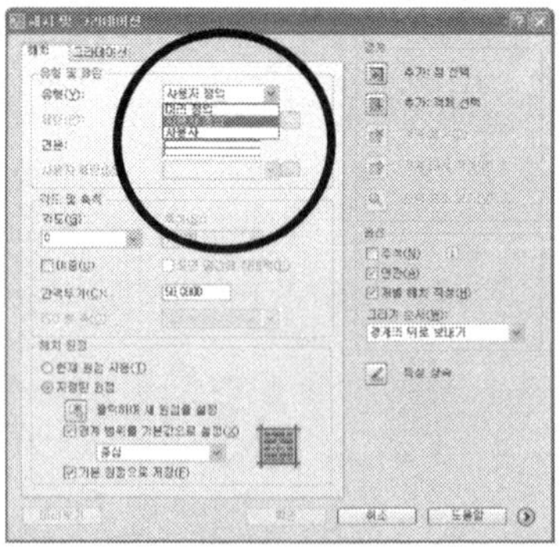

● Spacing을 50으로 하고 'Double'을 체크합니다.

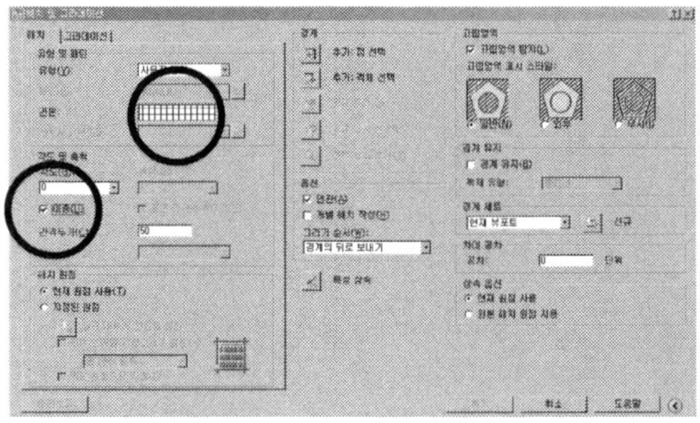

● 사각형의 왼쪽을 Pick Point로 잡아서 해치를 입힙니다.

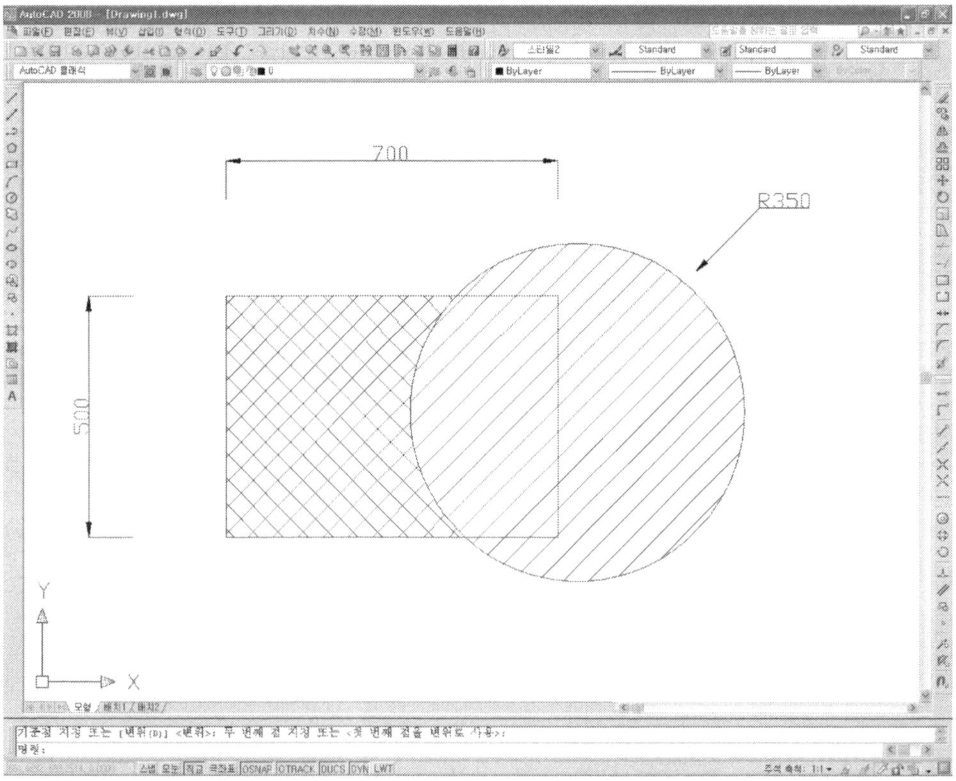

Multiline(다중선)

Mline(다중선)

1. 기능 : 평행한 선들을 동시에 그리는 명령어입니다.

2. 명령방법

- 명령행 입력 : mline 혹은 ml
- 메뉴 : Draw/Multiline
- 도구 아이콘 : 

3. 입력

- Command : mline 혹은 ml (enter)

Current settings : Justification=Top, Scale =20.00, Style=STANDARD 현재의 설정값을 표시합니다.

Specify start point or [Justification/Scale/STyle] : mline의 시작점을 입력하거나 옵션을 선택합니다.

Justification : mline의 기준 위치 top, zero, bottom이 있습니다.

Scale : mline의 간격을 조절합니다.

Style : mline의 유형을 조절합니다.

4. Mline을 그려 봅시다.

- Command : mline 혹은 ml (enter)

Current settings : Justification=Top, Scale =20.00, Style=STANDARD

Specify start point or [Justification/Scale/STyle] : s (enter) 스케일을 조정합니다.

Enter mline scale <20.00> : 5 (enter) mline의 간격을 5로 바꾸어줍니다.

Current settings : Justification=Top, Scale =5.00, Style=STANDARD

Specify start point or [Justification/Scale/STyle] : 시작점을 찍습니다. **(enter)**

Specify next point : 두번째 점을 찍습니다.

Specify next point or [Undo] :세번째 점을 찍습니다.

Specify next point or [Close/Undo] : c (enter)

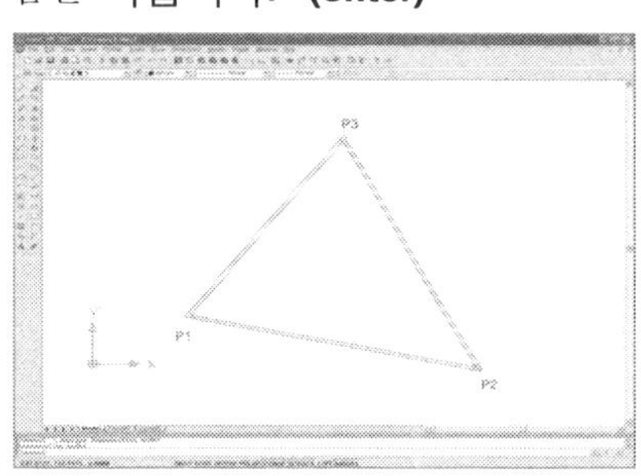

Mlstyle(다중선 유형)

1. 기능 : 사용자 정의의 다중선을 만들고 편집하며 저장 및 load하는 명령어입니다.

2. 명령방법

● 명령행 입력 : mlstyle

● 메뉴 : Format/Multiline Style

3. 입력

● Command : mlstyle (enter)

Multiline Styles 대화상자가 나타납니다.

● Current : 현재의 스타일을 표시합니다.

Name : 새로운 스타일을 만들 때 그 이름을 기입합니다.

Load : 다중선을 부릅니다.

Save : 다중선을 저장합니다.

Add : 다중선을 추가합니다.

Rename : 다중선의 이름을 바꿉니다.

Element Properties : 유형의 특성을 수정합니다.

Multiline Properties : 다중선의 특성을 수정합니다.

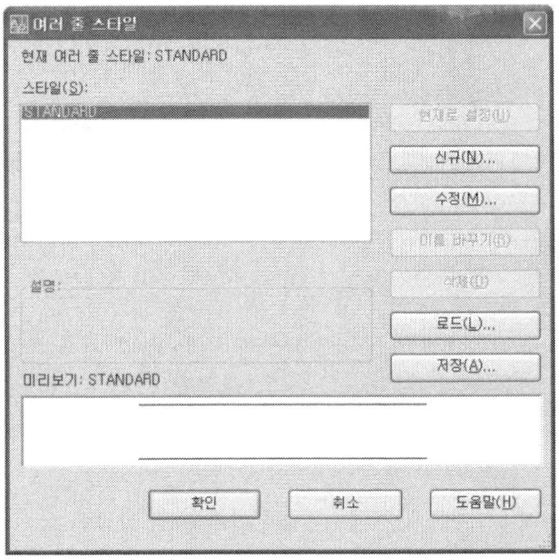

4. 다중선을 만들어 봅시다.

● Name에 새로운 다중선 유형의 이름인 ml01을 입력 한 후 Element Properties를 클릭합니다.

● Element Properties 대화상자를 보면 현재 어떤 특성을 갖는 선이 중심선에서 얼마의 간격으로 떨어져 있나를 알 수 있습니다. 여기의 예에서는 중심선에서 서로 0.5 만큼 offset된 선이 설정되어 있습니다. 그리고, 'Add', "Delete', 'Color', 'Linetype'을 이용하여 여기에 선을 추가하거나 특성을 변경할 수 있습니다.

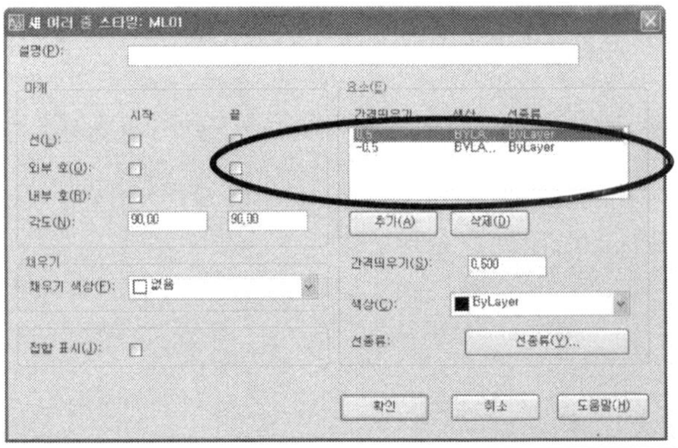

● 'Add' 버튼을 누르면 선이 하나 추가됩니다. (최대 16개)

● 'Offset' 값인 0은 그대로 두고, 'Linetype'은 일점쇄선으로, 'Color'는 Red으로 바꿉니다. 이때 적당한 linetype이 없다면 load해야 합니다.

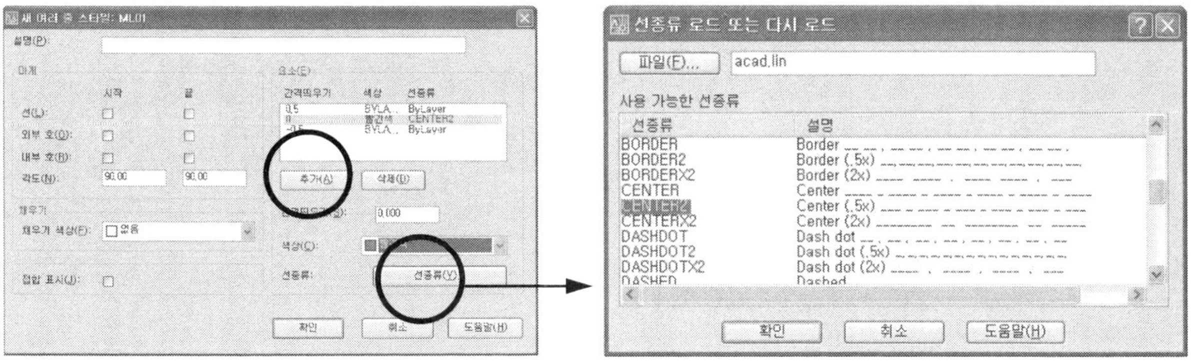

● 이상으로 완성한 후에는 OK 버튼을 누릅니다.

● 완성된 다중선 유형은 현재의 파일에서만 사용가능 합니다. 반약 여러 파일에서 이 다중선 유형을 사용하려면 저장을 하여야합니다. 확장자가 mln 으로 지정됩니다.

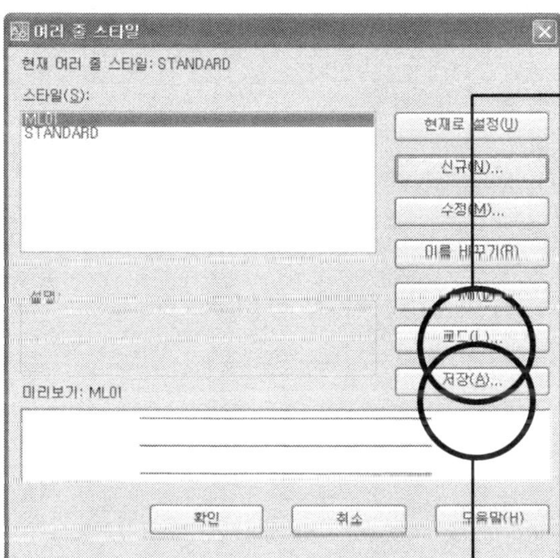

● 다음번에 유형 'ml01'을 사용하려면 'load'를 클릭하여 ML01을 선택하면 됩니다

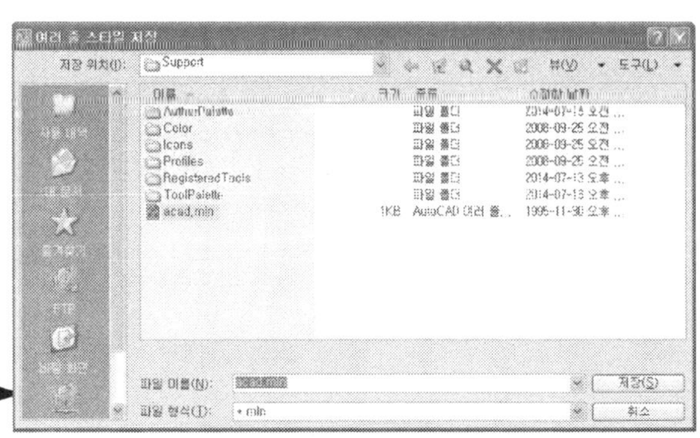

Mledit(다중선 편집)

1. 기능 : 다중선의 교차점을 디스플레이하는 방법을 조절하는 명령어입니다.

2. 명령방법

● 명령행 입력 : mledit

● 메뉴 : Modify/Object/Mledit

● 도구 아이콘 : 

3. 입력

● Command : mledit (enter)

Multiline Edit Tools 대화상자가 나타납니다.

여기에 주어진 12개의 아이콘들 중 하나를 선택한 후 편집을 원하는 mline을 차례로 클릭합니다.

1) crosses (다양한 교차부분을 정리)

2) tees (T자형태의 교차부분 정리)

3) corners (코너부분을 만들거나 정점을추가,삭제)

4) cuts (다중선의 각 요소를 자르거나 복구)

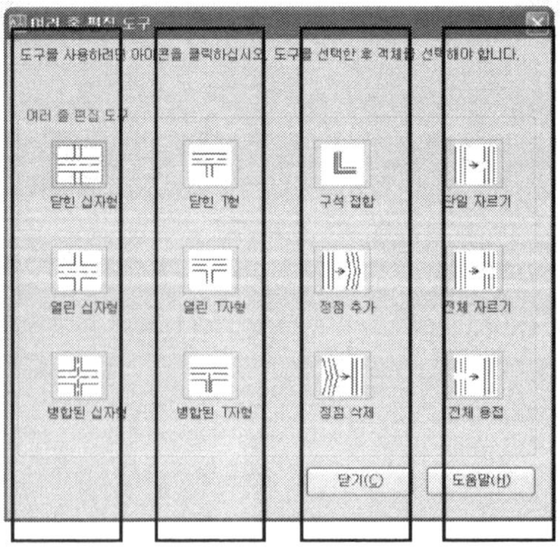

1 2 3 4

Xline & Ray

스케일이 큰 도면에 있어서 특정 레이어에 위치 시킨 후 깔아 두고 작업을 하면
작업의 능률을 높일 수 있습니다.

Xline(Construction line, 구성선)

1. 기능 : 시작과 끝이 없는 무한선을 그리는 명령어입니다..
2. 명령방법
   - 명령행 입력 : xline 혹은 xl
   - 메뉴 : Draw/Construction Line
   - 도구 아이콘 : 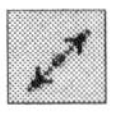
3. 입력
   - Command : xline 혹은 xl (enter)

     Specify a point or [Hor/Ver/Ang/Bisect/Offset] : 선의 중심점을 지정하거나 옵션을 선택합니다.
   - Hor (수평선), Ver(수직), Ang(각도), Bisect(이등분), Offset(간격띄우기)

Ray(광선)

1. 기능 : 시작은 있고 끝이 없는 무한선을 그리는 명령어입니다..
2. 명령방법
   - 명령행 입력 : ray
   - 메뉴 : Draw/Ray
3. 입력
   - Command : ray (enter)

     Specify start point : 선의 시작점을 지정합니다.

     Specify through point : 선의 통과점을 지정합니다. 지정이 끝나면 enter를 쳐서 명령을 종료합니다.

불규칙한 객체

Spline

1. 기능 : 부드러운 곡선을 그리는 명령어입니다. spline은 explode되지 않기 때문에 splinedit으로 편집합니다.

2. 명령방법

● 명령행 입력 : spline 혹은 spl

● 메뉴 : Draw/Spline

● 도구 아이콘 : 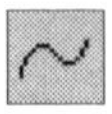

3. 입력

● Command : spline 혹은 spl (enter)

Specify first point or [Object] : 시작점을 지정하거나 옵션을 선택합니다.

Specify next point : 다음점을 지정합니다.

Specify first point or [Close/Fit tolerance] : 점을 지정하거나 옵션을 선택합니다.

● Object : pedit를 통해 spline화된 pline을 spline으로 바꿉니다.

Close : 시작점과 끝점을 연결합니다.

Fit tolerance : 곡률을 조정합니다. 그 값이 클 수록 곡률이 커집니다.

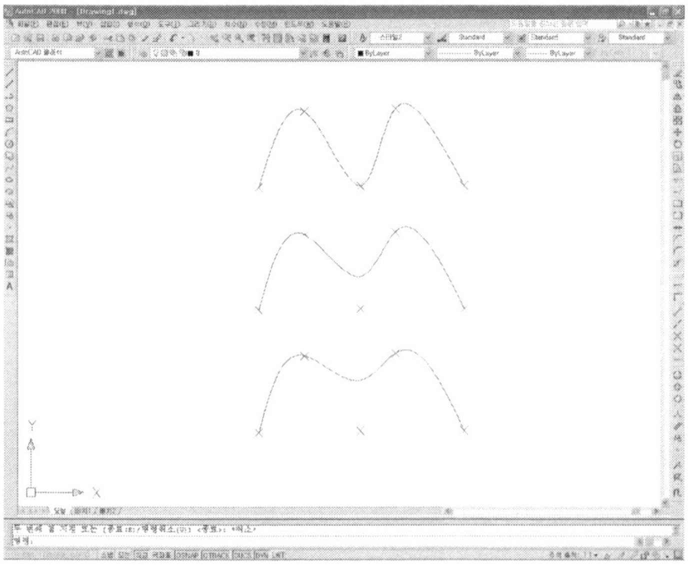

Fit 값에 변화에 따른 spline 곡률의 변화

Sjetch(스케치)

1. 기능 : 자유로운 곡선을 그리는 명령어입니다.

2. 명령방법

● 명령행 입력 : sketch

● 도구 아이콘 : 

3. 입력

● Command : sketch (enter)

Record increment <1.000> : 선의 밀도를 지정합니다. (enter)

Sketch. Pen eXit Quit Records Erase Connect.

<Pen down> <Pen up> ….. 마우스를 클릭하면 pen down 되어 그림을 그릴 수 있고, 다시 한번 마우스를 클릭하면 pen up 되어 원하는 장소로 이동할 수 있습니다. Enter를 치면 종료됩니다.

● Record increment의 값이 작을 수록 부드러운 선이 됩니다. 하지만 용량이 커집니다.

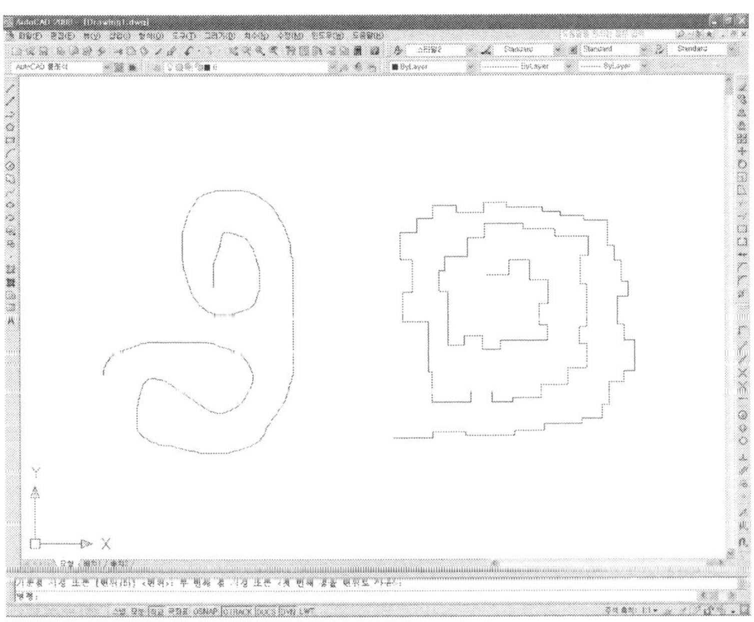

Record increment 값에 따른 변

Sketch 명령어는 일반 마우스보다 펜마우스를 사용 할 시 더욱 자연스럽게 사용 할 수 있습니다.

두께를 갖는 객체

Donut

1. 기능 : 두께를 갖는 원을 그리는 명령어입니다.

2. 명령방법

   - 명령행 입력 : donut 혹은 do
   - 메뉴 : Draw/Donut

3. 입력

   - Command : donut 혹은 do (enter)

     Specify inside diameter of donut <10.000> : 도넛의 내경을 입력합니다.

     Specify inside diameter of donut <20.000> : 도넛의 외경을 입력합니다.

     Specify center of donut or <exit> : 도넛의 중심점을 지정합니다. Enter를 쳐서 명령을 종료합니다.

   - 내경을 0으로하면 속이 꽉찬 원을 그릴 수 있습니다.

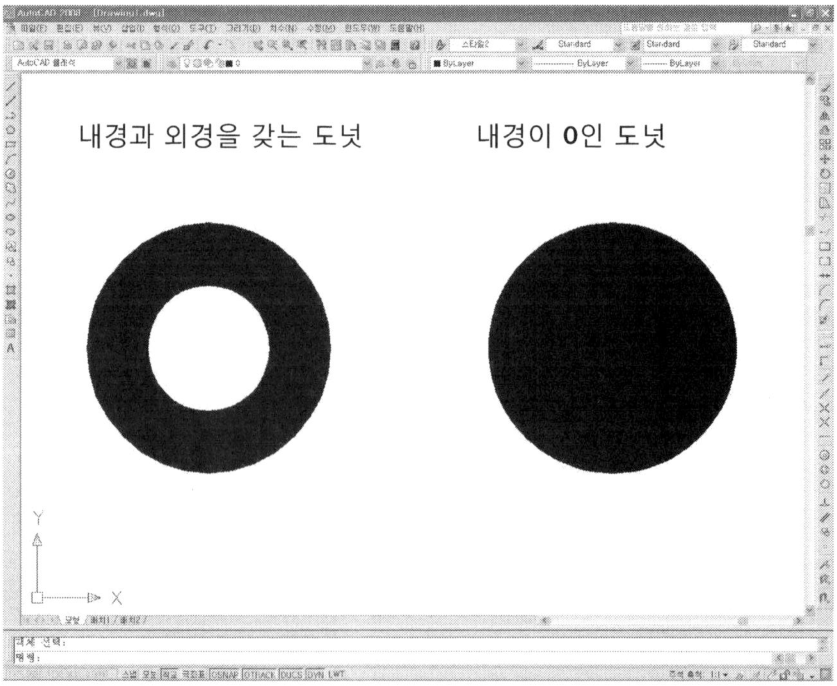

Trace(두께선)

1. 기능 : 일정한 두께를 선을 그리는 명령어입니다.
2. 명령방법
   - 명령행 입력 : trace
   - 도구 아이콘 : 
3. 입력
   - Command : trace (enter)

     Specify trace width <1.0000> : 폭을 입력합니다.

     Specify start point : 시작점을 지정합니다.

TIP

*실재 도면 작업에 있어서 이 **trace** 명령을 사용하는 경우는 거의 없습니다. 일반적으로 선의 두께를 표현해야 하는 경우에는 **pline**을 사용하는 것이 좋습니다.*

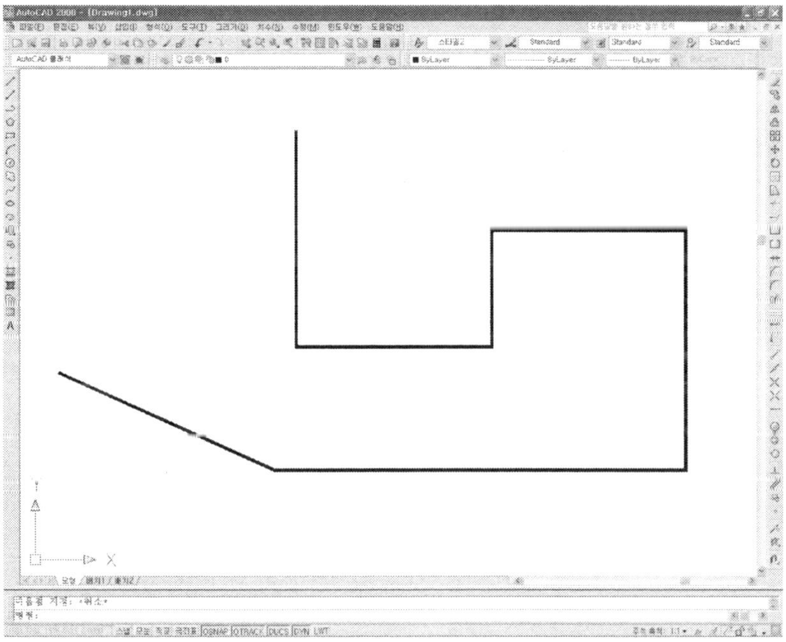

Solid(솔리드)

1. 기능 : 속이 채워진 다각형을 그리는 명령어입니다.

2. 명령방법

- 명령행 입력 : solid 혹은 so
- 메뉴 : Draw/Surfaces/2D Solid
- 도구 아이콘 : 

3. 입력

- Command : solid 혹은 so (enter)

  Specify first point : 시작점을 입력합니다.

  Specify second point : 두번째점을 지정합니다.

  Specify third point : 세번째점을 지정합니다.

  Specify fourth point or <exit> : 네번째점을 지정하거나 명령을 종료하려면 enter를 칩니다.

4. 삼각형 이상의 물체는 지그재그로 점을 찍어야 합니다.

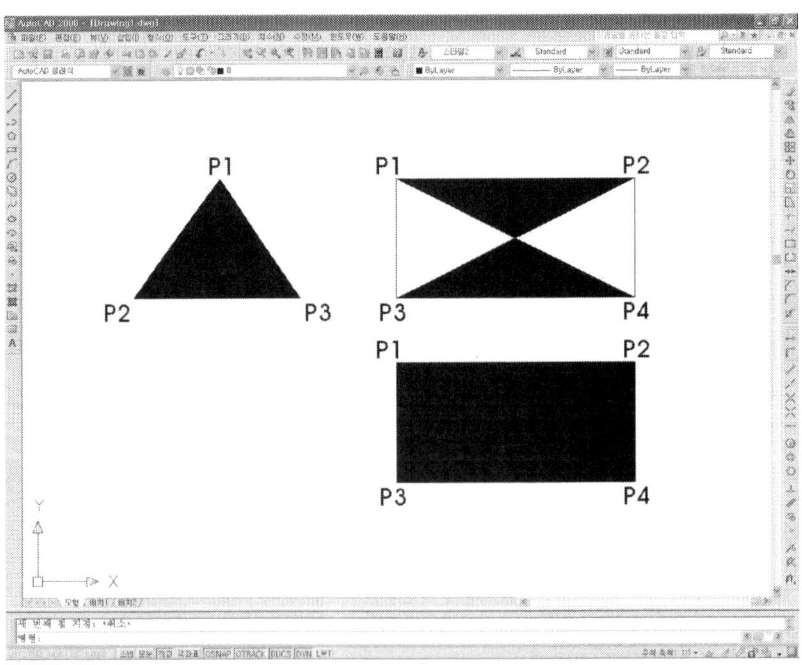

TIP

Fill *: 화면표시 및 출력시* ***donut, trace, solid, pline*** *등으로 그려진 객체들의 표시방법과 출력방법을 제어합니다.*

On *: 채우기를 켭니다.* ***Off*** *: 채우기를 끕니다. (결과는* ***regen****을 하여야 볼 수 있습니다.)*

Solide *명령어는 해칭 명령을 통해서도 작업 할 수 있습니다.*

치수 기입

치수 입력

Qdim(신속 치수)

1. 기능 : 복잡한 객체를 표준 배치 방법에 따라 일련의 치수를 신속하게 기입하는 명령어입니다.
2. 명령방법
   - 명령행 입력 : qdim
   - 메뉴 : Dimension/Qdim
   - 도구 아이콘 : 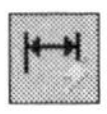
3. 입력
   - Command : qdim (enter)

     Select geometry to dimension : 객체를 선택합니다. 선택이 끝나면 enter합니다.

     Specify dimension line position, or [Continuous/Staggered/Baseline/Ordinate/Radius/Diameter/datumPoint/Edit] <Continuous> : 치수선의 위치를 지정하거나 옵션을 선택합니다.
4. qdim을 작성해 봅시다.
   - Command : qdim (enter)

     Select geometry to dimension : 먼저 치수가 들어갈 객체를 선택합니다. 선택이 끝나면 enter합니다.

     Specify dimension line position …… : 커서를 위로 끌어서 원하는 위치에 치수선을 위치 클릭합니다.

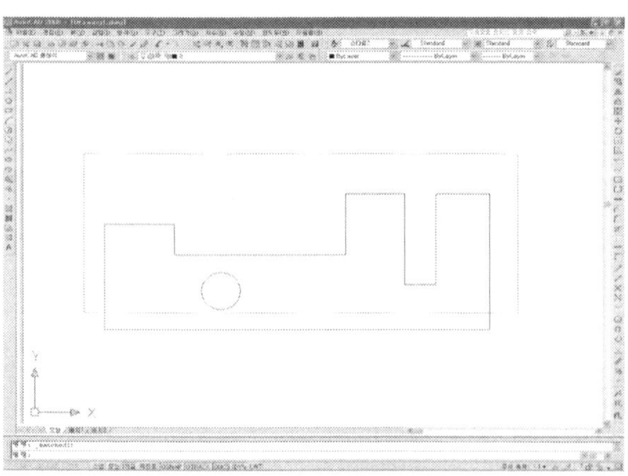

Qdim 할 객체의 선택

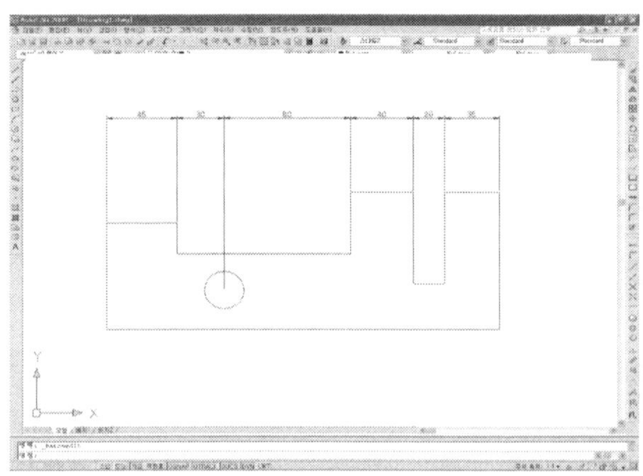

치수선의 위치를 잡아 클릭

4. 이상의 내용은 qdim의 continuous 옵션에 관한 내용입니다. 이번에는 나머지 옵션에 관해 알아봅시다.

- 사용 방법 : 객체를 선택하기 전에 명령행에 직접 입력할 수도 있지만, 여기서는 객체를 먼저 선택한 후에 마우스의 오른쪽 버튼을 사용하여 옵션을 입력하는 방법을 사용하겠습니다.
- 먼저 'Staggered(다중)'입니다.

Command : qdim (enter)

Select geometry to dimension : 앞과 같은 곳을 선택합니다. (enter)

화면에서 마우스의 오른쪽 버튼 클릭하여 staggered 선택합니다.

치수선의 위치를 잡아서 클릭합니다.

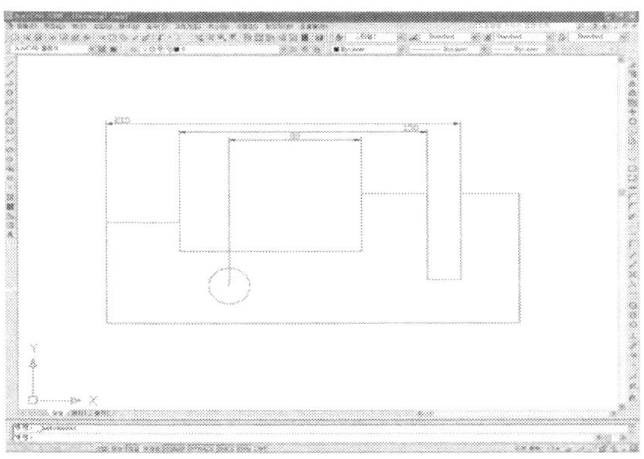

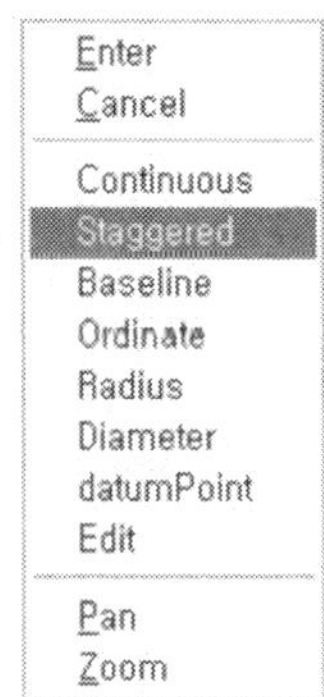

- Baseline(기준선)/Ordinate(세로좌표)/Radius(반지름)/Diameter(지름)/datumPoint(기준점)/ Edit(편집)

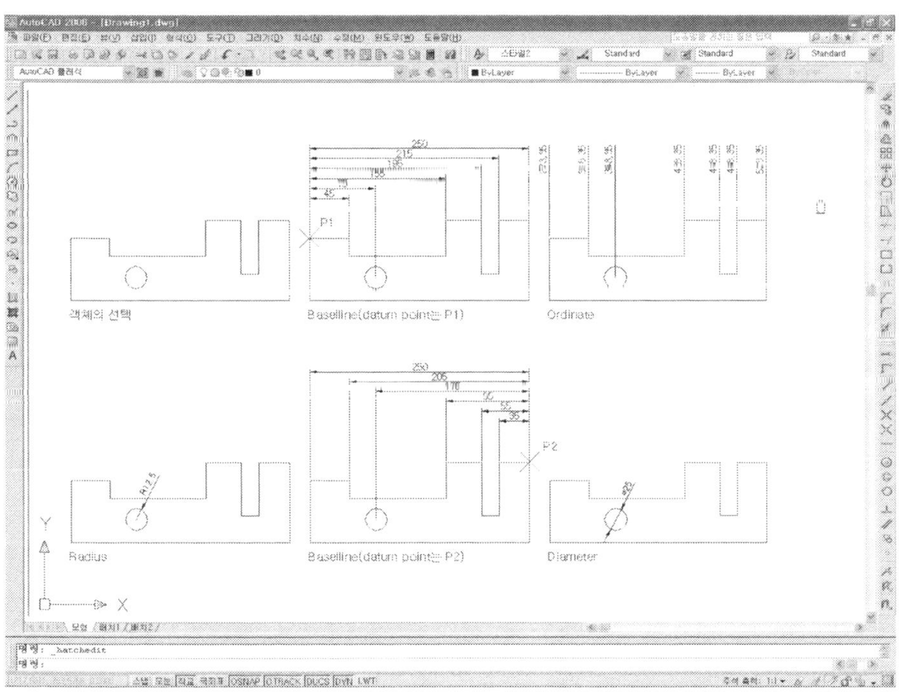

선형, 정렬 치수

Dimliner(선형 치수)

1. 기능 : 선형의 치수를 입력합니다.

2. 명령방법

  - 명령행 입력 : dimlinear
  - 메뉴 : Dimension/Linear
  - 도구 아이콘 : 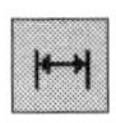

3. 입력

  - Command : dimlinear (enter)

    Specify first extension line origin or [select object] : 첫번째 치수 보조선 원점을 지정합니다.

    Specify second extension line origin : 두번째 치수 보조선 원점을 지정합니다.

    Specify dimension line location or [Mtext/Text/Angle/Horizontal/Vertical/Rotated] :

    치수선 위치를 지정하거나 옵션을 선택합니다.

4. dimlinear를 실행해 봅시다.

  - 먼저 사각형과 삼각형, 원을 그린후 차례로 실행합니다. osnap을 활용합니다.

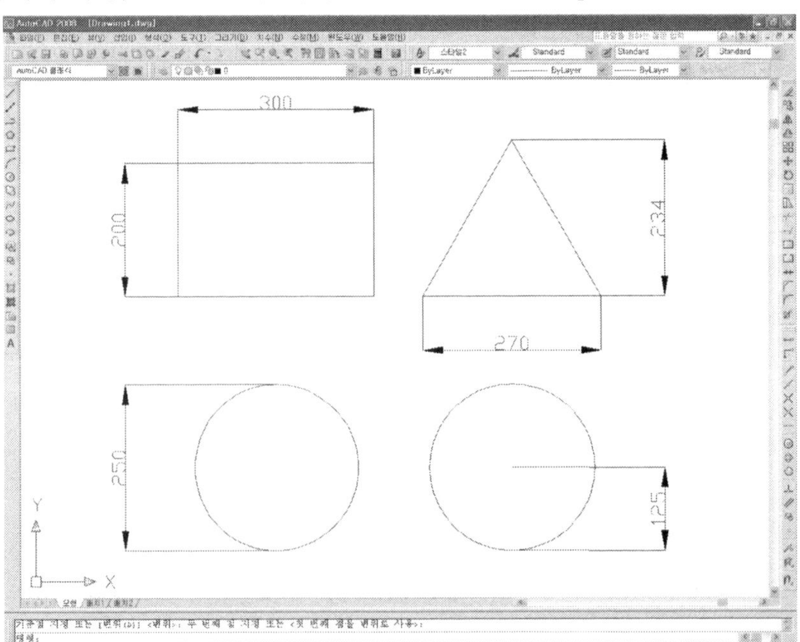

Dimaliqned(정렬 치수)

1. 기능 : 두개의 치수 보조선의 원점을 잇는 선에 평행하도록 치수를 기입하는 명령어입니다.

2. 명령방법

- 명령행 입력 : dimaligned
- 메뉴 : Dimension/Aligned
- 도구 아이콘 : 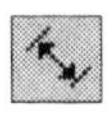

3. 입력

- Command : dimaligned (enter)

  Specify first extension line origin or [select object] : 첫번째 치수 보조선 원점 지정합니다.

  Specify second extension line origin : 두번쌔 치수 보조선 원짐 지정합니다.

  Specify dimension line location or [Mtext/Text/Angle] : 치수선 위치를 지정하거나 옵션을 선택합니다.

4. dimlinear를 실행해 봅시다.

- dimlinear와 사용방법이 거의 같습니다.

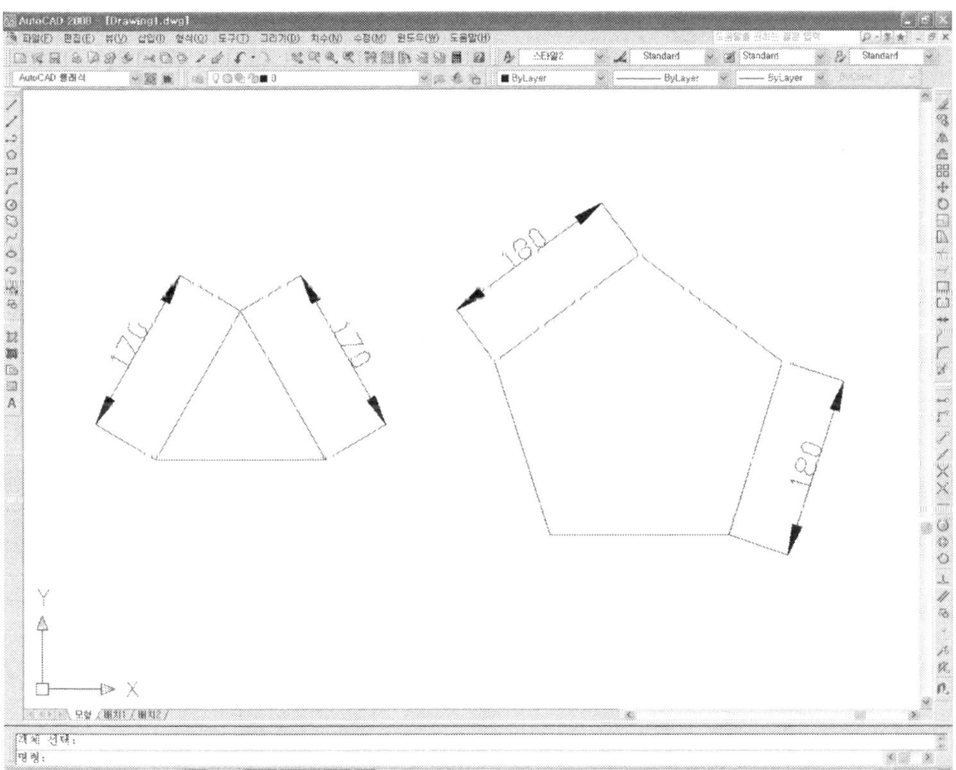

연속, 기준 치수

Dimcontinue(연속 치수)

1. 기능 : 이미 존재하는 치수의 두번째 치수 보조선으로부터 시작하여 연속으로 치수를 기입하는 명령어입니다.

2. 명령방법
   - 명령행 입력 : dimcontinue
   - 메뉴 : Dimension/Continuous
   - 도구 아이콘 : 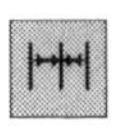

3. 입력
   - Command : dimcontinue (enter)

     Specify a second extension line origin or [Undo/Select] : 이미 존재하는 앞의 치수 보조선을 첫번째 보조선으로 보고 다음 치수의 두번째 치수 보조선의 원점을 지정합니다.

     Dimension text = …… 치수 문자가 표시됩니다.

     Specify a second extension line origin or [Undo/Select] : 다시 반복합니다. 종료하려면 enter칩니다.

4. dimcontinue를 실행해 봅시다.
   - 먼저 dimlinear로 P1 쪽으로 치수를 그려 두어야합니다.
   - 다음에 dimcontinue 명령을 입력하고 P2~P4까지를 지정한 후 enter를 칩니다.

dimlinear로 미리 기입한 치수

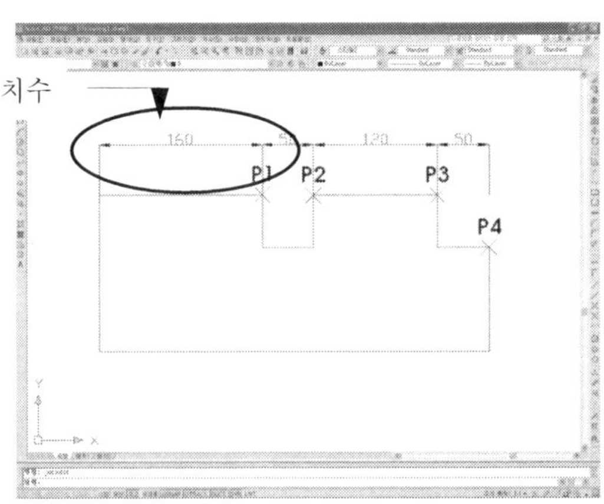

Dimbaseline(기준선 치수)

1. 기능 : 이미 존재하는 치수의 첫째 치수보조선으로부터 시작하는 다중치수를 기입하는 명령어입니다.

2. 명령방법

   ● 명령행 입력 : dimbaseline

   ● 메뉴 : Dimension/Baseline

   ● 도구 아이콘 : 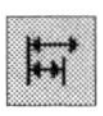

3. 입력

   ● Command : dimbaseline (enter)

   Specify a second extension line origin or [Undo/Select] : 이미 존재하는 앞의 첫번째 치수 보조선을 첫번째 보조선으로 보고 다음 치수의 두번째 치수 보조선의 원점을 지정합니다.

   Dimension text = …… 치수 문자가 표시됩니다.

   Specify a second extension line origin or [Undo/Select] : 다시 반복합니다. 종료하려면 enter칩니다.

4. dimbaseline을 실행해 봅시다.

   ● dimcontinue와 사용방법이 거의 같습니다.

   ● 먼저 dimlinear로 P1 쪽으로 치수를 그려 두어야합니다.

   ● 다음에 dimbaseline 명령을 입력하고, P2~P4까지를 지정한 후 enter를 칩니다.

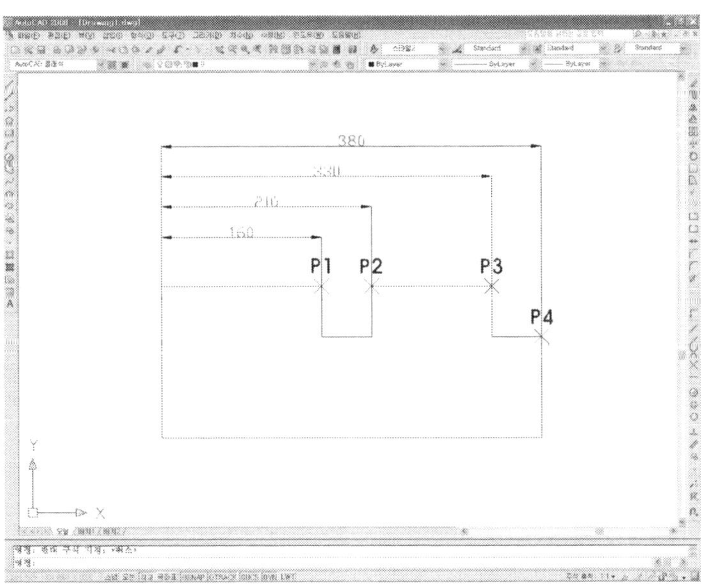

반지름, 지름, 각도 치수 및 신속 지시선

Dimradius(반지름 치수) Dimdiameter(지름 치수)

1. 기능 : 호나 원의 반지름 치수를 입력합니다. 　 호나 원의 지름 치수를 입력합니다.

2. 명령방법

● 명령행 입력 : dimradius 　 ● 명령행 입력 : dimdiameter

● 메뉴 : Dimension/Radius 　 ● 메뉴 : Dimension/Diameter

● 도구 아이콘 :  　 ● 도구 아이콘 : 

3. 입력

● Command : dimradius (혹은 dimdiameter)

Select arc or circle : 호나 원을 선택합니다. (enter)

Specify dimension line location or [Mtext/Text/Angle] : 치수선의 위치를 지정하거나 옵션을 입력합니다.

4. Dimradius와 Dimdiameter 실행해 봅시다.

● 두 명령의 실행 방법은 거의 같습니다.

● 명령어를 입력하고, 호나 원을 클릭한 후 적당한 곳에 치수선을 위치시키면 됩니다.

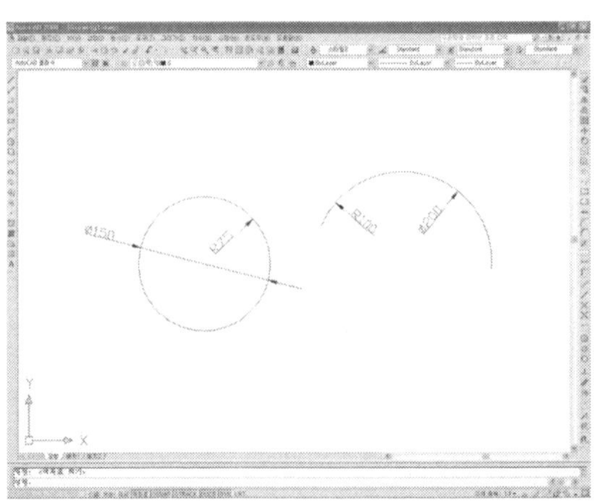

Dimangular(각도 치수)

1. 기능 : 각도를 표시하는 치수를 표시하는 명령어입니다.

2. 명령방법

   - 명령행 입력 : dimangular
   - 메뉴 : Dimension/Angular
   - 도구 아이콘 : 

3. 입력

   - Command : dimangular (enter)

     Select arc, circle, line first extension line origin or, [specify vertex] : 호,원,선 중 하나를 지정합니다.

     Specify second angle endpoint : 두번째 치수 보조선 원점 지정합니다.

     (원이나 선을 지정한 경우에만 나타납니다.)

     Specify dimension arc line location or [Mtext/Text/Angle] : 치수선 위치를 지정하거나 옵션을 선택합니다.

4. Dimangular를 실행해 봅시다.

   - 위에서 말했듯이 각도를 입력하는 세가지 방법을 제공합니다.
   - 첫번째는 호의 각도, 두번째는 원에 있어서 특정점과 특정점 사이의 각도, 세번째는 선과 선이 이루는 각도를 나타낼 수 있습니다.

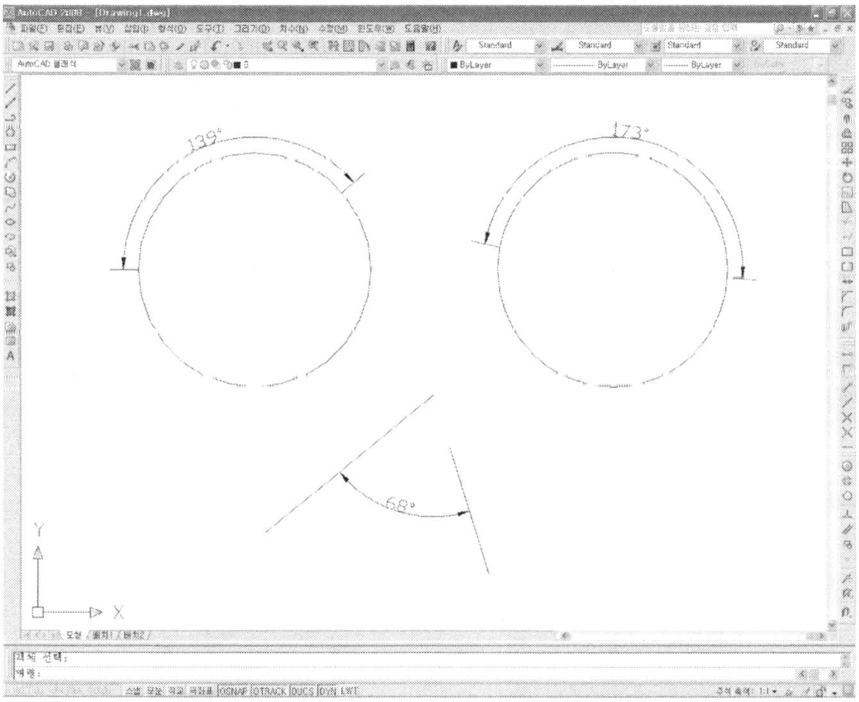

Qleader(신속 지시선)

1. 기능 : 객체에 치수가 들어가지 않거나, 주석을 달 때 사용하는 명령어입니다.

2. 명령방법

- 명령행 입력 : qleader
- 메뉴 : Dimension/Leader
- 도구 아이콘 : 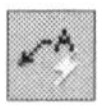

3. 입력

- Command : qleader (enter)

  Specify first leader point or [Settings] <Settings> : 지시선의 시작점을 지정합니다.

  Specify next point : 지시선이 꺾이는 지점을 지정합니다.

  Specify next point : 다음점을 지정하거나 enter를 칩니다.

  Specify text width <0> : 문자의 폭을 지정합니다.

  Enter first line of annotation text <Mtext> : 문자를 입력합니다.

  Enter next line of annotation text : **문자를 입력하거나,** enter를 쳐서 입력을 종료합니다.

4. 옵션에 있는 settings를 살펴 봅시다. 여기서 지시선 유형을 지정해 두지 않으면 치수 유형을 따라가게 됩니다.

- Command : qleader (enter)

  Specify first leader point or [Settings] <Settings> : (enter)

  Leader Settings 대화상자가 나타납니다.

- 'Annotation' 탭에서는 지시선 주석의 형태를 설정하고, 'Leader Line & Arrow'탭에서는 지시선과 화살표의 형태를 설정하며, 'Attachment'탭에서는 지시선과 주석의 부착방식을 지정합니다.

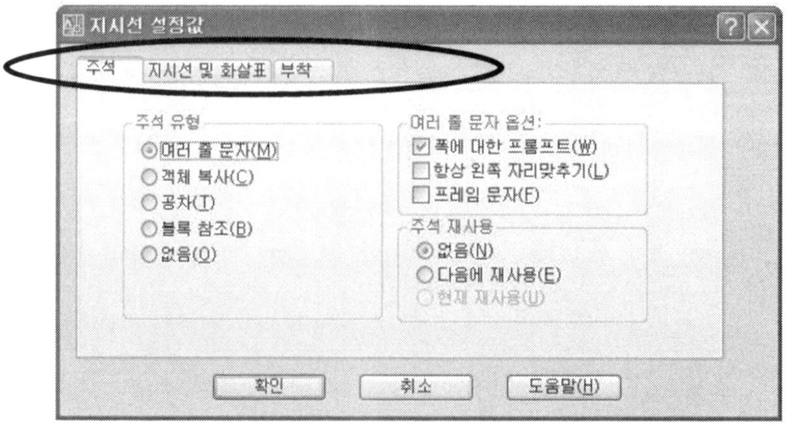

치수 유형

Dimstyle(치수 유형)

1. 기능 : Dimension Style Manager 대화상자를 불러와 치수 유형을 작성, 관리하도록 하는 명령어입니다.
2. 명령방법
   - 명령행 입력 : dimstyle
   - 메뉴 : Dimension/Style
   - 도구 아이콘 : 
3. 입력
   - Command : dimstyle (enter)

     Dimension Style Manager 대화상자가 나타납니다.

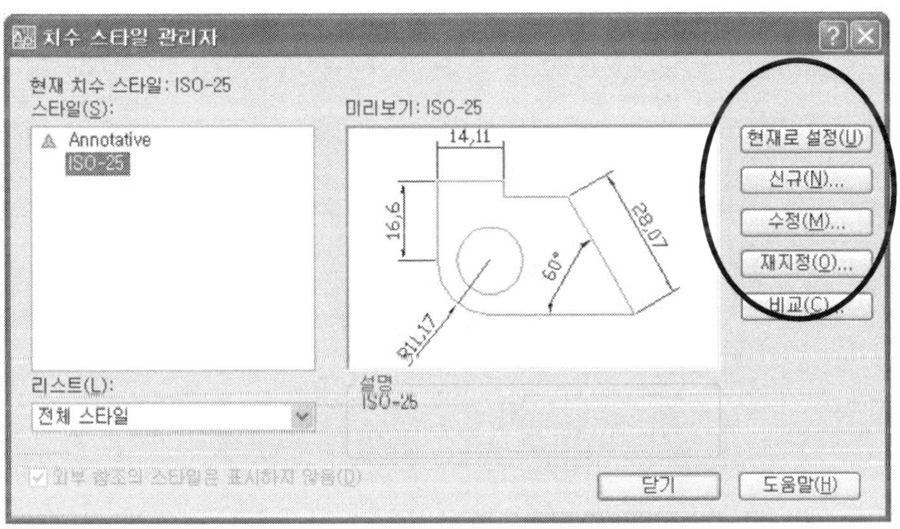

- Set Current(현재로 설정) : 선택된 유형을 현재 사용할 유형으로 지정합니다.

  New (신규) : 새로운 유형을 만들 때 사용합니다.

  Modify (수정) : 기존의 유형을 수정할 때 사용합니다.

  Override (재지정) : 특정 치수에 대해 임시적으로 그 설정값을 재지정을 합니다.

  Compare (비교) : Compare Dimension Style 대화상자가 나타납니다.

새로운 치수 유형 작성하기

1. 명령행에 dimstyle을 직접 입력하거나 메뉴바에서 Dimension/Style로 입력, 혹은 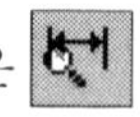 아이콘을 눌러 Dimmension Style Manager 대화상자를 불러 냅니다.

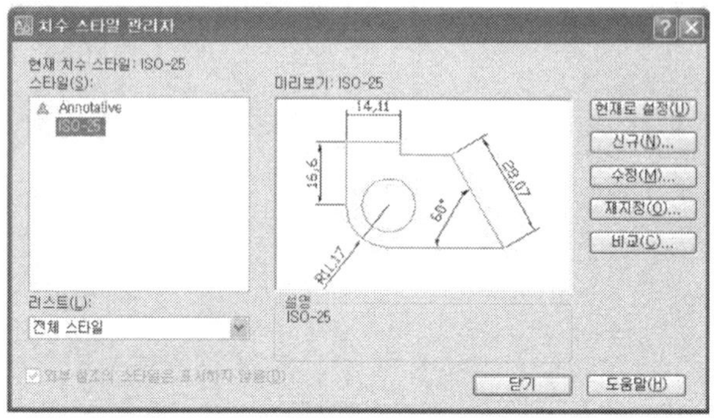

2. New를 클릭하여 나오는 대화상자에 다음과 같이 입력합니다.

3. Continue를 클릭하여 New Dimension Style(새로운 치수 유형) 대화상자를 표시합니다.

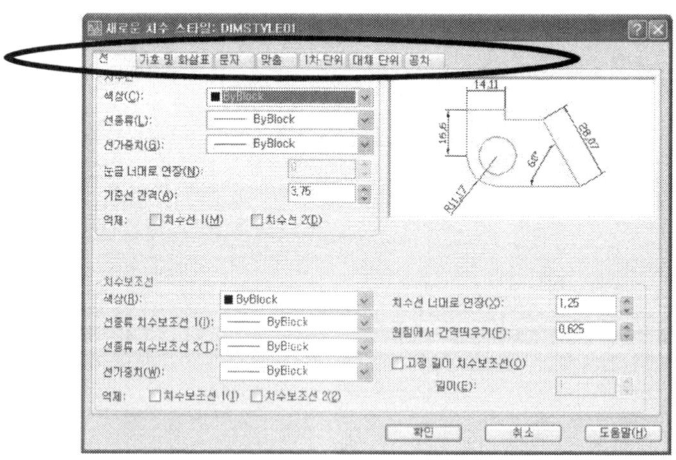

4. 표시한 곳에 6가지 종류의 탭이 보입니다.

Lines & Arrows(선과 화살표), Text(문자), Fit(맞춤),

Primary Units(1차 단위), Alternate Units(대체 단위), Tolerance(공차)

이제 이것들에 대해 변경을 합니다.

5. 먼저 Lines & Arrows 탭입니다.

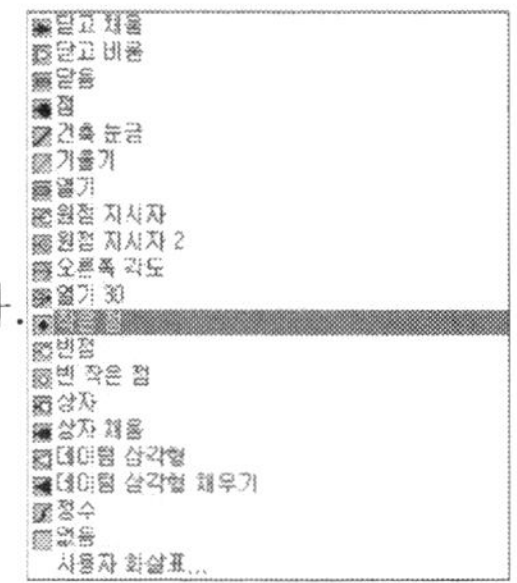

● Arrowheads 항목을 Dot small으로 그 Size를 10으로 변경합니다.

● Extension Lines (치수보조선) 항목에서 Offset from origin을 10으로 합니다. 이 값은 치수 원점과 치수 보조선 사이의 간격을 제어합니다.

6. 이번에는 Text 탭을 클릭합니다.

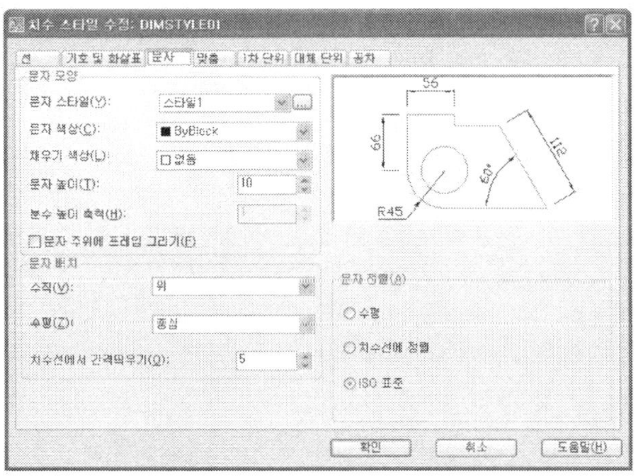

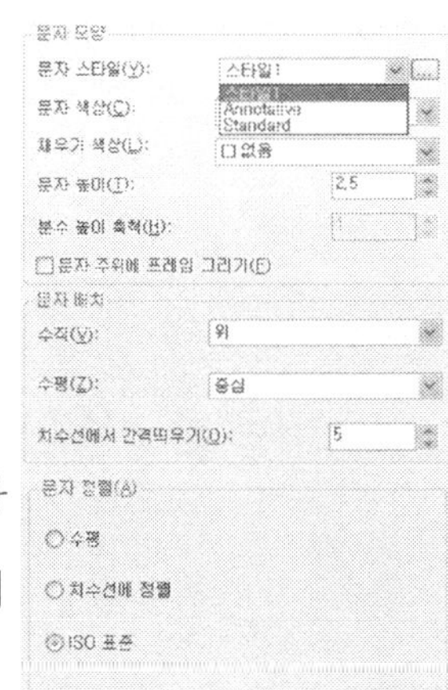

● Text Appearance에서 Text Style을 바꿉니다. 만약 원하는 text style이 없으면 [...] 버튼을 눌러서 나오는 Text Style 대화상자를 통하여 새로운 유형을 만들 수 있습니다.

● Text Placement에서 Vertical은 above, Horizontal은 centered로 지정하고 Offset from dim line 값을 5로 변경합니다. 이 값은 치수선과 문자 사이의 간격입니다.

● Text Alignment에서 ISO Standard 선택합니다.

● Text Height를 10으로 합니다.

7. 다음은 Primary Unit 탭을 클릭합니다.

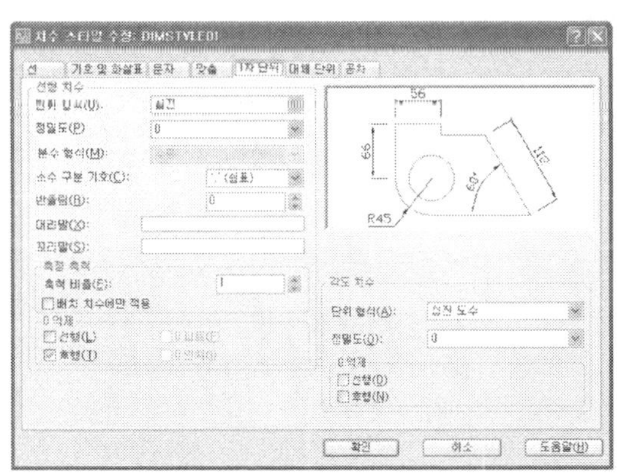

● Unit format을 Decimal로, Precision을 0으로, Decimal separator를 Period로 지정합니다.

● Decimal은 십진법을, Decimal separator는 소수점을 말합니다.

● Precision을 0으로 하는 것은 소수점 0자리수까지, 즉 정수까지만 표시함을 말합니다.

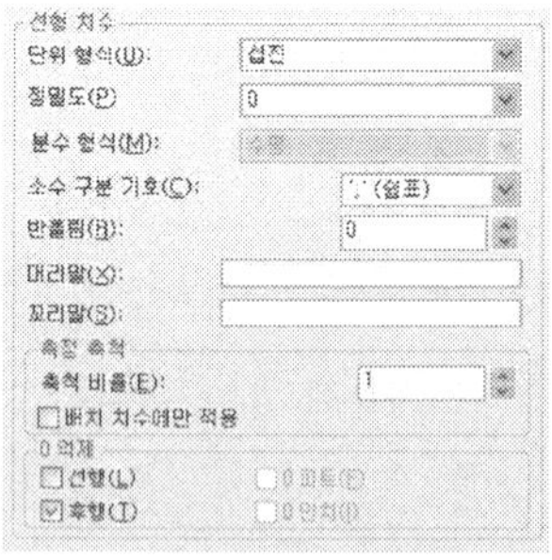

6. OK 버튼을 누르면 Dimension Style Manager 대화상자로 다시 돌아 옵니다. 이 때 유형 리스트를 보면 새로 만든 'Dimstyle01'이 표시되고 있습니다. 앞의 그림과 비교해 보세요.

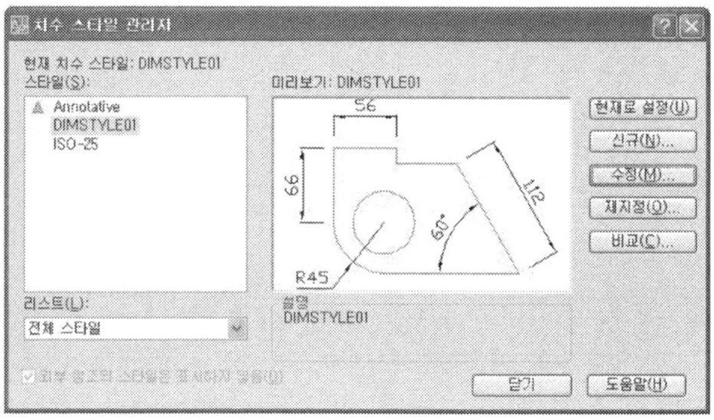

TIP

Style 명령을 이용하여 text style을 미리 지정해 둔 상태에서 치수를 기입하면 치수 문자의 글씨체와 크기가 text style을 따라가게 됩니다. 따라서 치수문자를 위한 text style을 따로 만들어 두는 것이 좋습니다.

치수 문자를 위한 text style을 지정할 때에는 text height를 0으로 하도록 하십시오. 만약 높이를 주게 되면 그 설정된 높이를 따르게 되어서 dimension style에서의 변경이 곤란해집니다.

만약 치수 문자를 위한 text style을 따로 지정하지 않으려면, 먼저 치수를 기입한 후에 문자를 입력하도록 하십시오.

치수 유형 수정

1. 명령행에 dimstyle을 입력하여 Dimension Style Manager를 부릅니다. 를 클릭해도 됩니다.

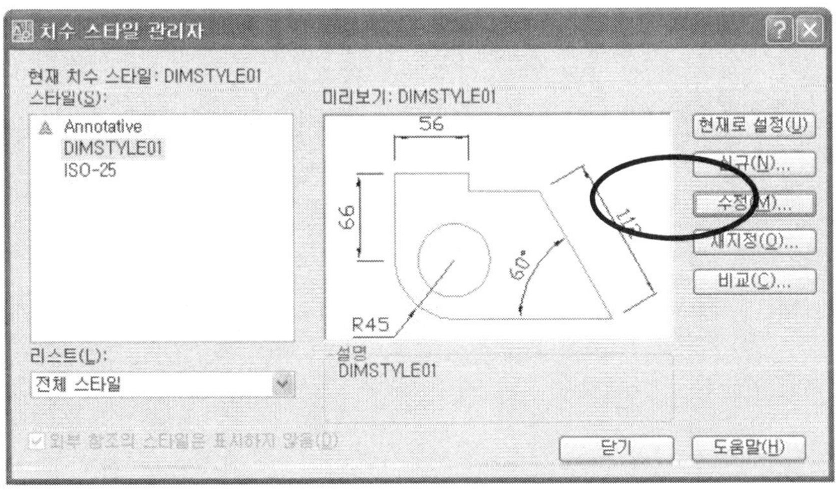

2. Dimstyle01을 선택하고 Modify 버튼을 클릭하면, Modify Dimension Style 대화상자가 나타납니다.
   - 그 형태가 앞에서 보았던 New Dimension Style 대화상자와 같습니다.
3. 유형의 특성들을 수정한 후에 Close하면 이제까지 Dimstyle01 유형으로 작성된 모든 치수들에 변경값이 적용됩니다.

치수 유형 재지정

1. 명령행에 dimstyle을 입력하여 Dimension Style Manager를 부릅니다. 를 클릭해도 됩니다.
   표시한 Override 버튼을 클릭합니다. (Set Current로 지정된 유형만 Override가 가능합니다.)

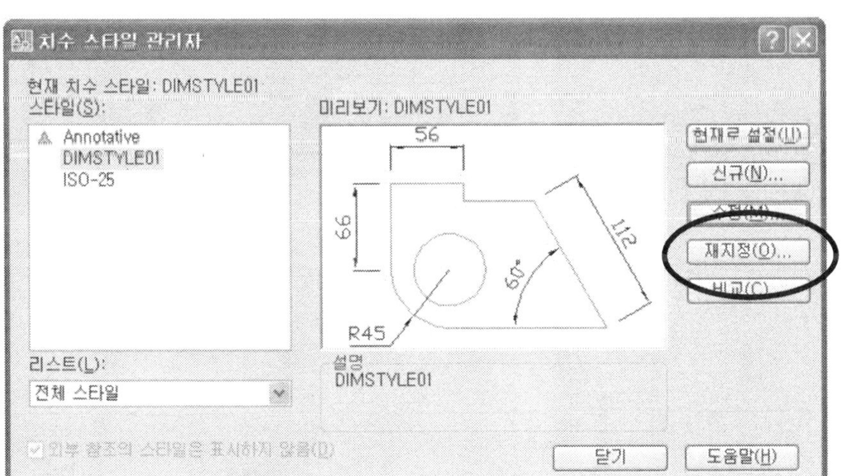

2. Override Current Style 대화상자가 나타납니다.

● 그 형태가 앞에서 보았던 New Dimension Style 대화상자, Modify Dimension Style 대화상자와 같습니다.

3. 유형의 특성들을 재지정한 후에 OK하면 Dimstyle01 유형 아래로 Override(재지정) 되었다는 표시가 나타납니다.

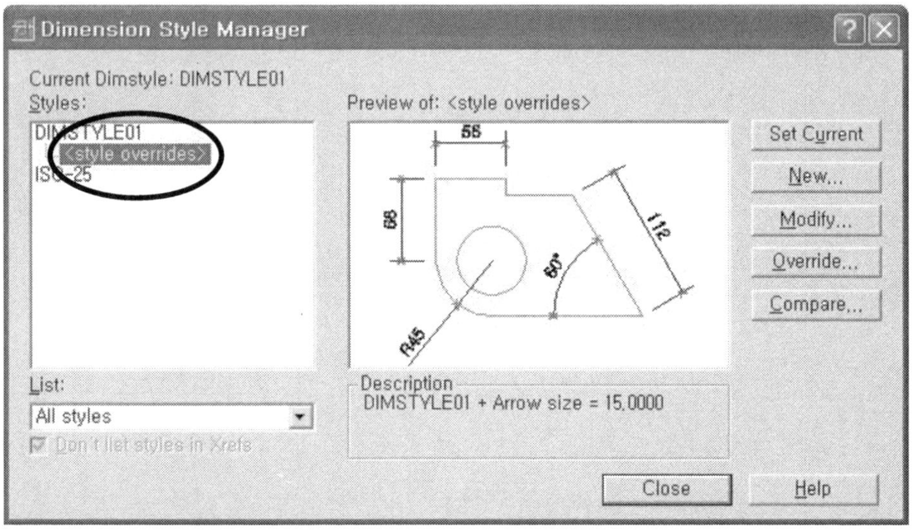

4. Style Overrides 부분을 마우스 오른쪽 버튼 클릭하면 아래와 같이 옵션이 뜹니다.

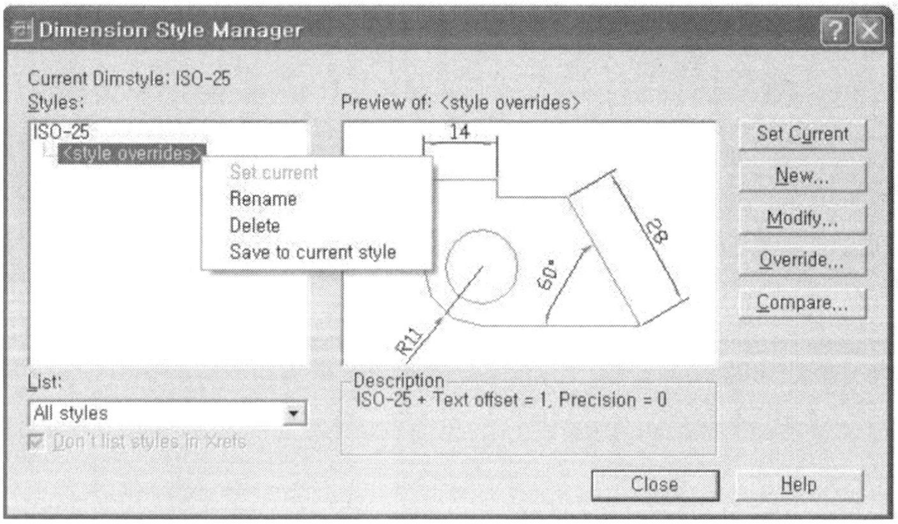

● Rename : 새로운 치수 유형으로 저장이 됩니다.

● Delete : 지웁니다.

● Save to current style : 원래의 style에 저장이 됩니다.

치수 유형 연습

1. 새 파일을 열고 먼저 rectang으로 28800 x 9600크기의 사각형을 그립니다.
2. 치수를 한번 넣어 봅시다. 아래의 그림처럼 치수 문자와 화살표가 너무 작아서 거의 보이지 않습니다.

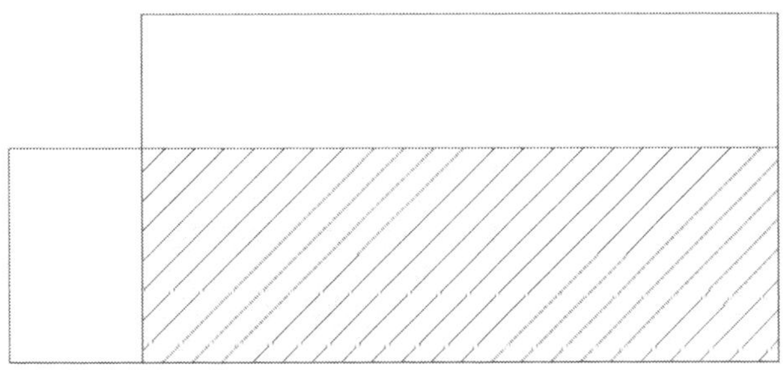

3. 이는 치수 유형이 제대로 지정되지 않았기 때문입니다. 그럼 새로운 치수 유형을 지정해 봅시다.

● Command : dimstyle (enter)………Dimension Style Manager 대화상자가 나타납니다.

● 새로운 치수 유형을 만들기 위해 New 버튼을 클릭하고 유형의 이름을 Dimstyle02로 합니다.

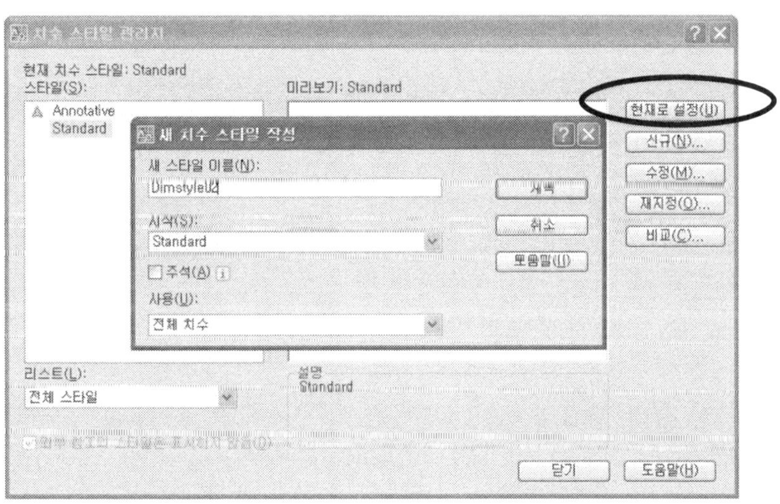

● Continue를 클릭하면 New Dimension Style 대화상자가 나타납니다.

4. Lines & Arrows, text, Primary Units 탭에서 각각 다음과 같이 지정합니다.

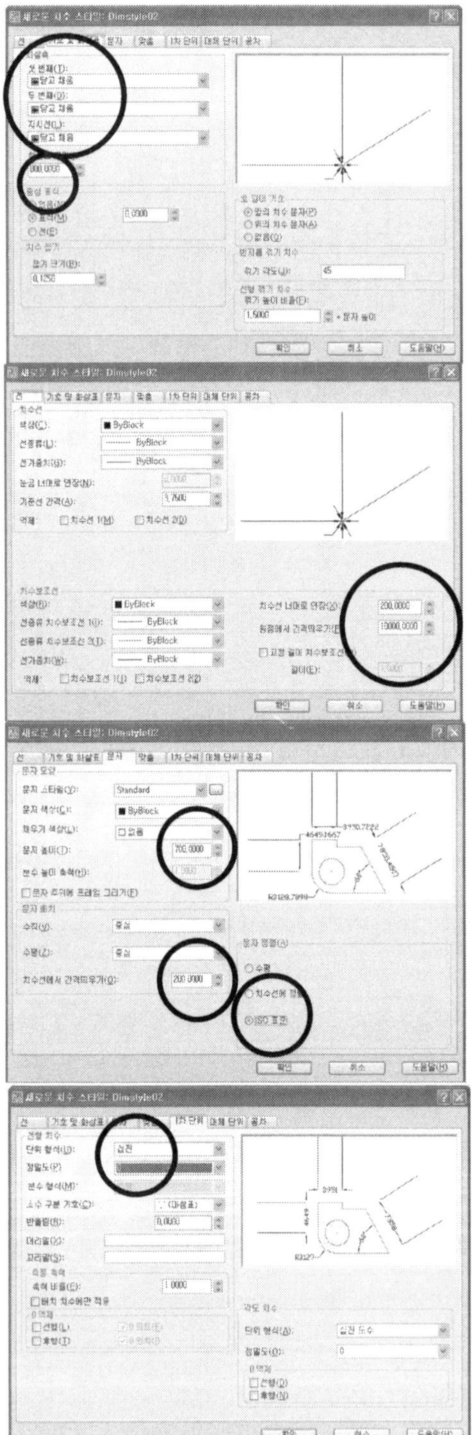

- 치수 보조선이 치수선 위로 튀어 나오는 정도
- 치수 보조선과 객체와의 떨어진 정도
- 화살표의 형태와 크기

- 치수 문자의 크기
- 치수선과 문자와의 간격
- 문자정렬의 방법

- 십진법 선택
- 소수점 아래자리의 수를 표시하지 않게 함

5. 위의 변수들은 객체의 크기에 따라서 다양하게 나타나며, 사용자의 취향에 따라서도 마음대로 변형이 가능합니다. 여기에 주어진 예들은 단지 28800 X 9600 의 사각형에 알맞도록 정해본 것입니다.

6. OK 버튼을 누르면 Dimension Style Manager 대화상자에 Dimstyle02 이라는 유형이 추가 된 것을 알 수 있습니다.

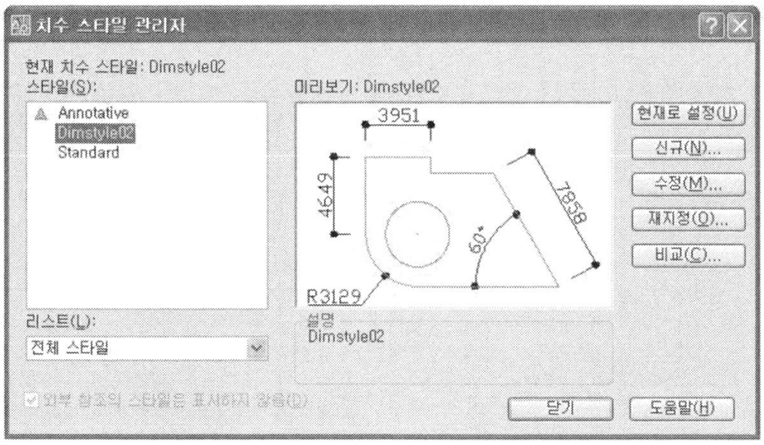

7. Set Current 버턴을 클릭하여 Dimstyle02를 현재 치수 유형으로 만든 후 Close합니다. 이상으로 새로운 치수 유형을 만들어 현재 사용 가능하도록 만들었습니다.

8. 처음에 기입하였던 치수를 erase한 후, 다시 치수를 넣어 봅시다. 처음과 달리 화살표와 치수문자가 제대로 보이고 다른 여러 사항에서 정리 되었음을 알 수 있습니다.

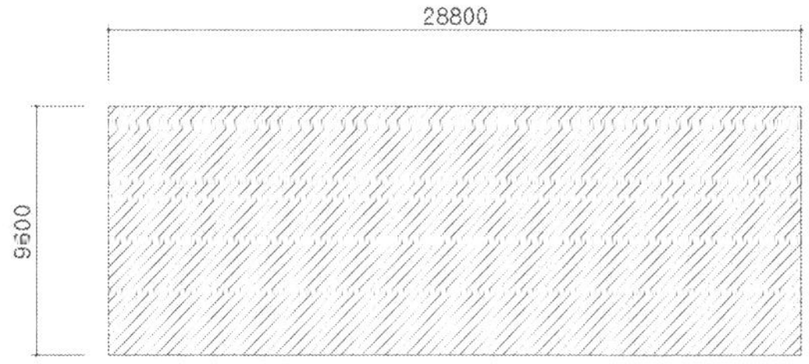

9. 치수를 기입할 때 이처럼 치수 유형을 사용하면 치수 기입을 마치 문자 유형에 의해 문자를 기입하는 것과 유사하게 사용할 수 있습니다.

10. 여러가지 변형을 통하여 자신에 알맞은 치수 유형을 만들 수 있도록 합시다.

도면조회명령, 환경설정과 Plotting

도면 조회 명령

List(리스트)

1. 기능 : 선택한 객체의 정보를 조회하는 명령어입니다.
2. 명령방법
   - 명령행 입력 : list 혹은 li
   - 메뉴 : Tool/Inquiry/List
   - 도구 아이콘 :
3. 입력

   Command : list 혹은 li (enter)

   Select objects : 객체를 선택합니다.
4. line과 circle의 정보를 list를 통해 조회해 봅시다. 먼저 임의의 line과 circle을 그려 둡니다.
   - Command : list (enter)

     Select objects : line과 cirle을 선택합니다. 선택이 끝나면 enter를 칩니다.
   - 다음과 같은 AutoCAD Text Window가 나타납니다. 이 window는 F2키를 통해 켜고 끄고를 반복할 수 있습니다.

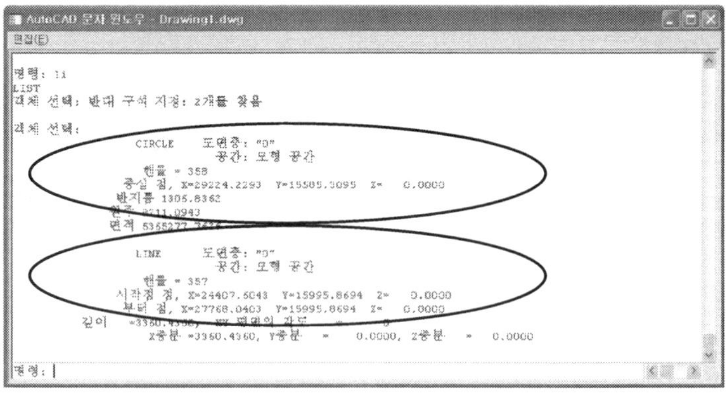

Circle에관한정보

line에관한정보

TIP

> *List 명령을 통해 나오는 정보는 선택한 객체에 따라 다르게 나타나지만, 보통 객체의 속성, 레이어, 작업 영역, 객체의 좌표, 길이, 면적 등이 차례로 표시됩니다.*

Id(좌표 표시)

1. 기능 : 지정한 위치의 좌표를 표시하는 명령어입니다.
2. 명령방법
   - 명령행 입력 : id
   - 메뉴 : Tool/Inquiry/ID Point
   - 도구 아이콘 :
3. 입력

   Command : id (enter)

   Specify point : 좌표를 알고자 하는 점을 지정합니다.

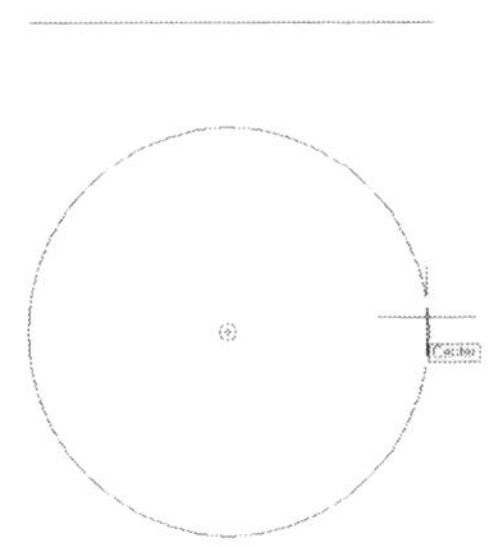

4. 원의 중심의 좌표를 id 명령을 통해 조회해 봅시다.
   - Command : id (enter)

     Specify point : 원의 중심을 지정합니다. 이때 osnap을 적절히 사용합니다.

     X=435.6649 Y=49.4499 Z=0.0000 (좌표가 표시됩니다.)

Dist(거리)

1. 기능 : 지정한 두 점 사이의 거리, 각도, XYZ 증분값을 조회하는 명령어입니다.
2. 명령방법
   - 명령행 입력 : dist 혹은 di
   - 메뉴 : Tool/Inquiry/Distance
   - 도구 아이콘 :
3. 입력

   Command : dist 혹은 di (enter)

   Specify first point : 첫번째 점을 지정합니다.

   Specify second point : 두번째 점을 지정합니다.

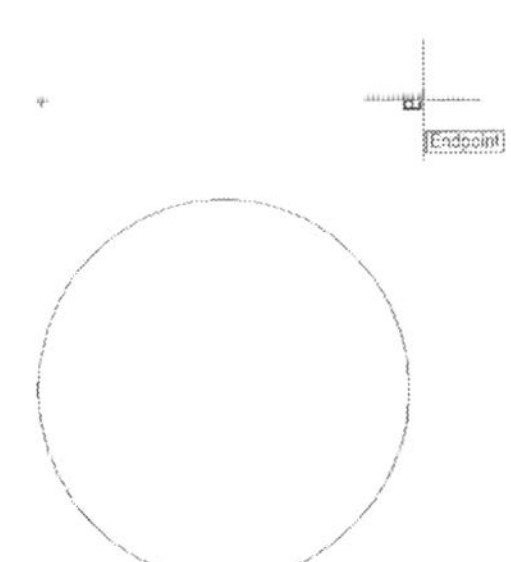

4. 선의 길이를 dist 명령을 통해 조회해 봅시다.
   - Command : dist (enter), 선의 양 끝점을 차례로 지정합니다.

     Distance=204.6767 Angle in XY Plane=330 Angle from XY Plane=0

     Delta X=176.8962, Delta Y=-102.9578 Delta Z=0.000

Area(면적)

1. 기능 : 선택한 객체의 면적과 둘레를 조회하는 명령어입니다.

2. 명령방법

● 명령행 입력 : area 혹은 aa

● 메뉴 : Tool/Inquiry/Area

● 도구 아이콘 : 

3. 입력

Command : area 혹은 aa (enter)

Specify first corner point or [Object/Add/Subtract] :

4. circle의 면적을 조회해 봅시다.

● Command : area (enter)

Specify first corner point or [Object/Add/Subtract] : O (enter).....객체선택을 위해 Object 옵션을 선택합니다.

Select objects : 원을 선택합니다.

Area=20463.1184 Circumference=507.0968

5. 일반적인 line으로 그려진 폐곡선은 object 옵션으로 면적을 구할 수가 없기 때문에 각각의 모서리를 직접 찍어서 면적을 구해야 합니다.

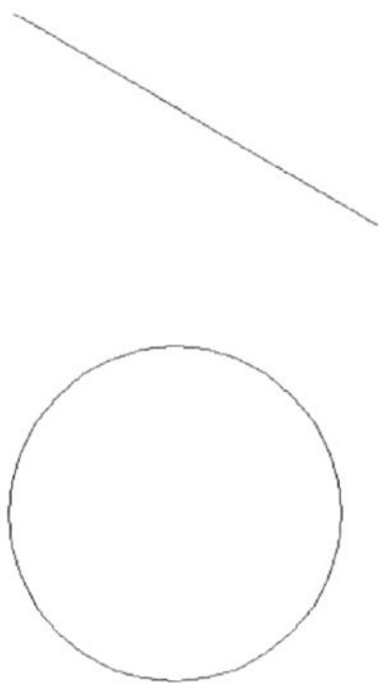

6. Add와 Subtract 옵션을 이용하여 면적을 빼거나 더할 수 있습니다.

7. 면적을 계산할 수 있는 객체들은

● 일련의 점으로 정의된 영역

● 원, 다각형, 타원, spline, pline으로 정의된 영역

● 구멍이 있는 영역

TIP

properties 명령을 사용하여도 객체의 면적을 구할 수 있습니다.

pline이나 spline이 폐곡선이 아닌 경우에도 면적이 계산이 됩니다. 이때에는 시작점과 최종점이 직선으로 연결된 것처럼 면적을 계산하게 됩니다.

Time(시간)

1. 기능 : 도면과 관련된 시간 정보를 조회하는 명령입니다. 사용자는 이 기능을 On/Off 할 수 있습니다.

2. 명령방법

● 명령행 입력 : time

● 메뉴 : Tool/Inquiry/Time

3. Time 명령을 통해 알 수 있는 것

● 도면이 작성된 날짜 및 시각

● 개정된 날짜와 시각

● 총 편집 시각

● 경과 타이머

● 다음 자동 저장 시간

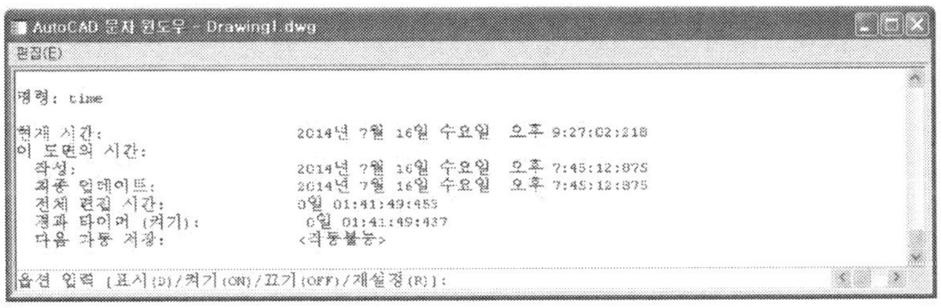

Status(상태)

1. 기능 : 도면의 각종 설정 및 디스크 공간 정보 등을 표시하는 명령어입니다.

2. 명령방법

● 명령행 입력 : status

● 메뉴 : Tool/Inquiry/Status

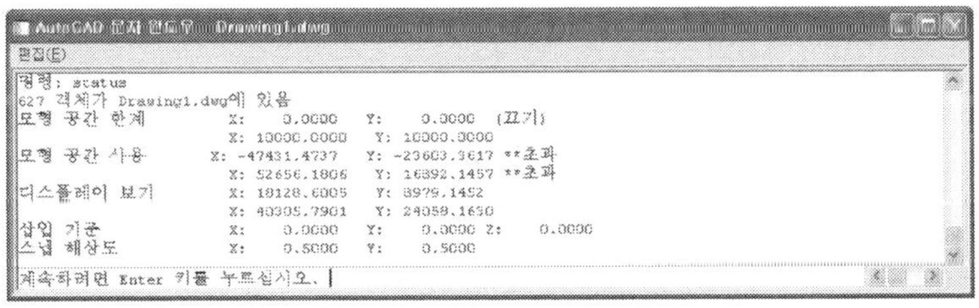

환경 설정

AutoCAD의 환경을 사용자의 편의에 따라 적절히 조절하고 변경을 할 수 있습니다.

Option

1. 기능 : Option 대화상자를 불러와 AutoCAD의 환경을 조정할 수 있도록 하는 명령어입니다.
2. 명령방법
   - 명령행 입력 : options 또는 Config
   - 메뉴 : Tool/Options
3. 입력

   Command : options (enter)

   Option 대화상자가 나타납니다.

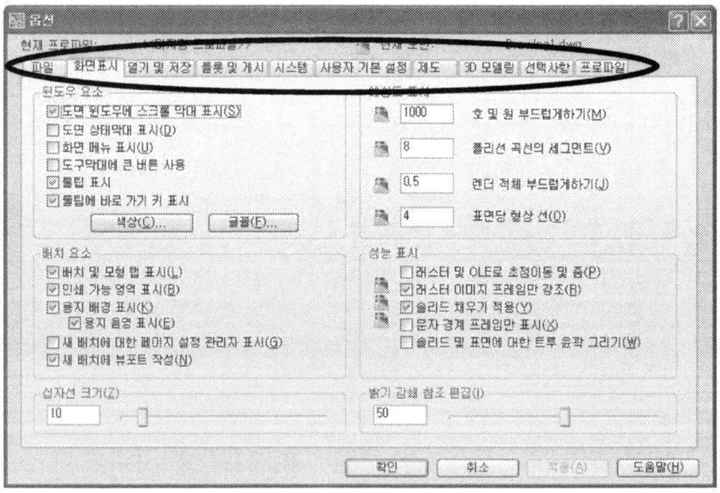

4. 표시한 곳과 같이 9가지의 탭으로 구성되어 있습니다.

   File(파일), Display(화면), Open and Save(열기와 저장), Plotting(출력), System(시스템), User Preference(사용자 선호사상), Drafting(도면환경), Selection(선택), Profile(프로파일)

● File

AutoCAD와 관련된 모든 파일의 경로를 볼 수 있으며 그 경로의 변경이 가능합니다.

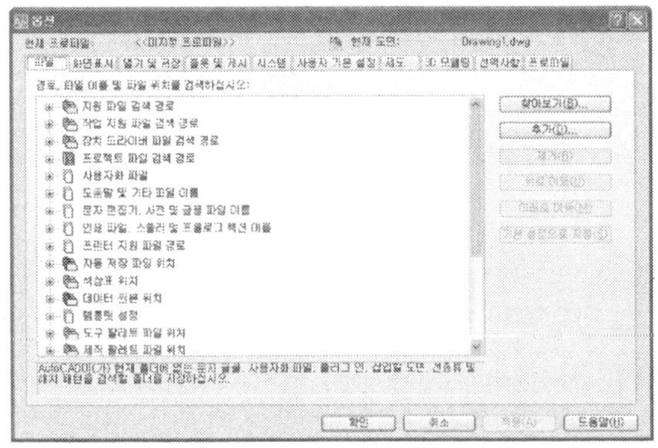

● Display

화면을 구성하는 항목, 해상도, 커서 등에 관한 설정을 변경할 수 있습니다.

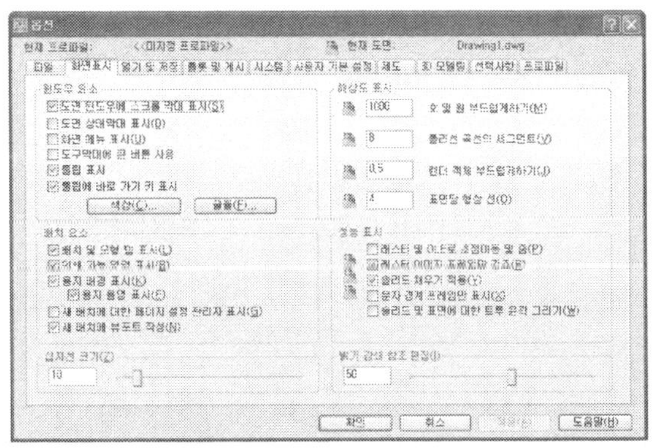

커서의 크기를 변경하려면, Crosshair size를 100으로 변경합니다.

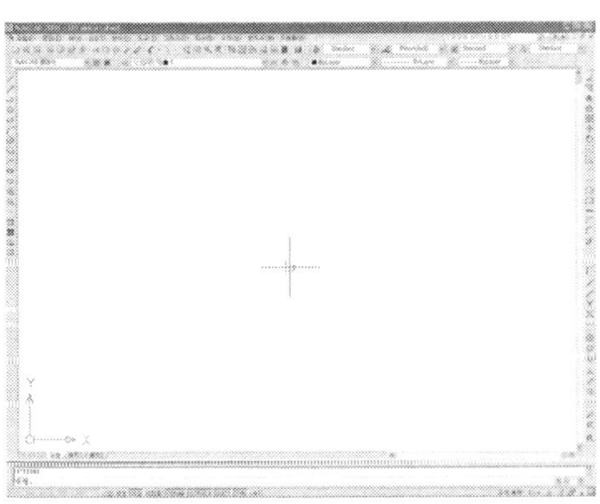

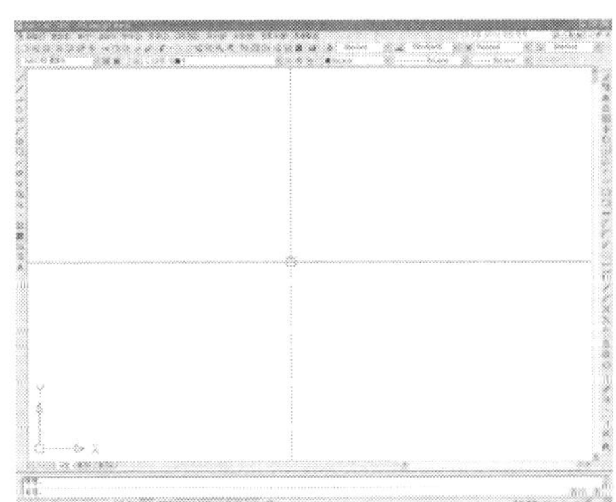

윈도우의 색상을 바꾸려면 Color 버튼을 클릭합니다. Color Option 대화상자가 나타납니다. 변경하고자 하는 부분을 선택하고 색상을 변경한 후Apply & Close 버튼을 누르면 색상이 변경됩니다.

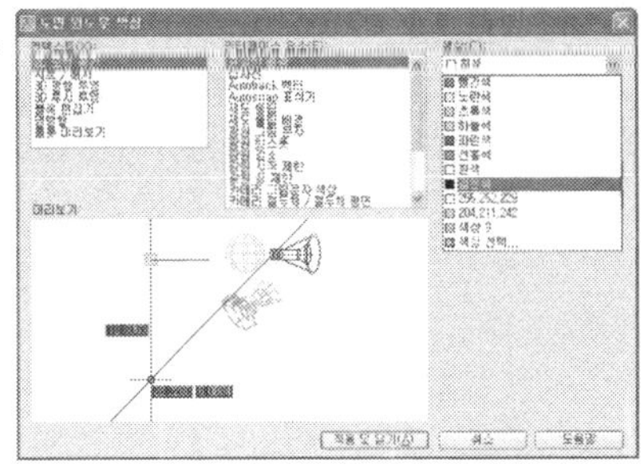

● Open & Save

도면을 여닫는 것에 관련된 사항을 변경합니다.

저장되는 파일의 형식을 지정하거나 자동 저장시간의 간격 변경, 외부참조파일 관련사항 등을 조정할 수 있습니다.

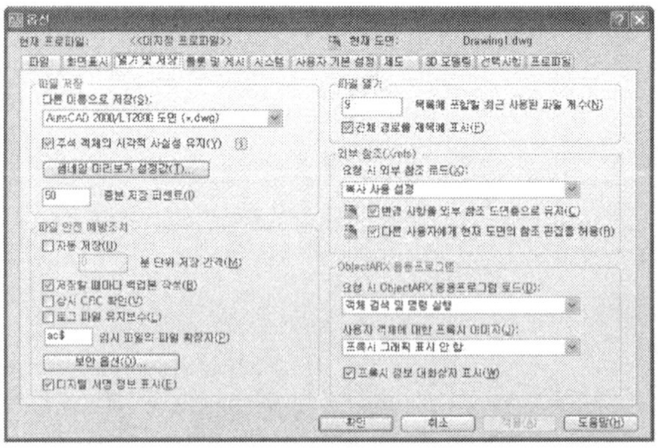

● Plotting

plotter의 종류, 플롯 유형, OLE개체의 출력 품질등을 조정할 수 있습니다.

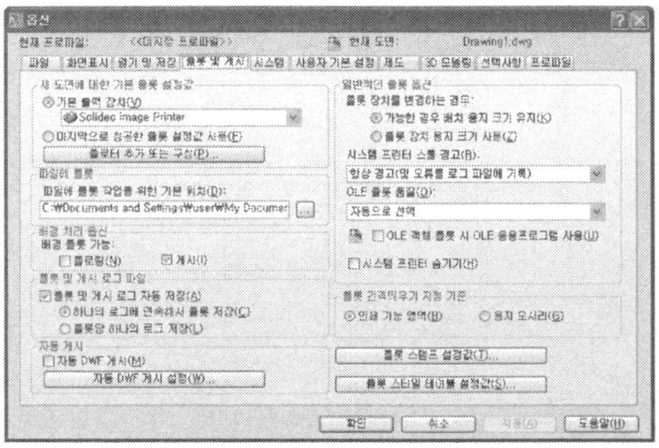

• System

System 관련된 일반사항을 조정합니다.

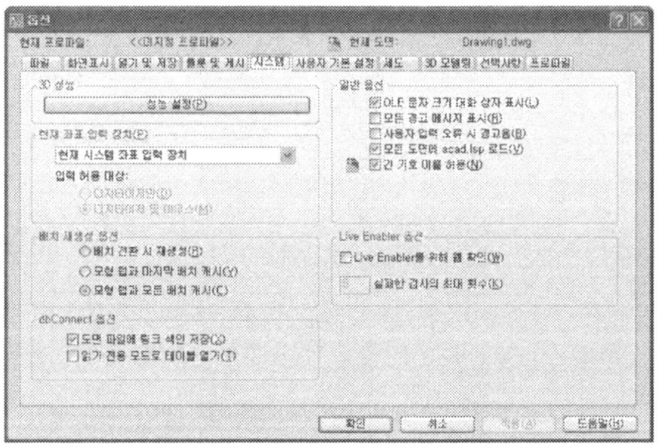

• User Preference

단축 메뉴 설정, 마우스 오른쪽 클릭 관련사항, 선가중치 설정 등을 조정합니다.

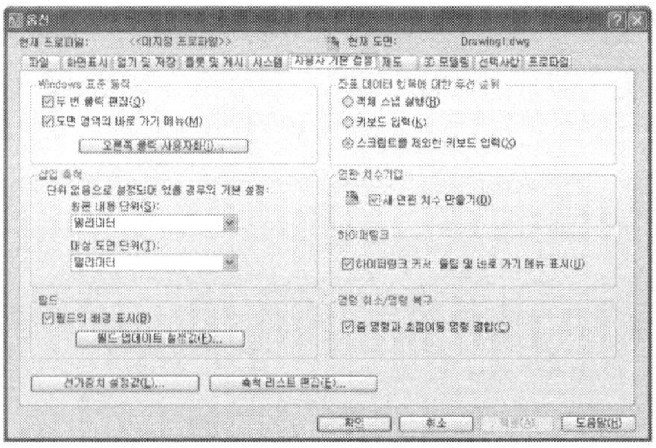

● Drafting

AutoSnap, AutoTrack 설정 등을 조정합니다.

AutoSnap의 색상, 크기를 바꿀 수 있습니다.

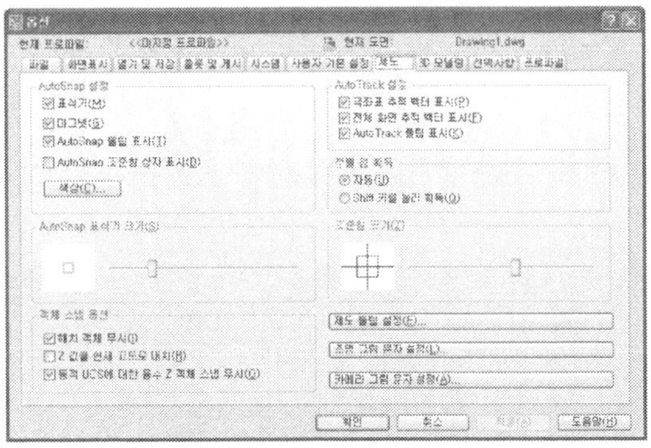

● Selection

객체 선택에 관련된 사항을 조정합니다.

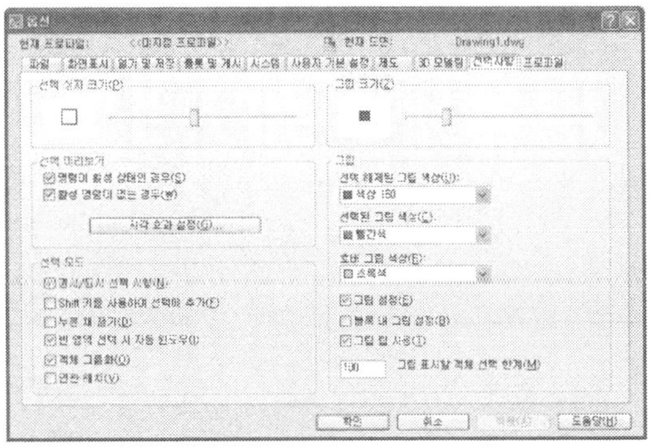

● Profile

앞에서 변경한 설정값들을 저장합니다. 여러 profile을 갖고 있는 경우 사용자에 따라서 원하는 profile을 지정하여 자신에게 맞는 환경에서 작업을 할 수 있게 됩니다.

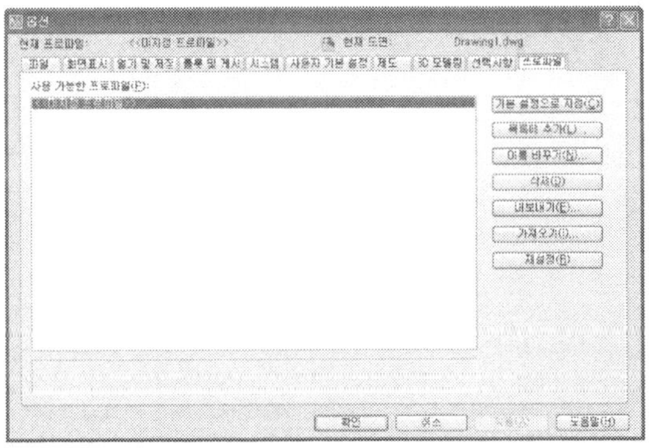

Toolbar(도구막대)

1. 기능 : Toolbars 대화상자를 불러와 toolbar를 편집할 수 있도록 합니다.

2. 명령방법

● 명령행 입력 : toolbar

● 메뉴 : View/Toolbars

3. 입력

Command : toolbar (enter)

Toolbars 대화상자가 나타납니다.

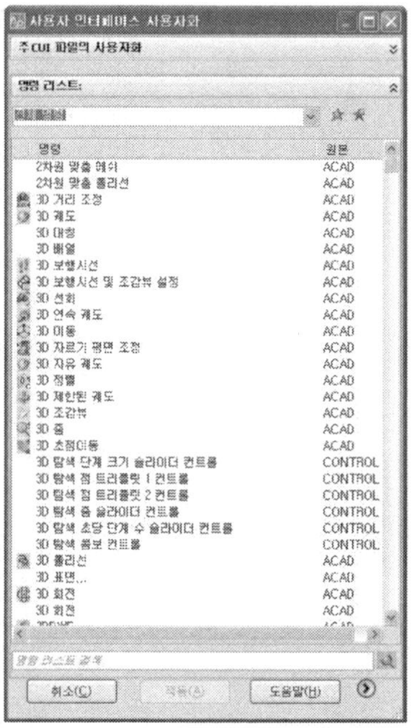

4. 도구막대를 추가해 봅시다.

● 리스트에서 Zoom을 찾아 사각형을 체크하면 도구막대가 나타납니다.

● 이 도구막대를 드래그하여 AutoCAD 윈도우에 결합시킬 수도 있습니다.

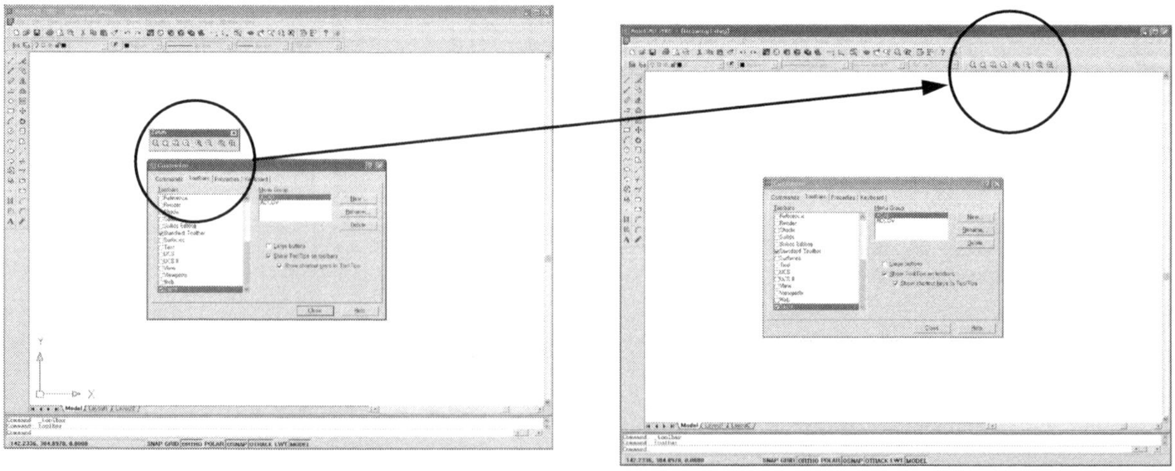

5. 결합되어 있는 도구막대에 마우스 오른쪽 클릭하여도 도구막대를 편집할 수 있습니다.

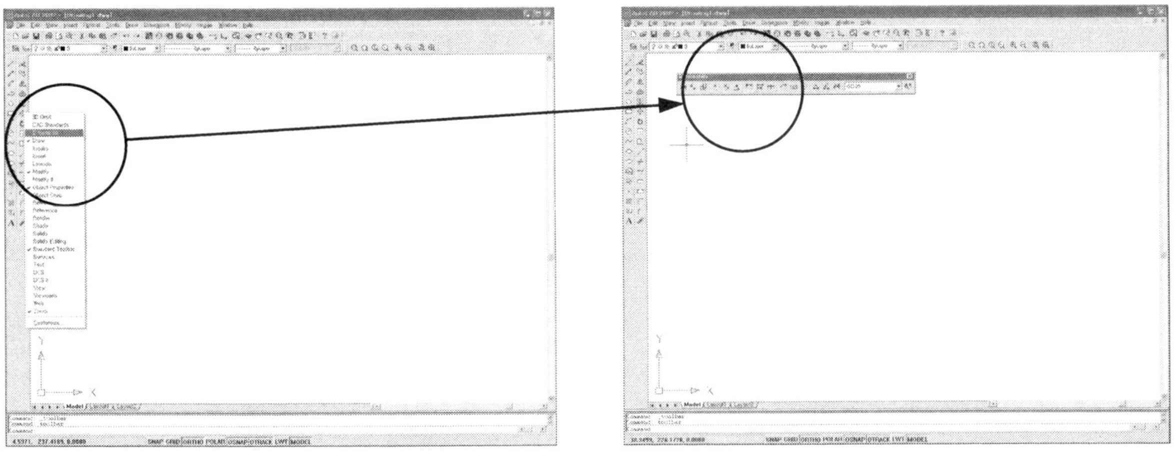

6. 도구막대를 사용자화 시킬 수도 있습니다.

- Toolbars 대화상자에서 Customize 버튼을 클릭하면, Customize Toolbars 대화상자가 나타납니다.

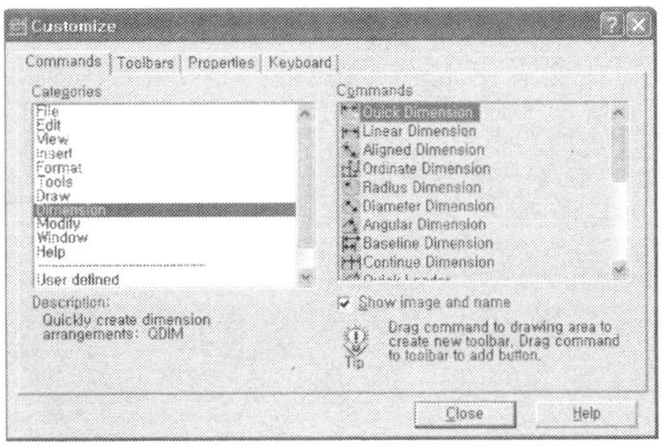

- Categories 리스트 박스 클릭하면 여러 가지 항목을 선택할 수 있습니다. 그 중에서 Dimensioning을 선택해 보았습니다.

  Dimensioning 그룹에 속하는 모든 종류의 아이콘을 볼 수 있습니다.

- 여기에서 추가를 원하는 아이콘을 클릭하여 끌어서 도구막대에 추가할 수 있습니다.

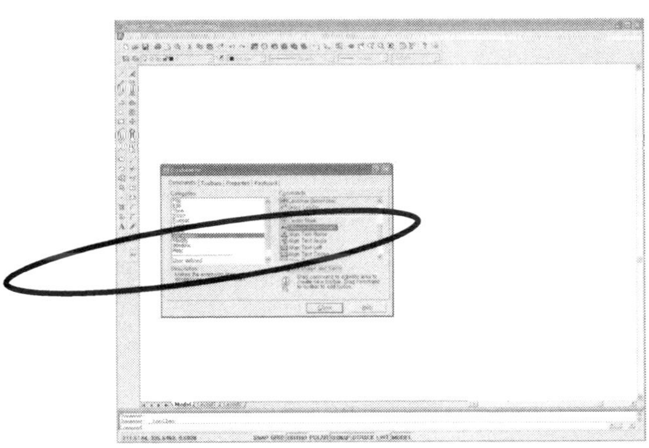

도면의 출력

Plot(플롯)

1. 기능 : 도면을 출력하는 명령어입니다.

2. 명령방법

- 명령행 입력 : plot혹은 print
- 메뉴 : File/Plot
- 도구 아이콘 : 

3. 입력

- Command : plot혹은 print (enter)

  Plot 대화상자가 나타납니다.

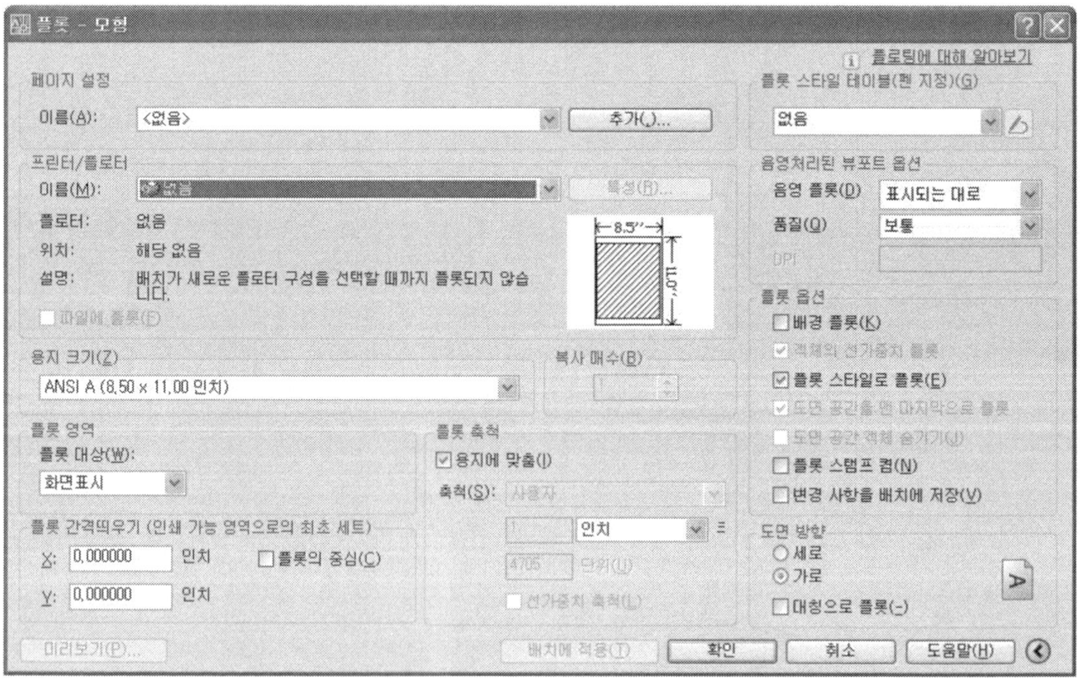

Plot를 해 봅시다

1. C:\Program File\AutoCAD2000\SAMPLE\db_samp.dwg 을 여십시오.

2. 을 클릭하거나 명령행에 plot라고 직접 입력합니다.

   Plot 대화상자가 나타납니다.

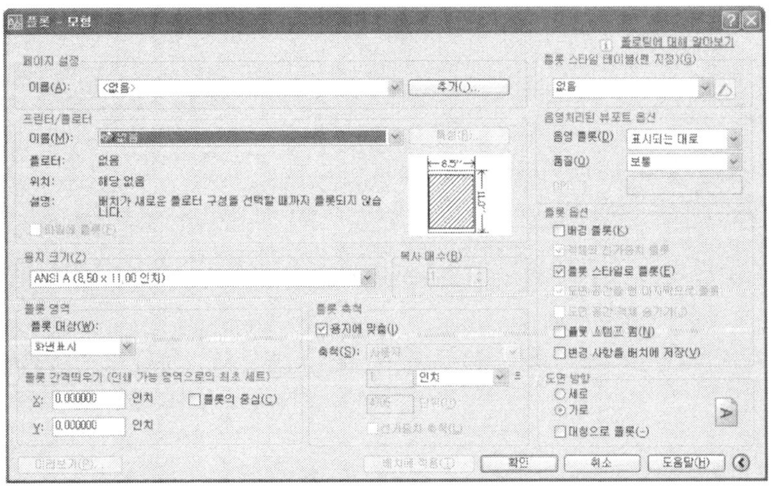

3. Plot Device 탭을 클릭한 다음 plotter 목록에서 플롯하려는 plotter를 선택합니다.

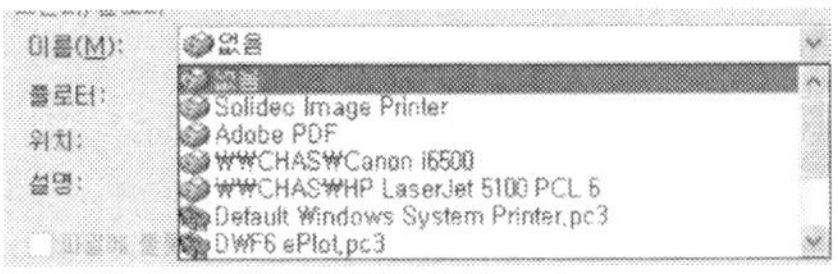

4. Plot Settings 탭을 클릭한 다음 Paper size를 조정합니다.여기서는 ISO A1을 선택했습니다.

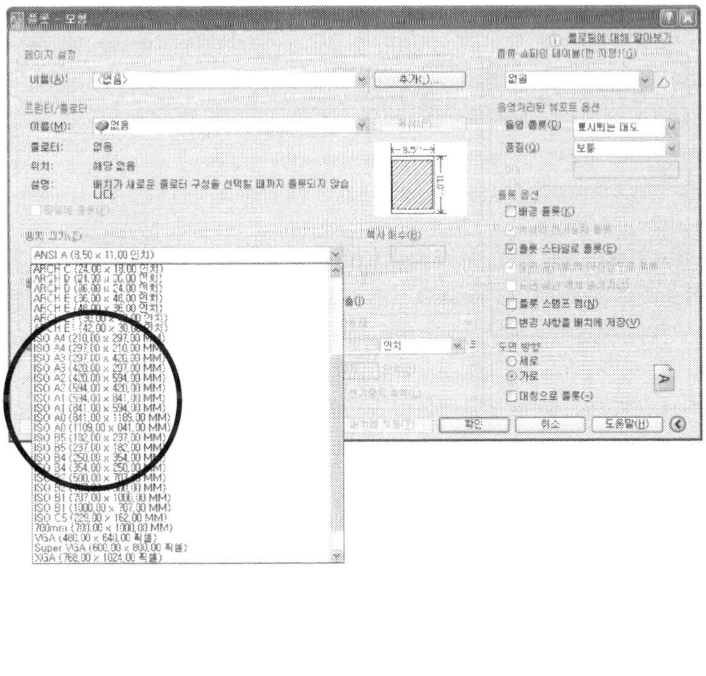

5. Scale을 'Scale to fit'으로 하거나 원하는 scale로 조정합니다.

6. Plot area에서 Window 버튼을 찍으면 다시 도면으로 돌아갑니다. 커서로 박스를 만들어 출력하려는 부분을 선택하십시오.

7. Full Preview를 통해 플롯을 검토하십시오. 마우스 오른쪽 클릭하여 exit 하면 Plot 대화상자로 다시 돌아 옵니다.

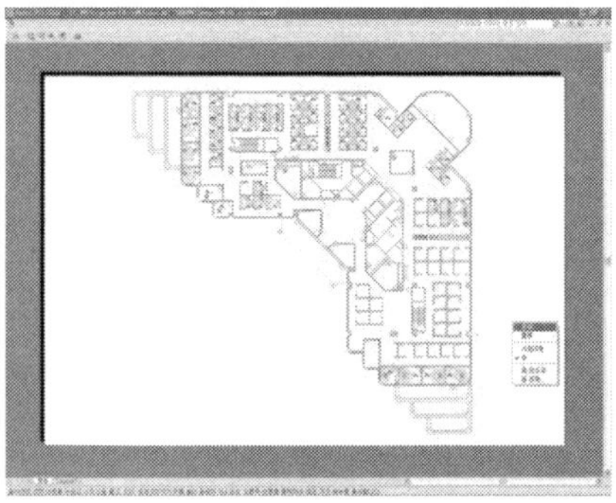

8. OK 버튼을 누르면 플롯이 진행됩니다.

TIP

Auto Cad 작업시 화면상의 축척은 기본적으로 1:1 입니다. 따라서 하나의 도면에 상세까지 표현 할 수 있습니다. 그러나 출력시 개체들이 겹치거나 뭉게져서 식별에 어려움이 따릅니다. 출력물의 크기에 따라 도면의 표현범위를 선정하는 것이 좋습니다.

3 건축 기본도면 실습

- 창호 문 그리기
- 가구 그리기
- 1.5B 공간벽체 단면 그리기
- 계단 단면 그리기
- 주택 평면 그리기 (I)
- 주택 평면 그리기 (II)
- 단면 상세 그리기

창과 문 그리기

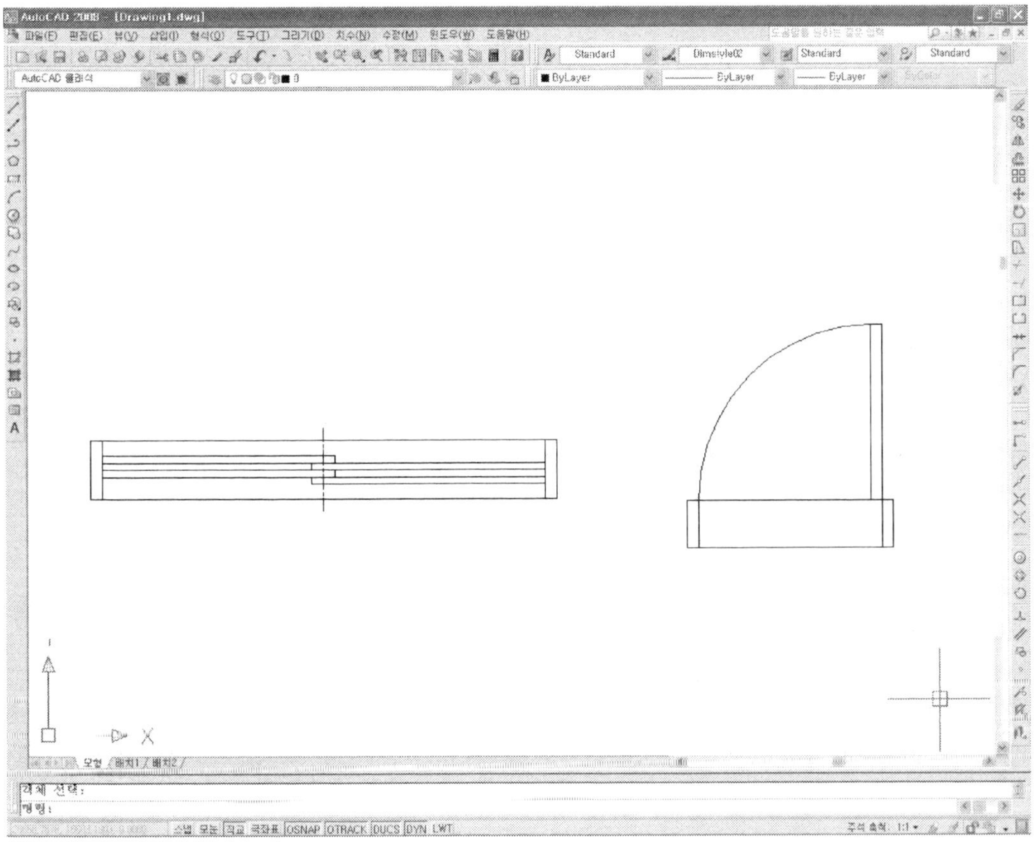
AutoCAD 2008 - [Drawing1.dwg]
Standard
Dimstyle02
ByLayer
모형 / 배치1 / 배치2
객체 선택:
명령:
OSNAP OTRACK DUCS DYN LWT

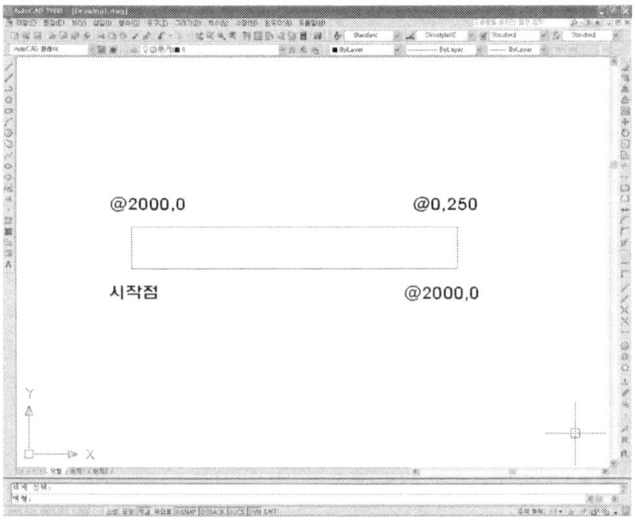

● 상대좌표를 이용 사각형을 그립니다.

Command : line ┛

Specify first point : 적당한 곳 클릭

Specify next point : @2000,0 ┛

Specify next point : @0,250 ┛

Specify next point : @-2000,0 ┛

Specify next point : c ┛

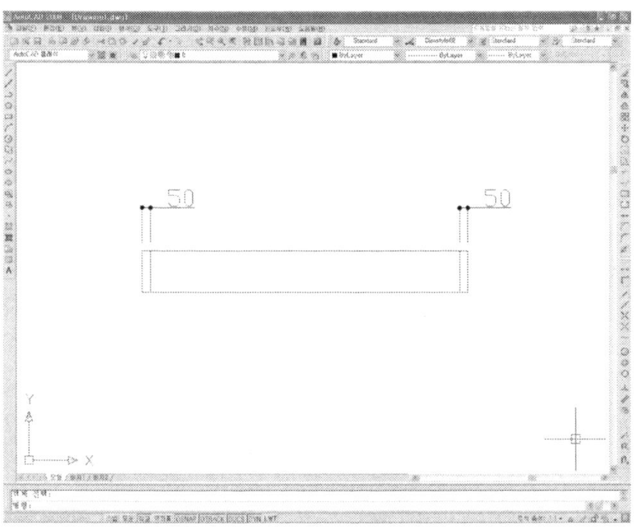

● offset을 이용하여 다음의 보조선을 그립니다.

Command : offsett ┛

Specify offset distance : 50 ┛

Select object to offset :

사각형 좌측 클릭

Specify point on side to offet :

우측 클릭

Select object to offset :

사각형 우측 클릭

Specify point on side to offet :

좌측 클릭 ┛

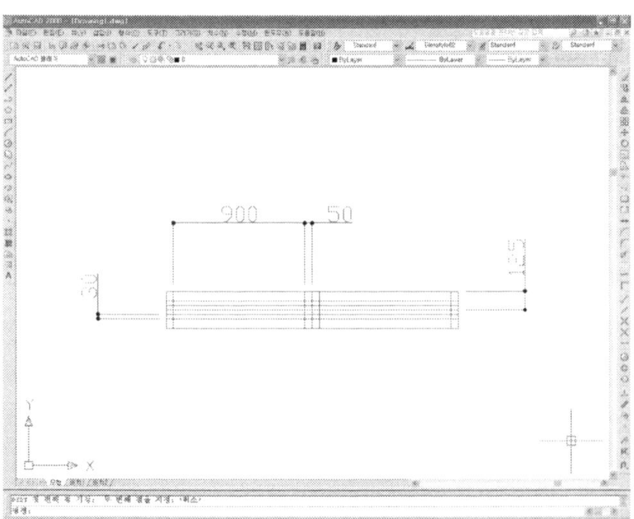

● 치수를 참조하여 offset을 이용 나머지 보조선을 그립니다.

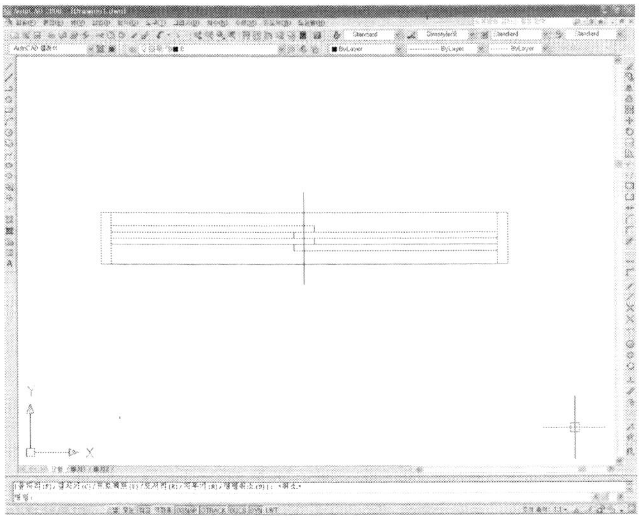

● trim 명령으로 선을 정리합니다.

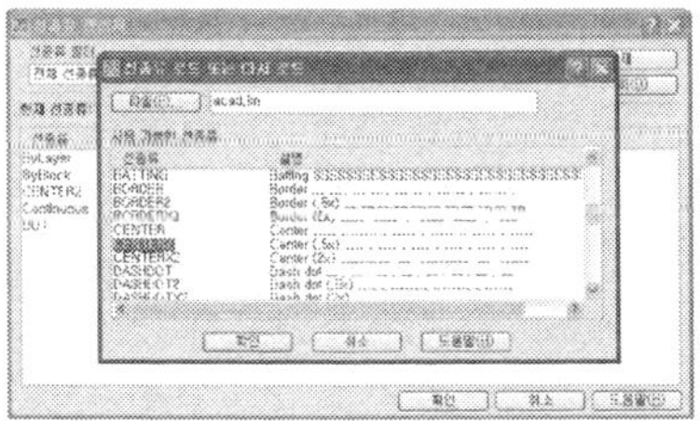

● 가운데 부분에 중심선을 긋기 위하여 linetype 명령을 이용 CENTERX2를 load합니다.

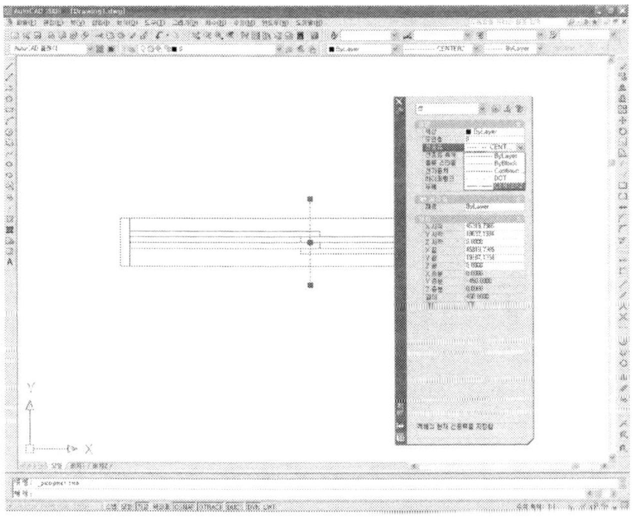

● properties 명령을 이용 linetype을 바꿔줍니다.

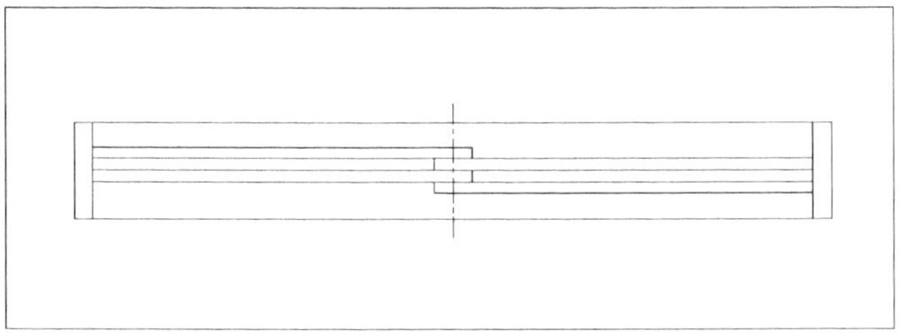

● 완성된 모습

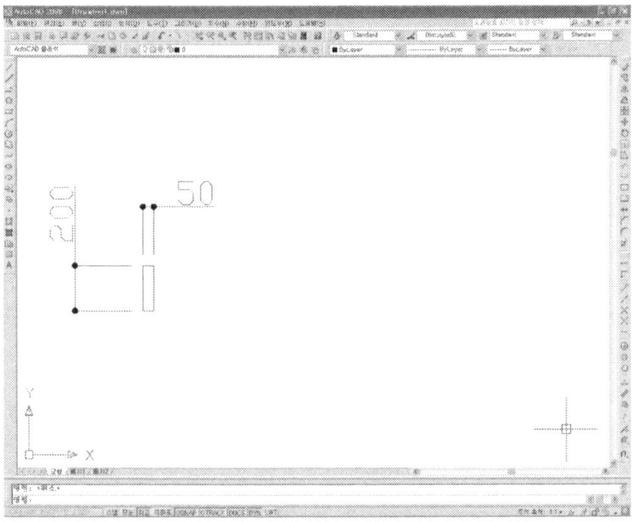

● 이번에는 문을 그려봅시다.

Rectang을 이용 사각형을 그립니다.

Command : rec ┘

Specify first corner point :

적당한 곳 클릭

Specify other corner point :

@50,200 ┘

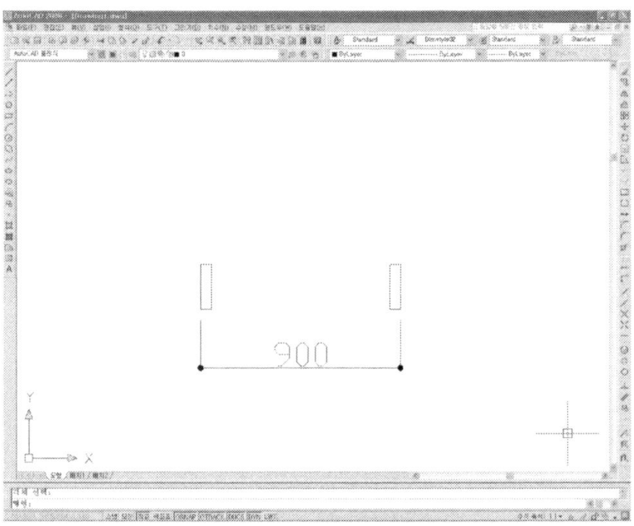

● 사각형을 오른 쪽으로 copy 합니다.

Command : copy ┘

Select objects : 사각형 선택 ┘

Specify base point :

적당한 곳 클릭

Specify second point : @850,0 ┘

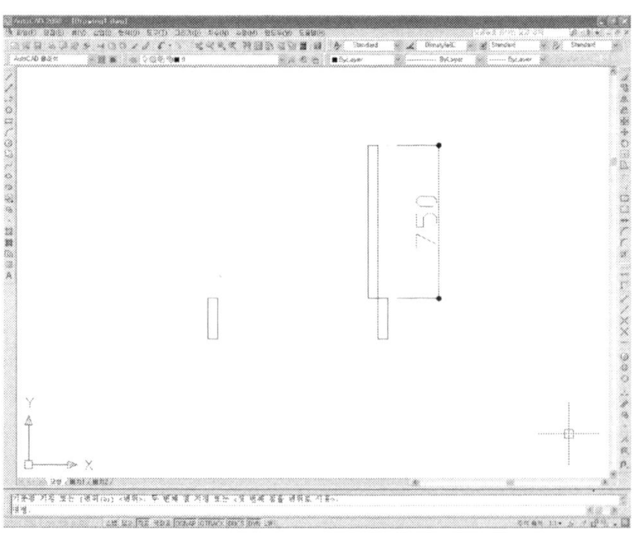

● 다시 rectang을 사용 사각형을 그립니다.

Command : rec ┘

Specify first corner point :

오른쪽 사각형의 꼭지점 클릭

Specify other corner point :

@-50,750 ┘

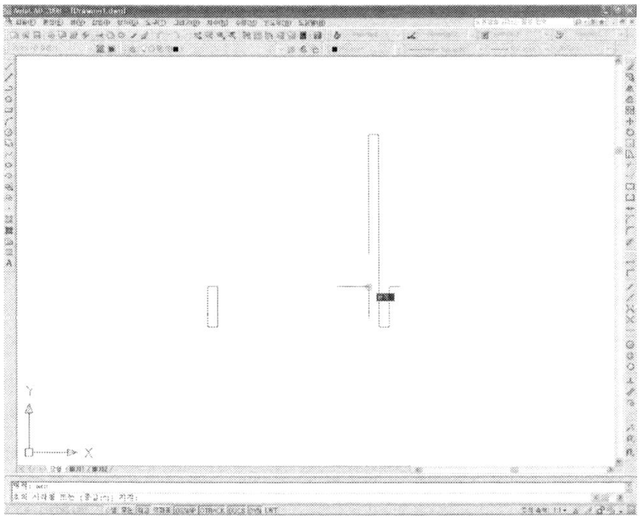

● arc를 이용해 봅시다.

Command : arc ┛

Specify start point of arc

or [CEnter] : c ┛

Specify center point of arc :

그림의 표시된 곳 지정┛

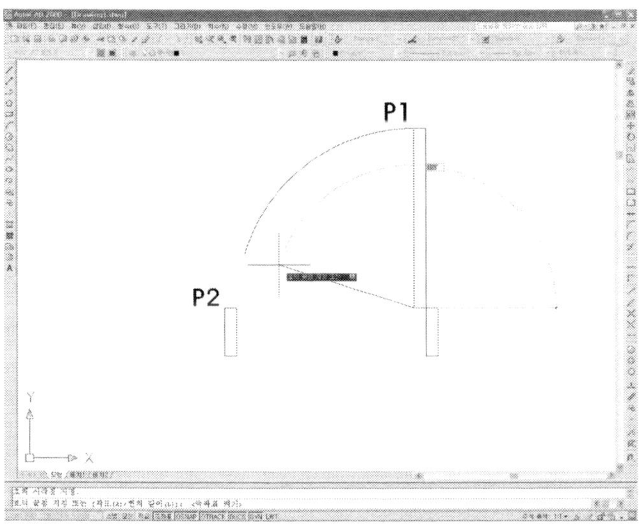

Specify start point of arc : P1 ┛

Specify end point of arc : P2 ┛

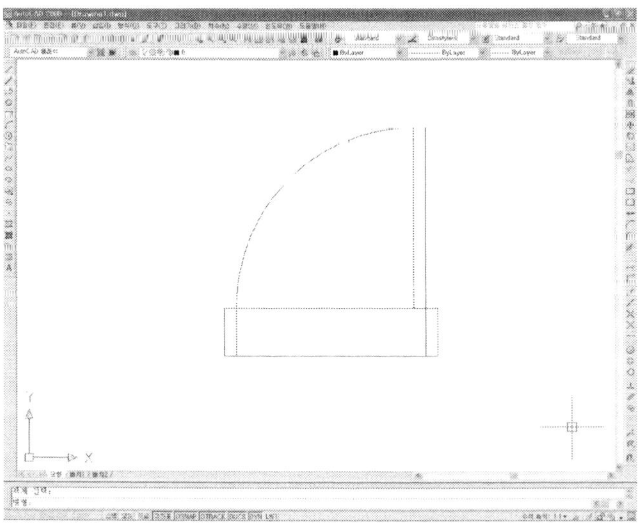

● line을 그려 완성합니다.

가구 그리기

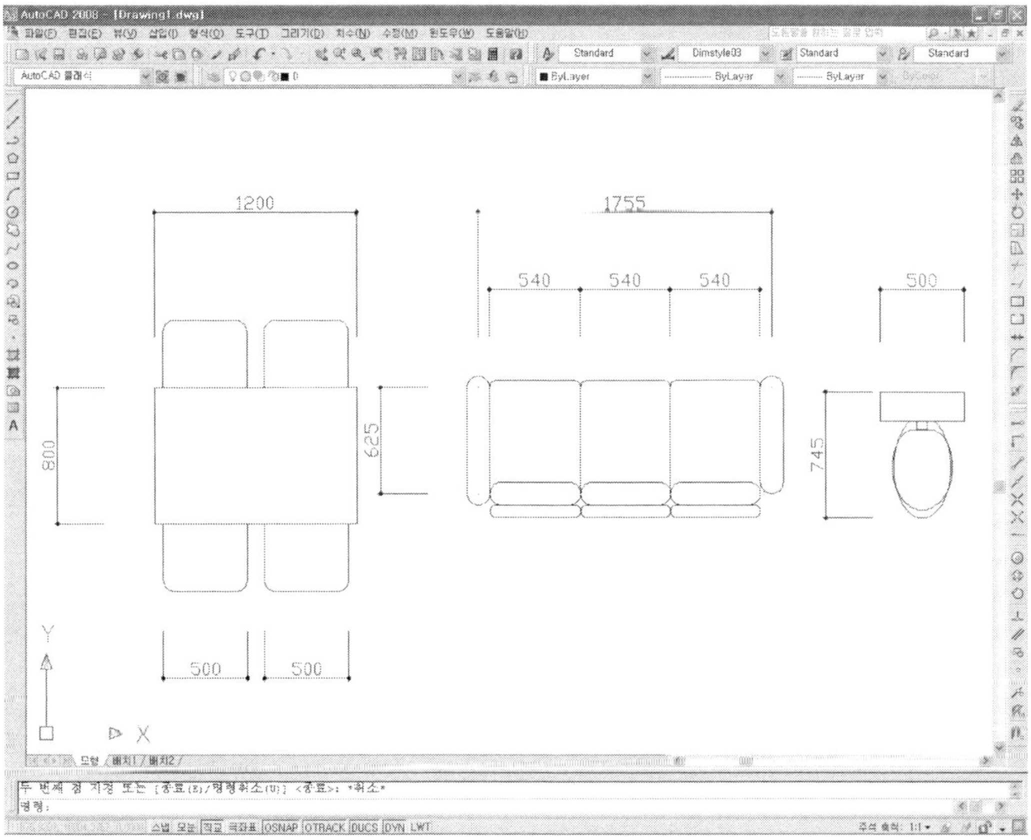
AutoCAD 2008 - [Drawing1.dwg]
1200
1755
540
540
540
500
800
625
745
500
500

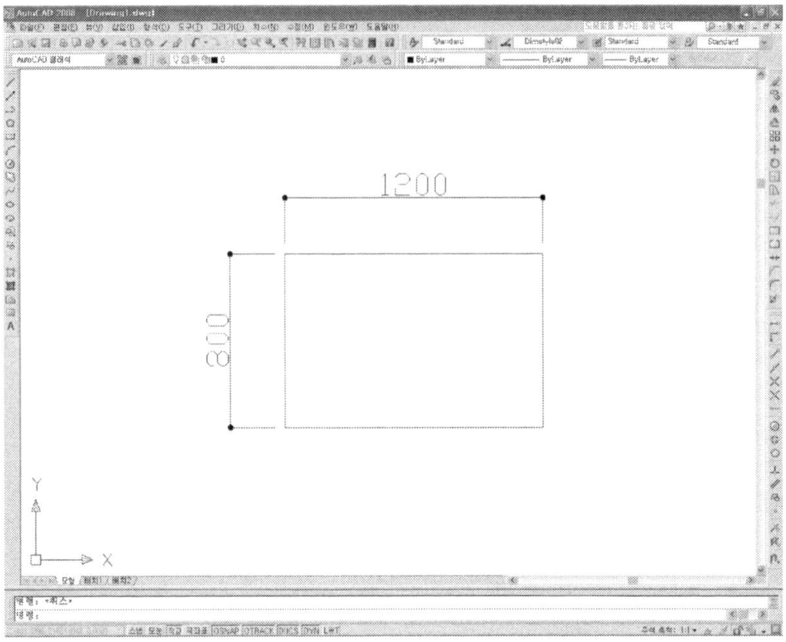

● 식탁과 의자를 그려봅시다.

rectang으로 1200 X 800 의 사각향을 그립니다.

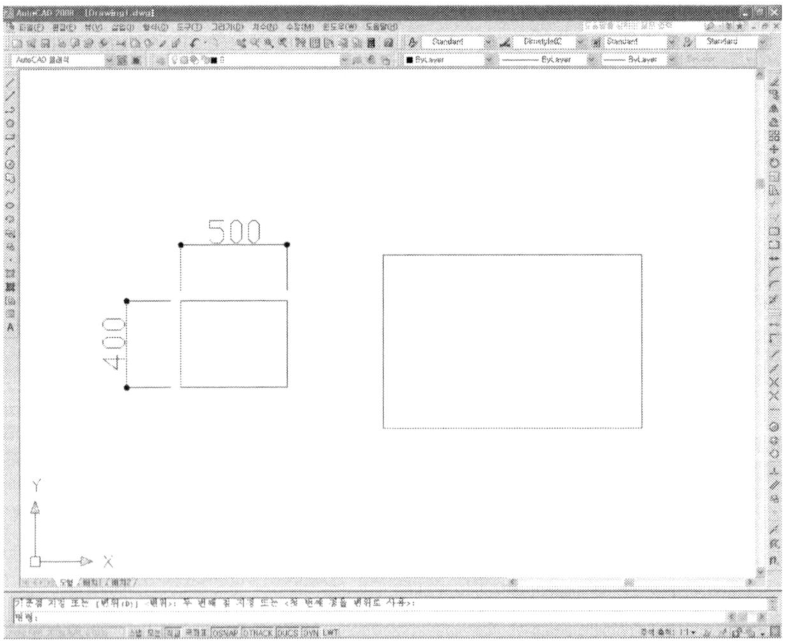

● 다시 rectang으로 500 x 400 의 사각형을 그립니다. 이 사각형은 나중에 의자가 됩니다.

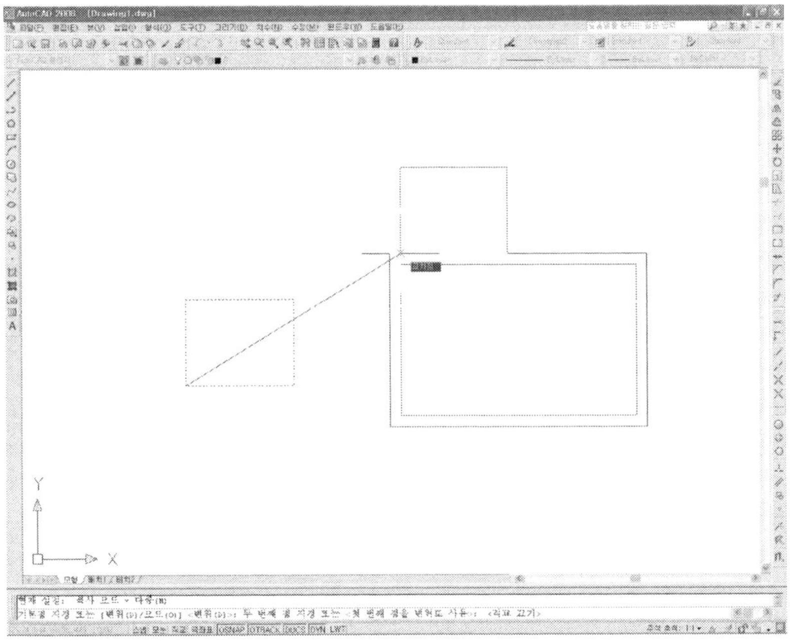

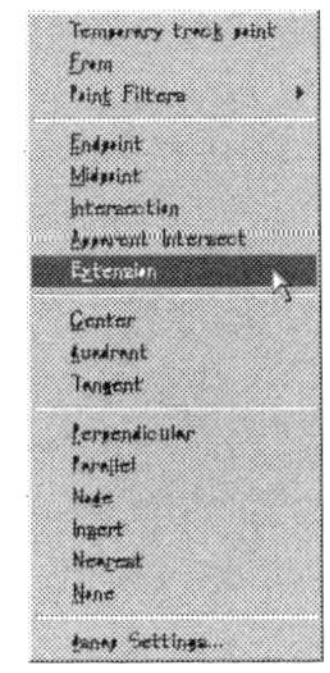

● 식탁이 될 큰 사각형을 안쪽으로 50 offset 합니다. 이는 의자를 move하기 위한 보조선으로 사용되는 것이기 때문에 의자가 move 된 후에는 erase 할 것입니다.

● move 명령을 사용하여 다음과 같이 배치합니다. (Extension osnap을 활용합니다.)

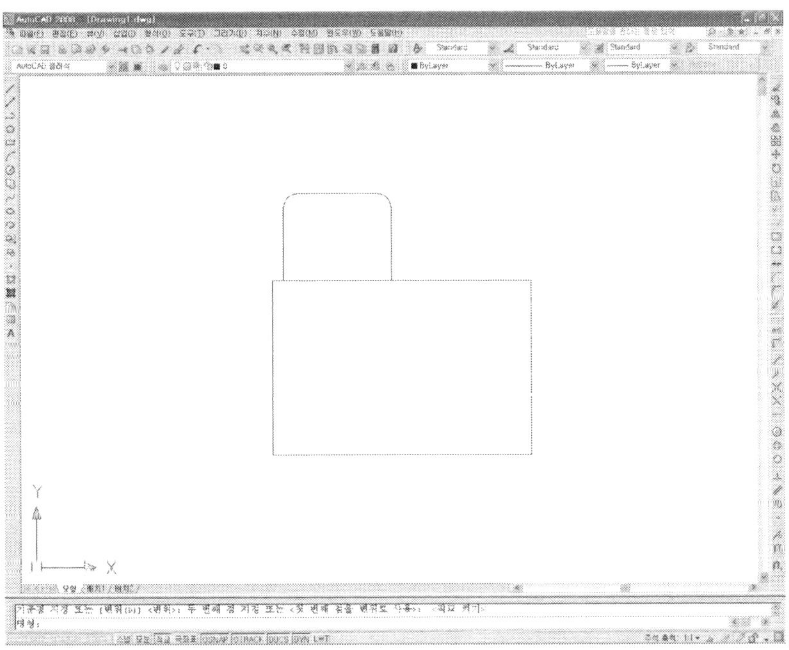

● 의자를 Radius=70으로 fillet 합니다.

fillet ↵ , r (radius) ↵ , 70 ↵ (먼저 radius 값을 70으로 setting 합니다.)

한쪽 모서리씩 fillet을 실행합니다.

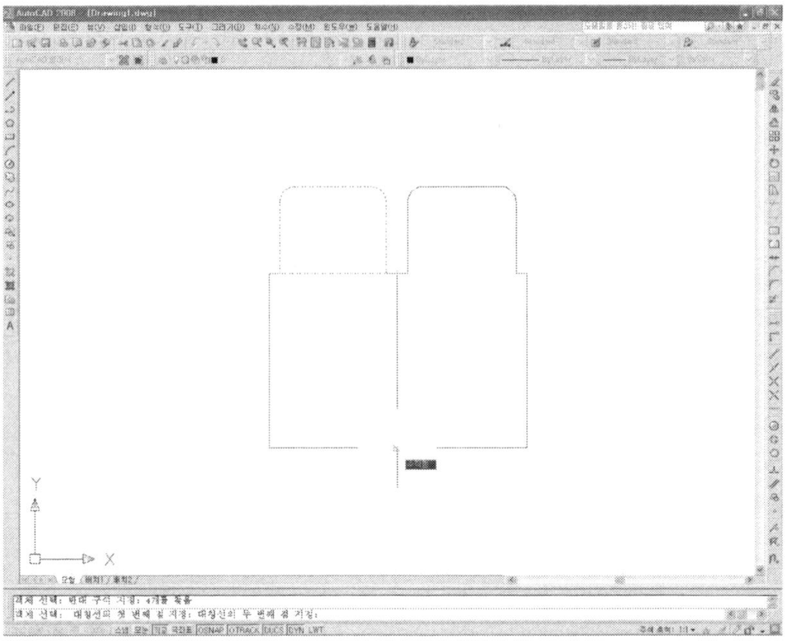

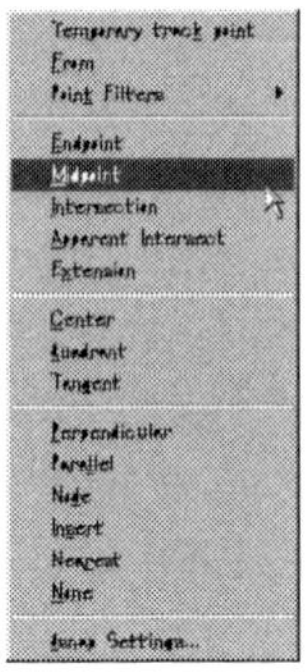

● mirror를 이용하여 의자를 오른쪽으로 대칭복사합니다. 이때 식탁 아래, 윗면의 midpoint를 osnap으로 잡은 선을 mirror의 기준선으로 사용합니다.

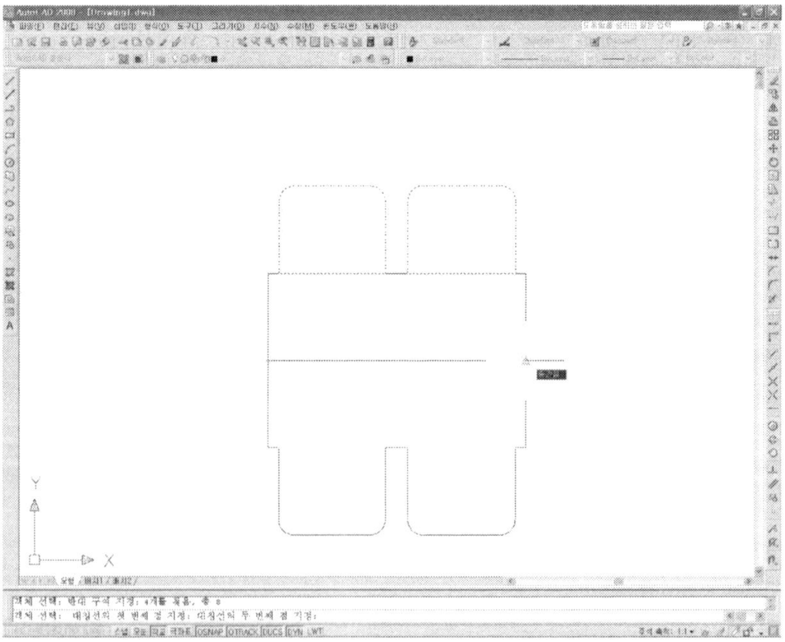

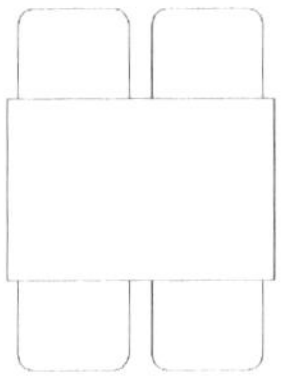

● mirror를 이용하여 의자를 아래쪽으로 대칭복사합니다. 이때 식탁 왼쪽, 오른쪽면의 midpoint를 osnap으로 잡은 선을 mirror의 기준선으로 사용합니다.

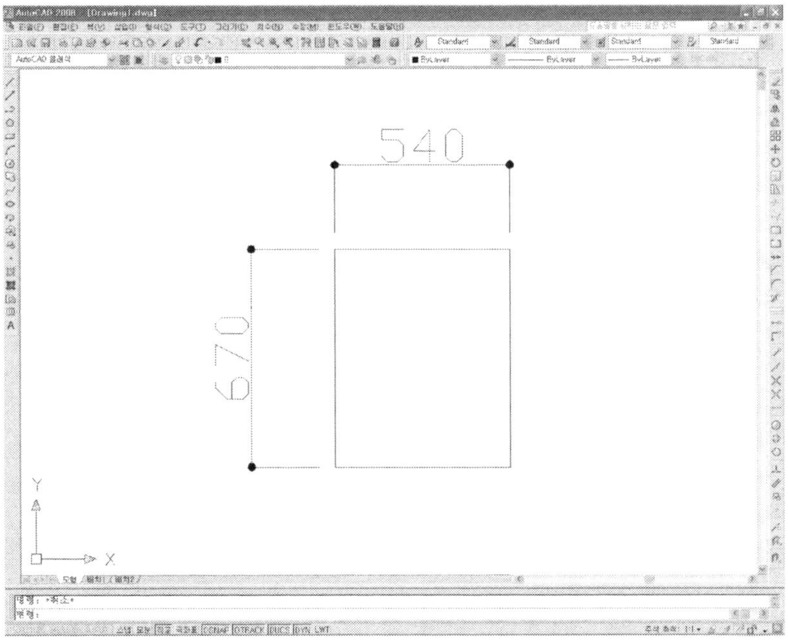

● 이번에는 소파를 그려봅시다.

● rectang 으로 540 X 670 의 사각향을 그립니다.

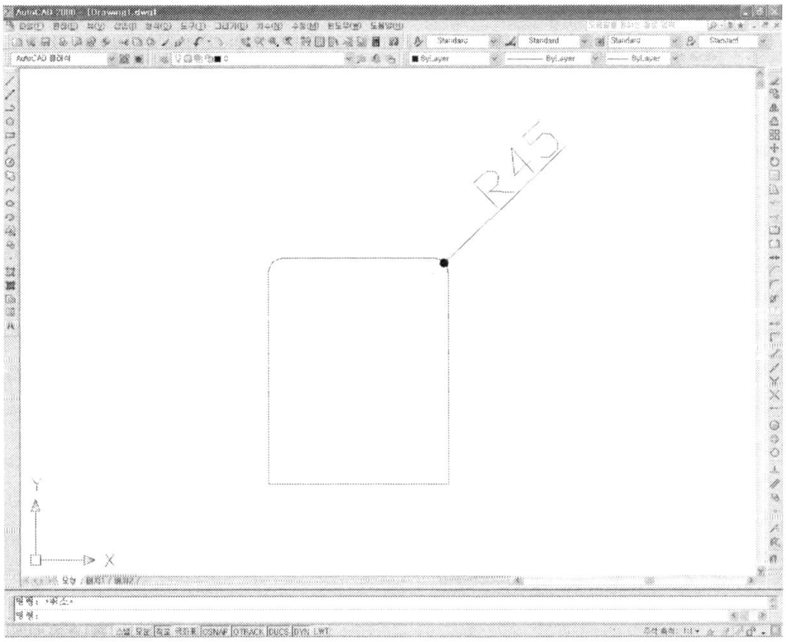

● 사각형의 윗변 양 모서리를 fillet을 이용하여 둥들게 만듭니다. Radius를 45로 합니다!

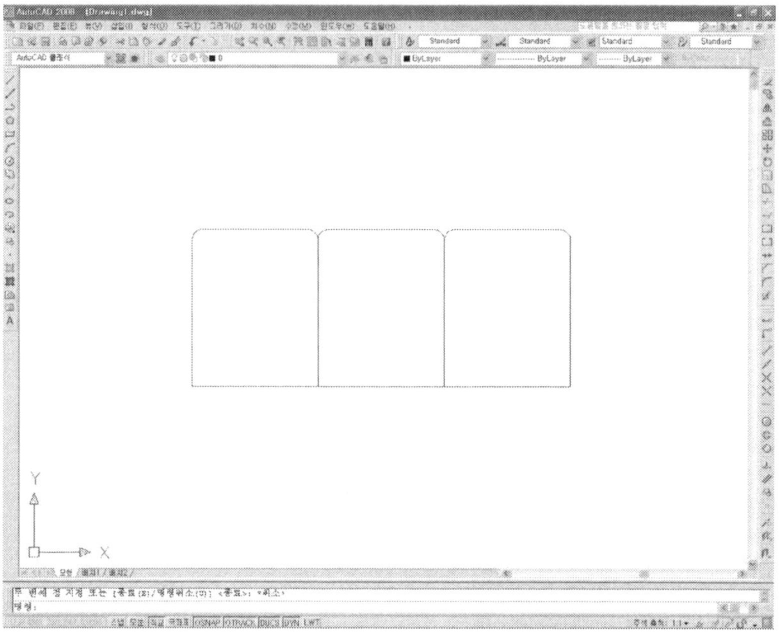

● 앞에서 fillet 한 사각형을 copy 하여 그림과 같이 만듭니다. 이때 copy의 muiltiple 옵션을 사용하세요.

copy ↲ , **객체선택** ↲ , m (multiple) ↲ , 기준점 ↲ , 이동점 ↲ , 이동점 ↲ ↲

● 편집을 위하여 이상의 객체를 explode 시킵니다.

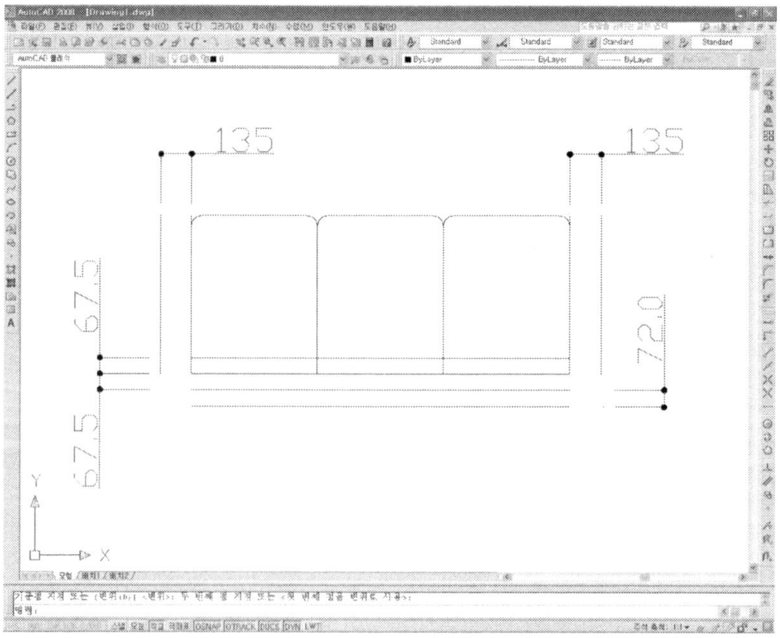

• 치수에 맞추어 offset 합니다.

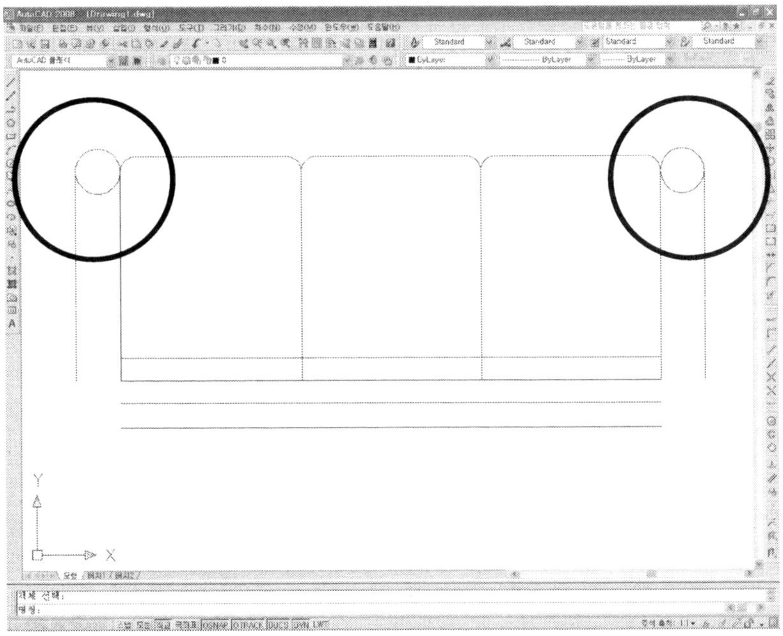

● 표시한 곳을 fillet 합니다. 이때, radius는 67. 5입니다.

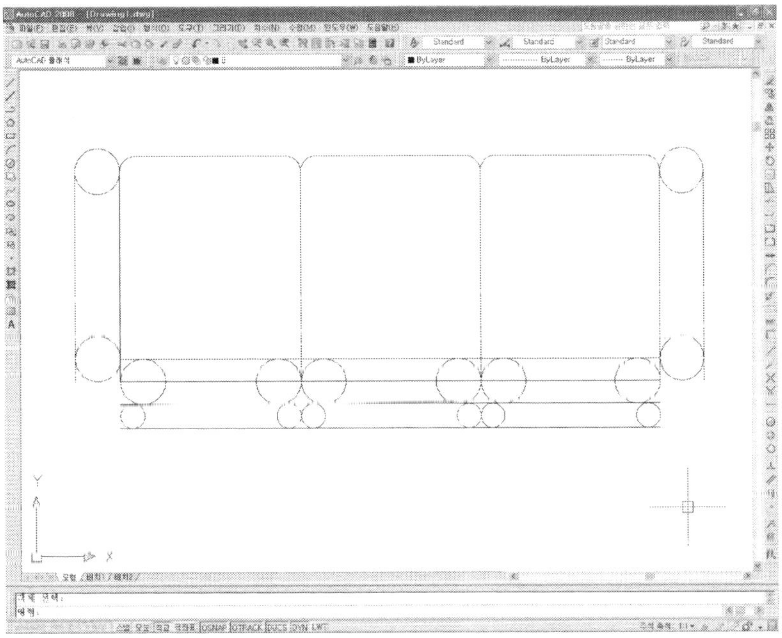

● 원을 그려 copy하여 넣습니다. circle 명령의 2P 옵션을 사용하면 됩니다.

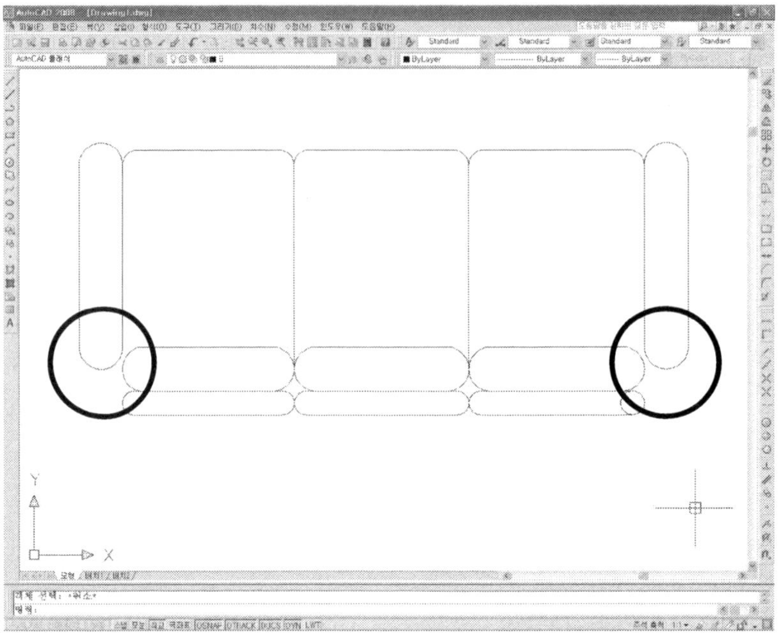

●trim 으로 위와 같이 정리 합니다.

● 표시한 부분의 수정을 위해 아래 그림과 같이 stretch를 사용합니다.

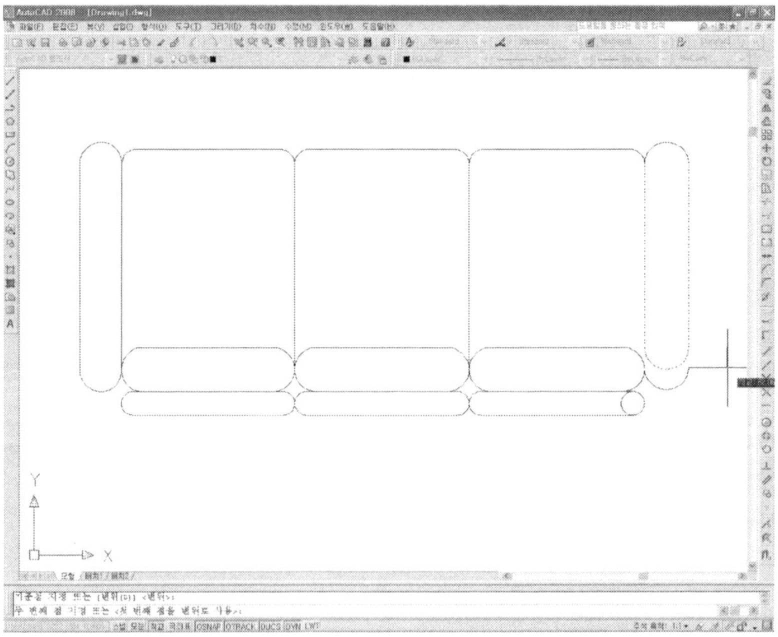

● stretch 를 아래로 67.5 만큼 실행합니다.

stretch ┛,   객체선택(반드시 crossing selection) ┛,   @0,-67.5 ┛

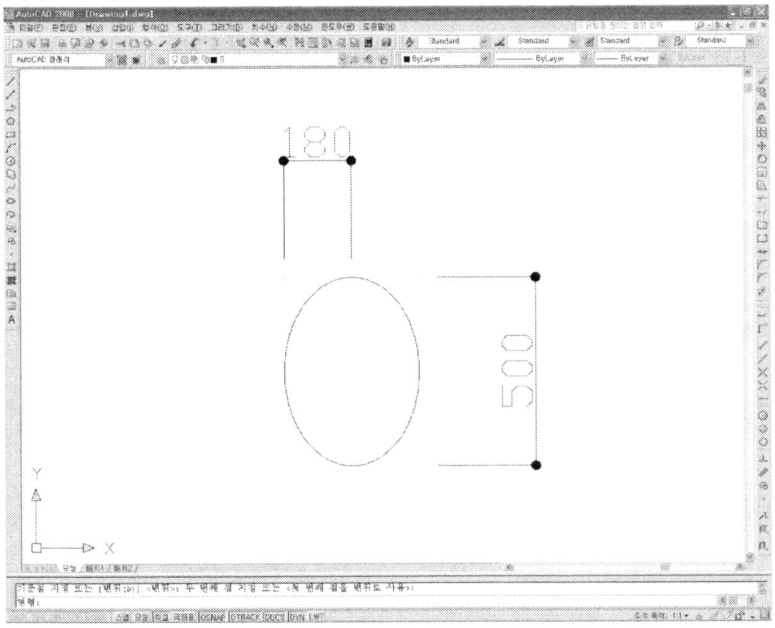

● 이번에는 변기를 그려 봅시다.

● 먼저 치수에 맞게 타원을 그립니다.

ellipse ┛, 임의의 점 클릭, @0,500 (장축) ┛, @180,0 (나머지 축까지의 거리) ┛

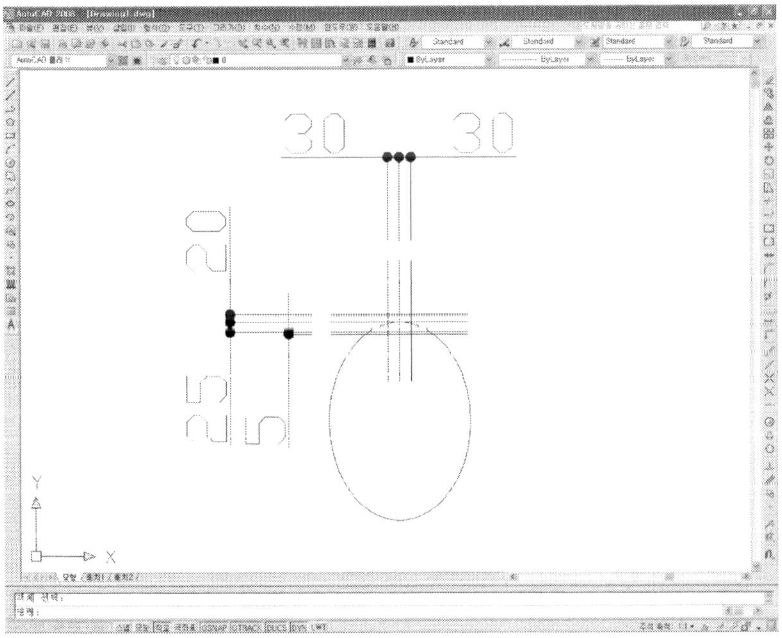

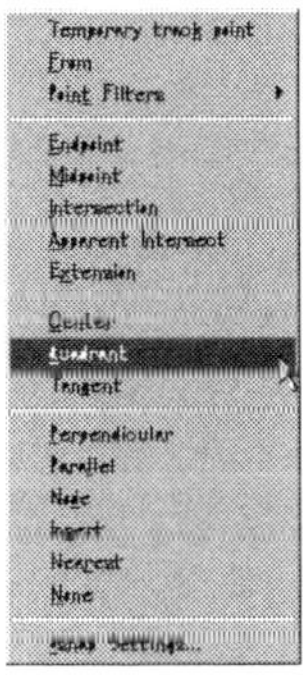

● 타원 장축에 있어서 위쪽에 있는 점에 수평선을 긋습니다. (osnap의 Quadrant 사용)

● 치수에 맞게 offset 합니다.

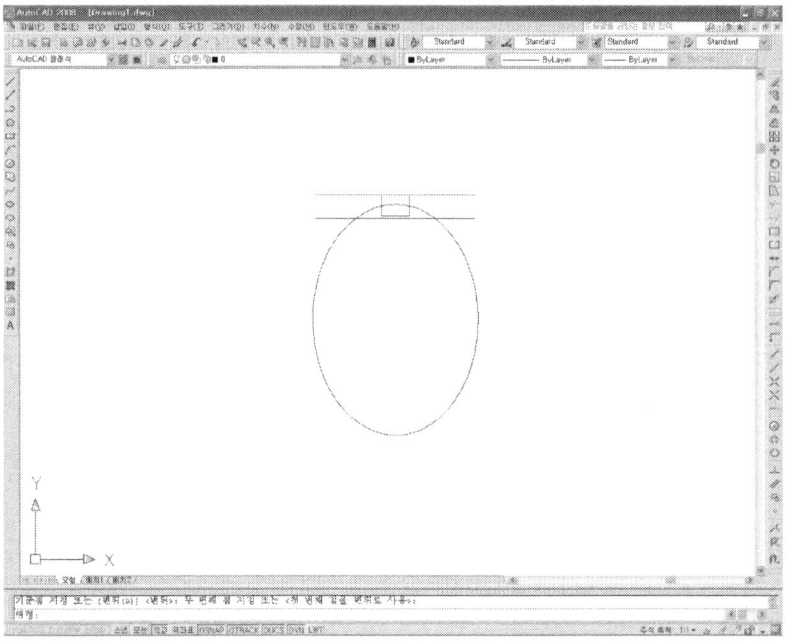

● trim 으로 위와 같이 정리 합니다.

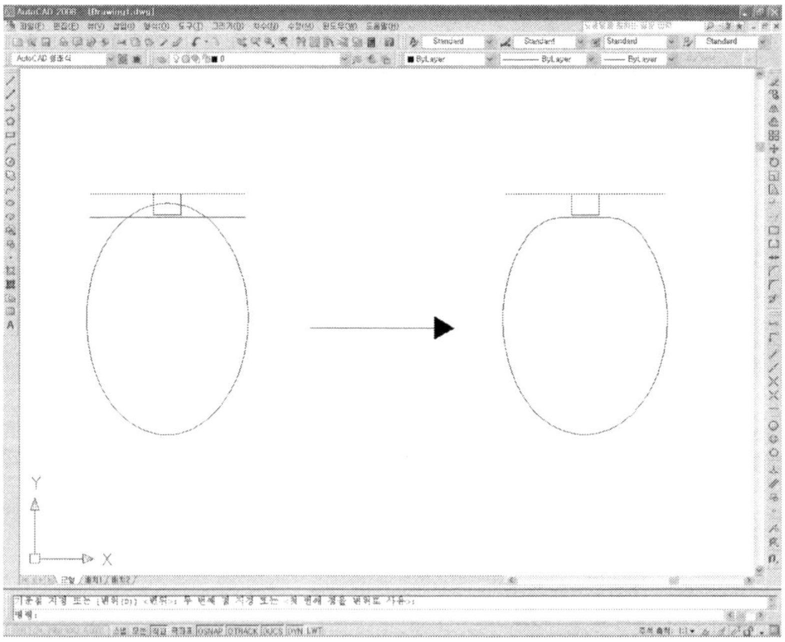

● fillet 합니다. (radius 는 100)

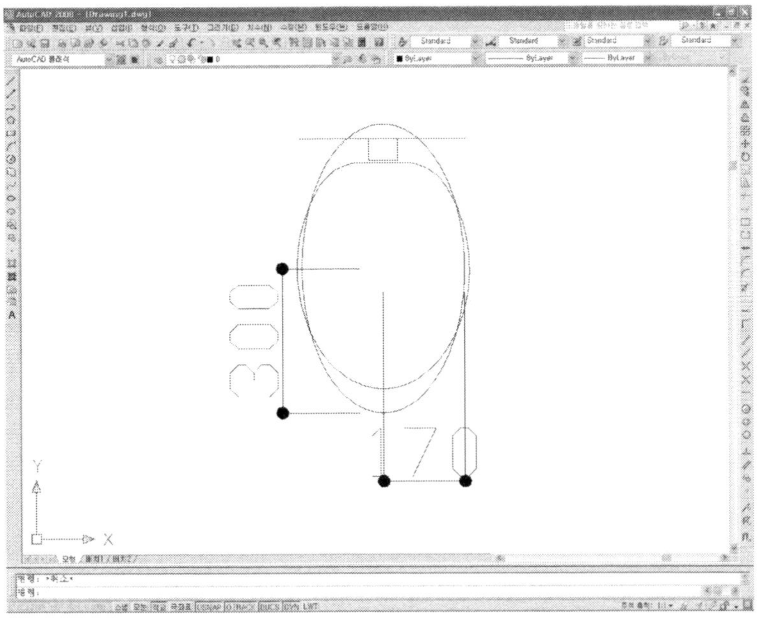

● 타원을 하나 더 그립니다. 이때 먼저 그린 타원의 중심에 맞추어 그립시다.

ellipse ┛, c(center) ┛, 기존 타원의 중심 지정 ┛ @0,300 (장축방향) ┛, @170,0 (나머지 축까지의 거리) ┛

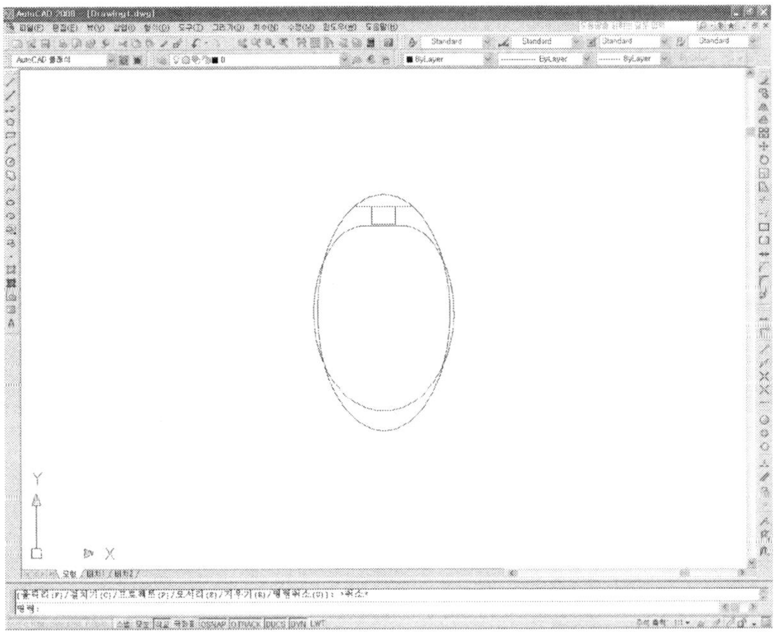

● 두번째 그린 타원을 윗쪽으로 25 move 합니다.

move ┛, 두번째 타원 지정 ┛, 임의의 점 클릭 ┛, @0,25 (이동변위) ┛

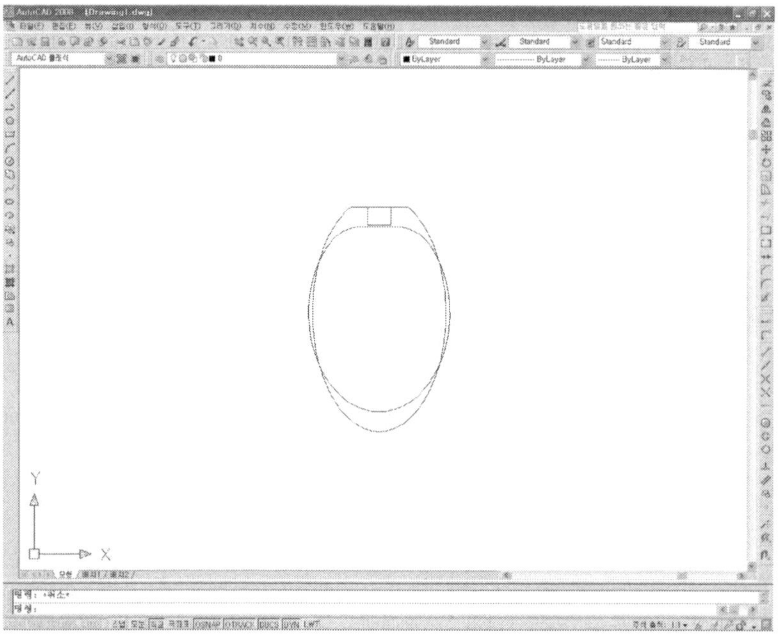

● trim 으로 위와 같이 정리 합니다.

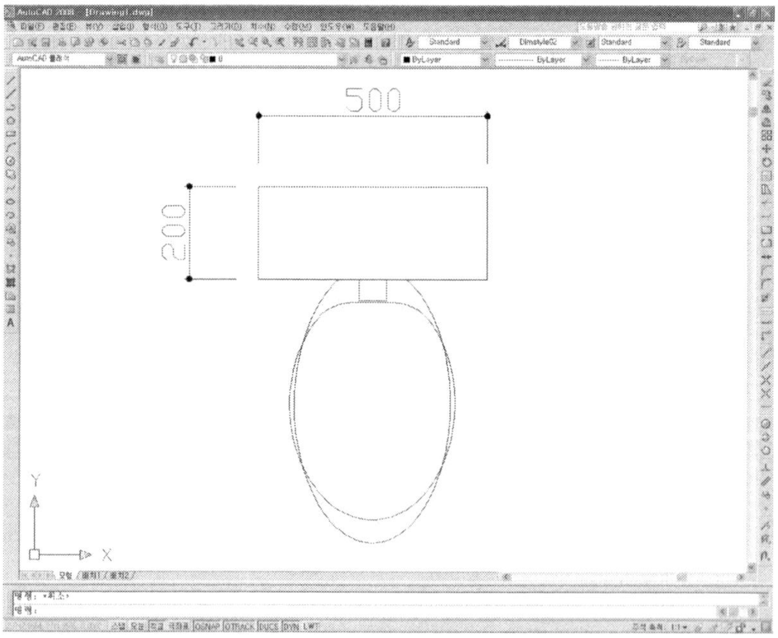

● 치수에 맞추어 물탱크를 그려 넣습니다.

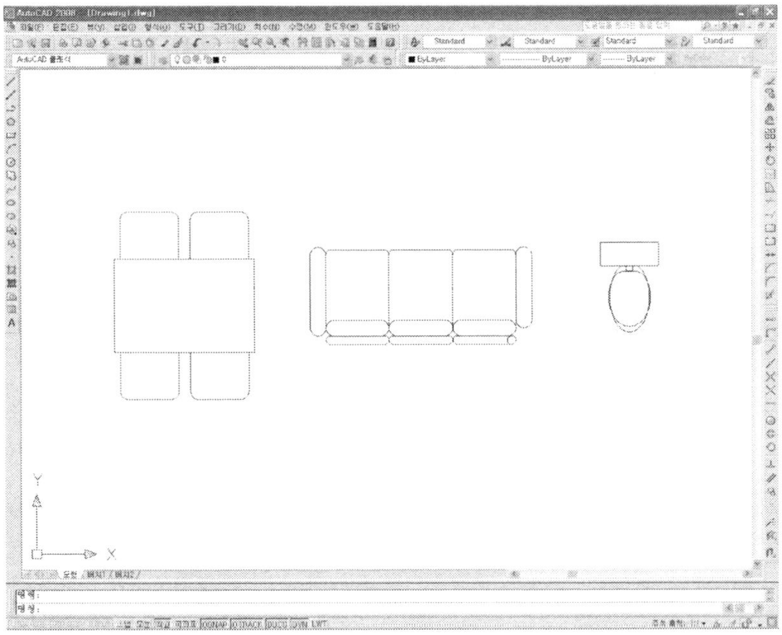

● 지금까지 그린 기구 세기지를 모으고 치수를 기입해 봅시다.

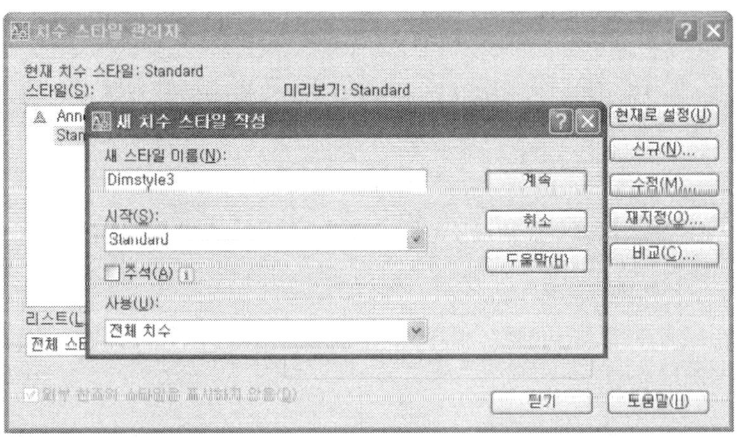

● 치수 유형을 하나 새로 만들기 위하여 dimstyle ↲ 하면 Dimension Style Manager 대화상자가 나타납니다.

● New 버튼을 눌러 새로운 치수 유형 이름을 Dimstyle03으로 입력합니다.

● Continue 버튼을 클릭하면 New Dimension Style 대화상자가 나타납니다.

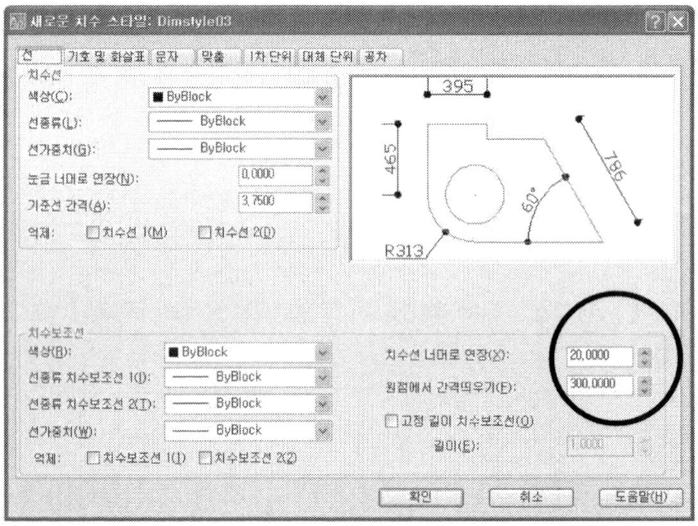

● Lines 탭에서 위의 표시한 부분을 수정합니다.

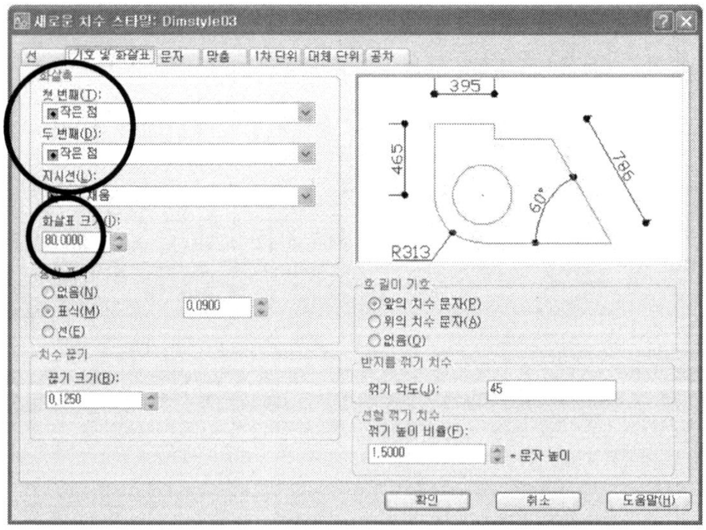

● Arrows 탭에서 위의 표시한 부분을 수정합니다.

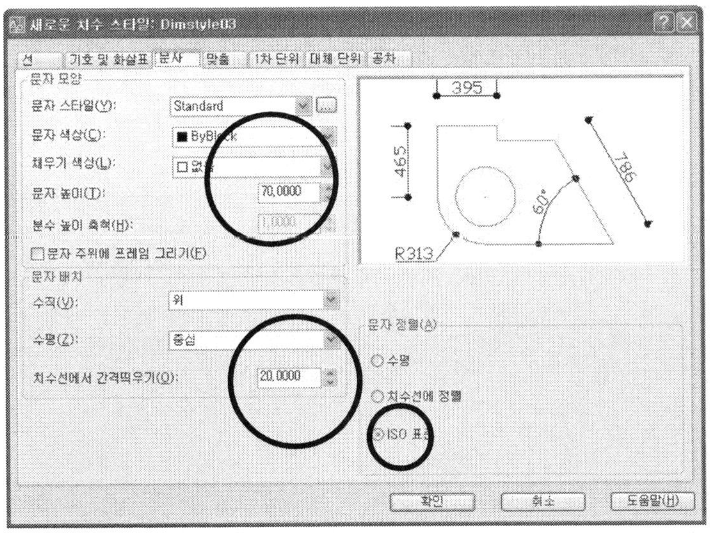

● Text 탭에서 위의 표시한 부분을 수정합니다.

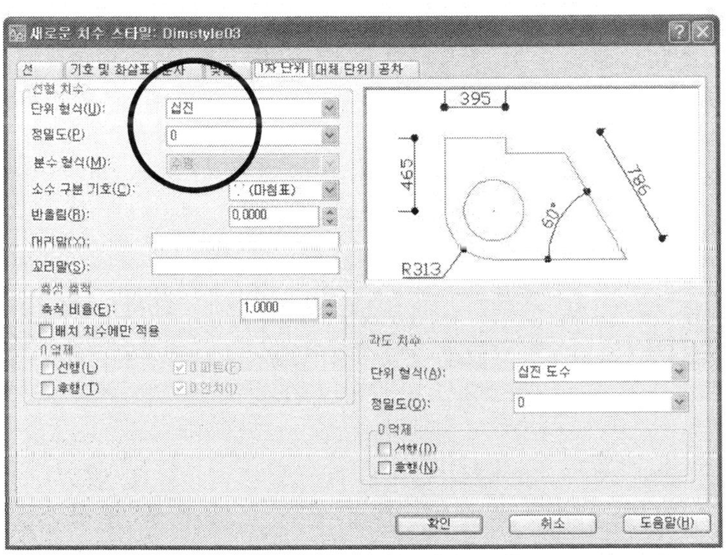

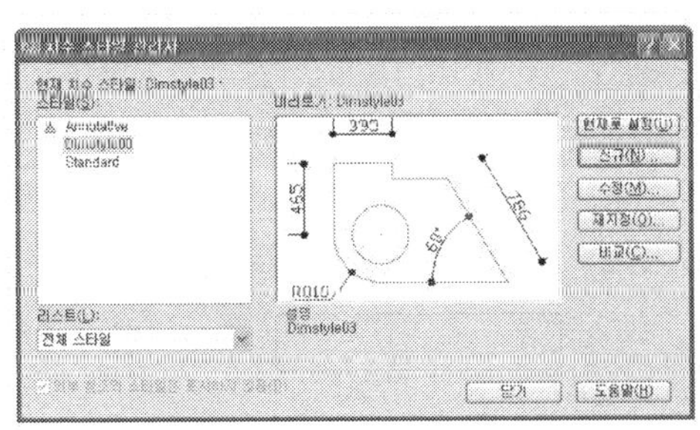

● Primary Units 탭에서 위의 표시한 부분을 수정합니다

● OK 버튼을 누르면 Dimstyle03이 추가된 것을 볼 수 있습니다.

● Set Current 버튼을 눌러 Dimstyle03을 현재 치수 유형으로 만든 후 Close 합니다.

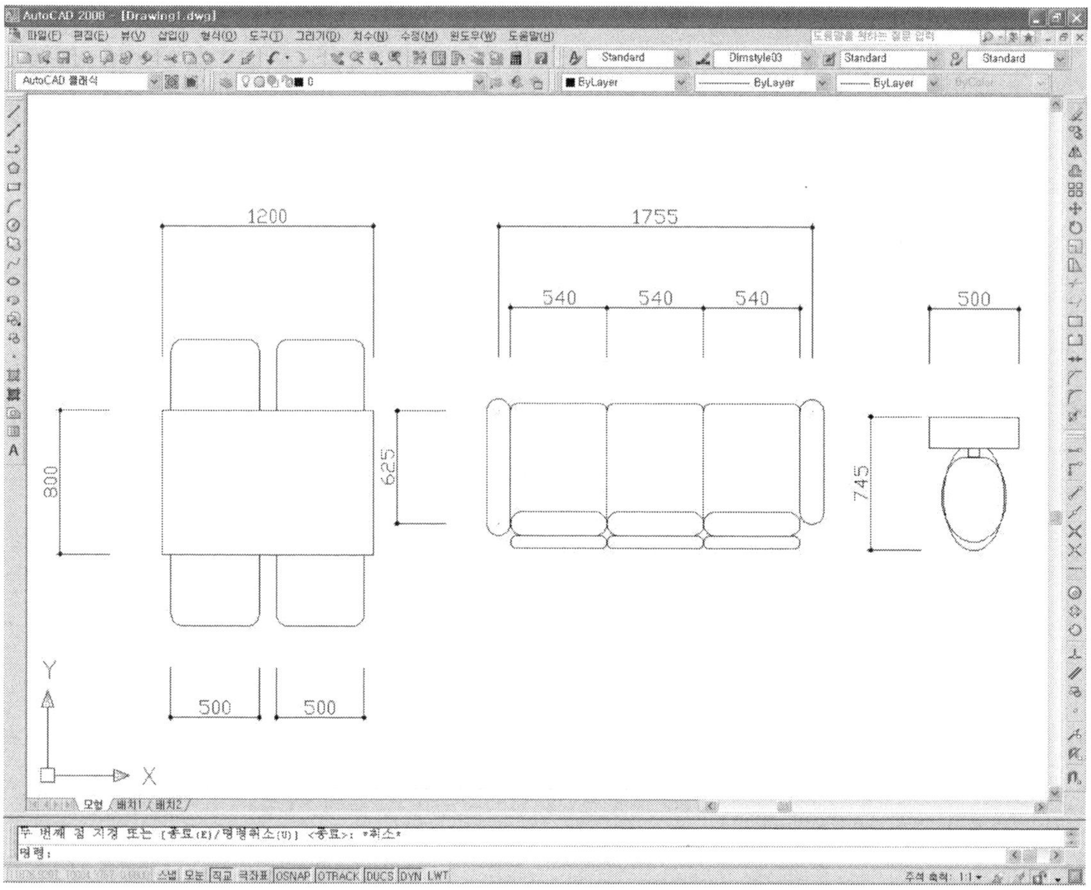

● 치수를 넣어 완성합니다.

● dimlinear, dimcontiue가 사용됩니다.

1.5B공간벽체

단면 그리기

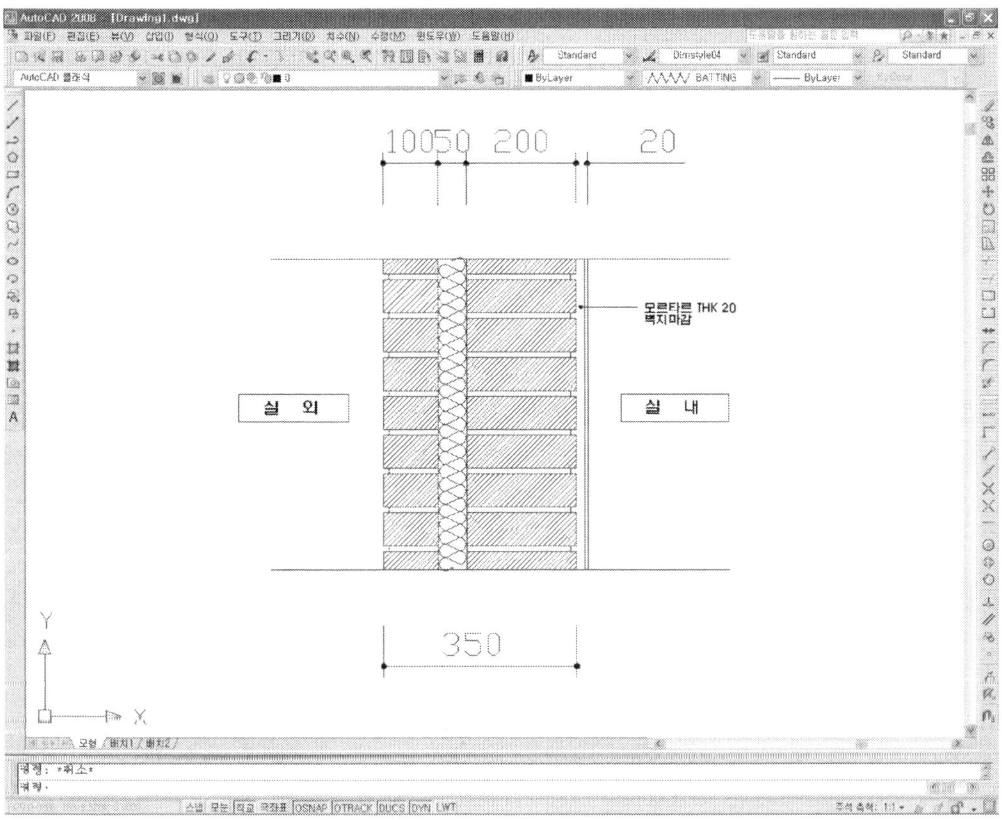

● 1.5B 공간벽체와 1.0B 공간벽체는 일반적으로 조적조 건축물의 외벽에 많이 나타납니다.

● 1.0B 시멘트 벽돌벽체와 0.5B 시멘트 벽돌 벽체는 실내에서 많이 나타납니다.

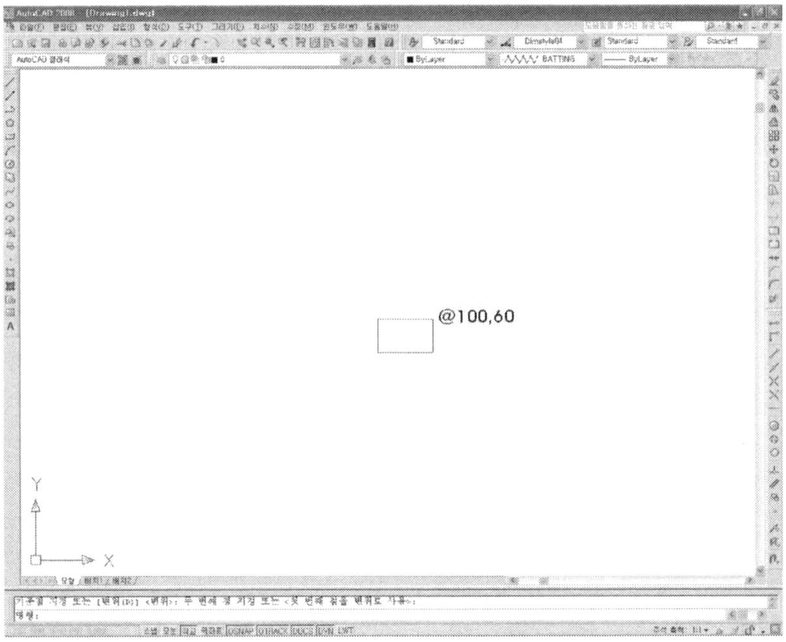

● rectang으로 사각형을 그립니다.

벽돌의 크기를 200x100x60으로 하면, 이 사각형의 크기는 100x60이 됩니다.

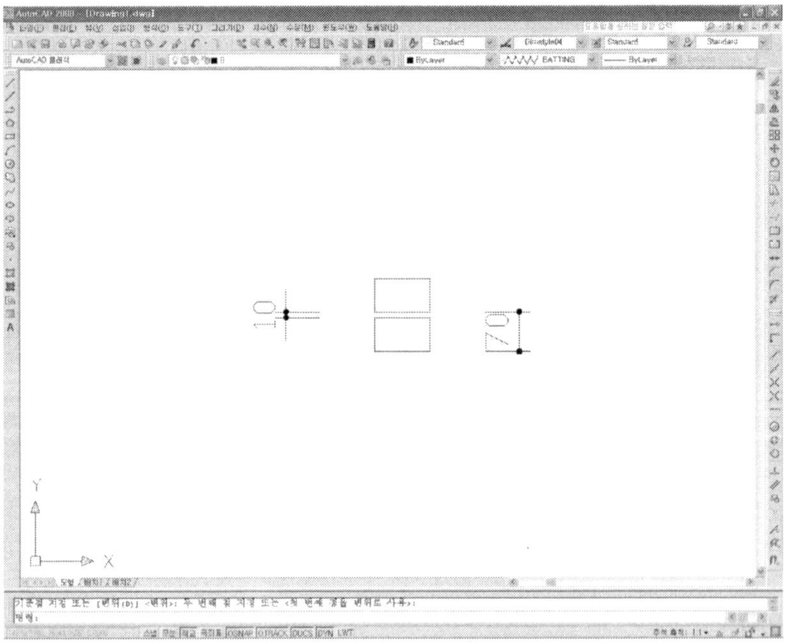

● copy를 이용 현 사각형에서 수직 위로 10 떨어진 곳에 사각형을 복사합니다.

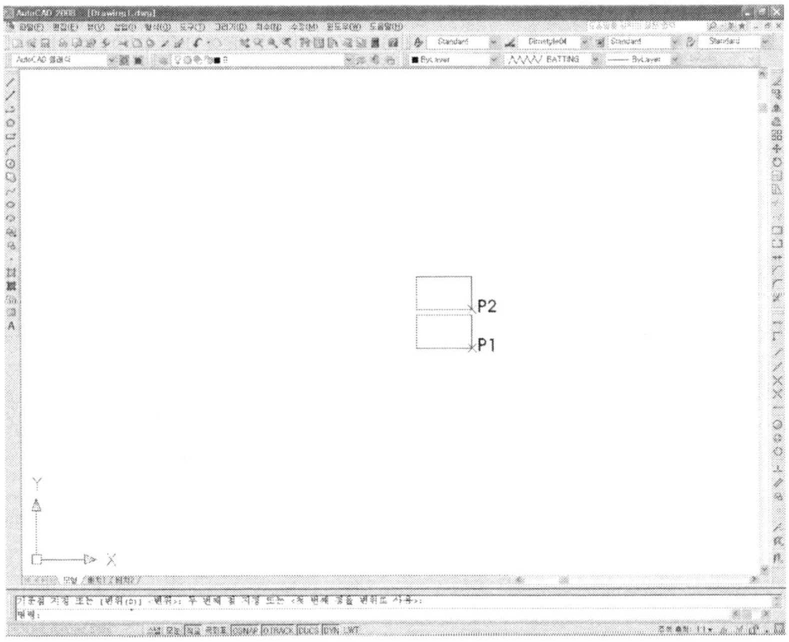

● copy 명령의 multiple 옵션을 사용해 봅시다.

copy ┘, 위쪽 사각형 지정 ┘, M ┘ ('multiple' 옵션 지정), P1 ┘, P2 ┘

같은 방식으로 계속해서 복사하여 사각형 9개를 만듭니다.

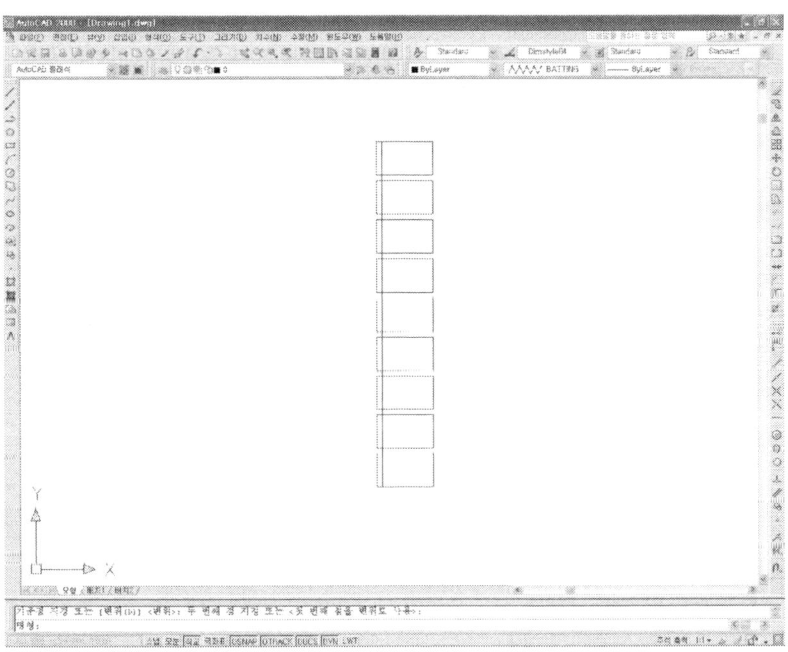

● 줄눈을 만들기위하여 왼쪽 상단에서 하단으로 선을 그은 후 X축으로 10 이동시킵니다.

우측 상단에서 하단으로도 선을 그어줍니다.

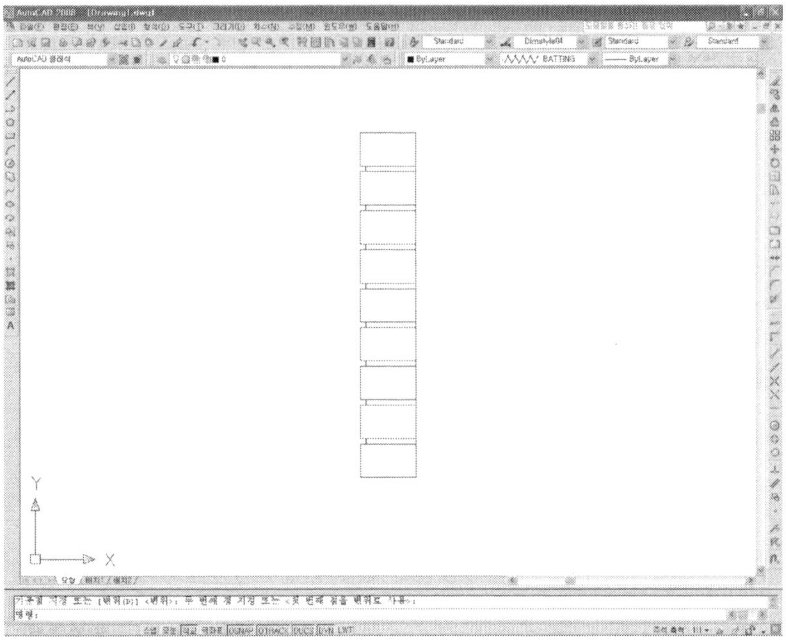

● trim으로 정리해줍니다.

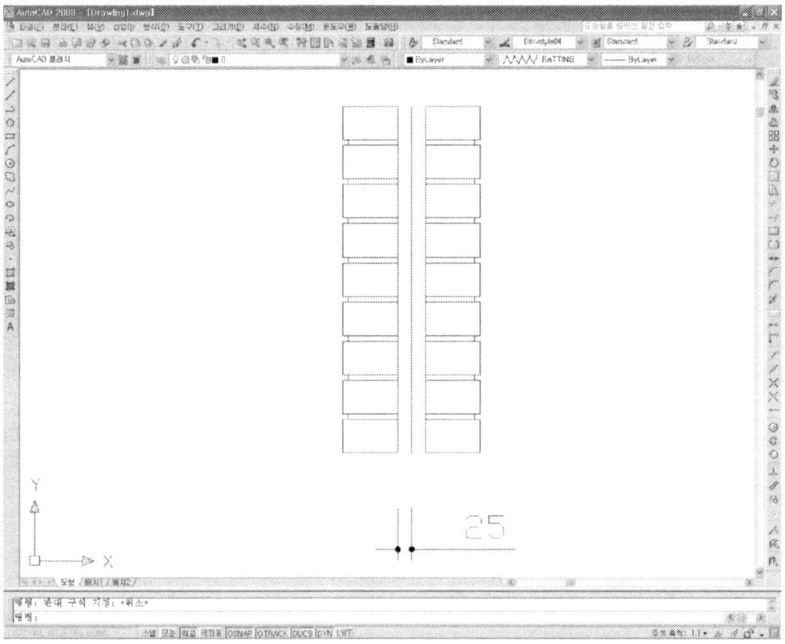

● 반대편으로 mirrior를 시킵니다. 이때 가운데 50의 공간이 필요하므로 오른쪽으로 선을 25 만큼 offset한 후, 이 선을 보조선으로하여 이제까지 그린 객체들을 mirror 합니다.

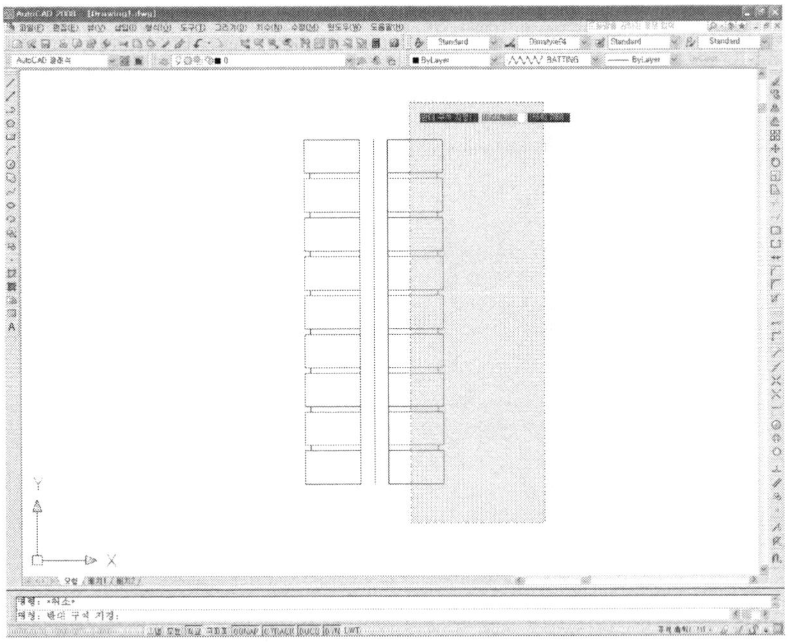

● stretch로 오른쪽 벽돌 부분을 X축 방향으로 100 만큼 확장합니다.

stretch ┘, 그림처럼 crossing selection 합니다. ┘, 적절한 곳에 기준점을 클릭합니다.

@100,0 ┘

● 가운데 단열재를 그려봅시다.

linetype 명령으로 'BATTING'을 load합니다.

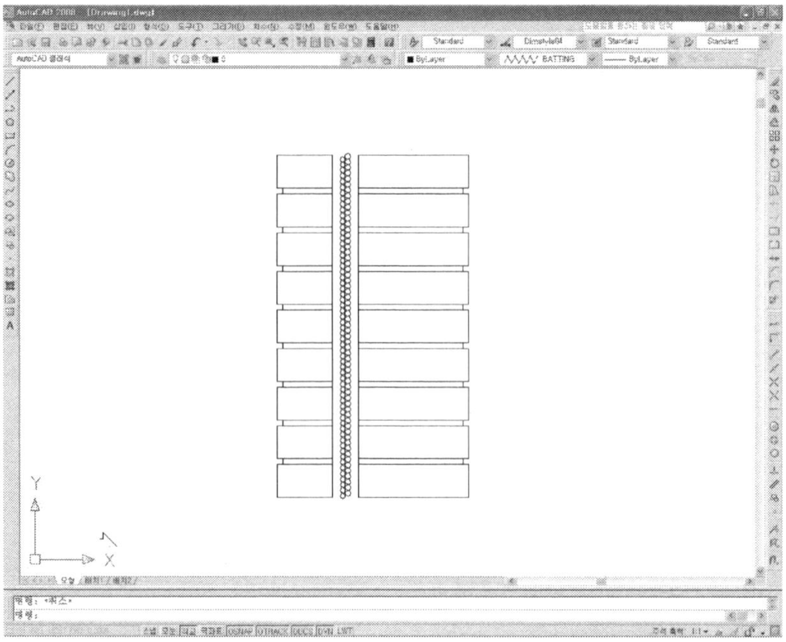

● 객체특성 도구막대에서 linetype을 BATTING으로 바꾸고 mirror할 때 사용했던 보조선을 따라 line을 긋습니다.

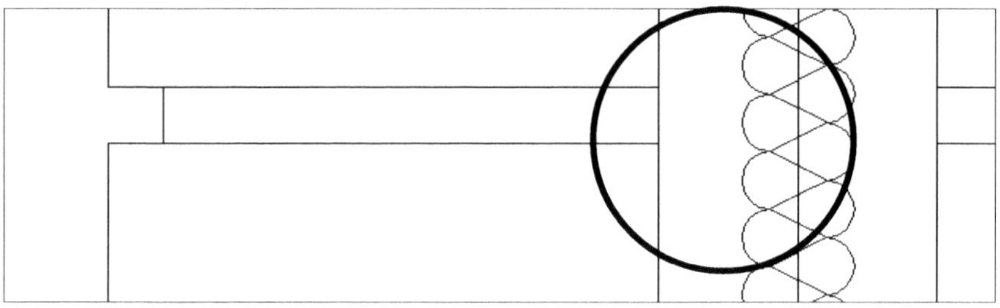

● 하지만 이처럼 간격이 맞지않는 다음과 같이 경우에는 Properties를 이용하여 이 선의 ltscale을 반복적으로 바꿔줌으로써 맞게할 수 있습니다.

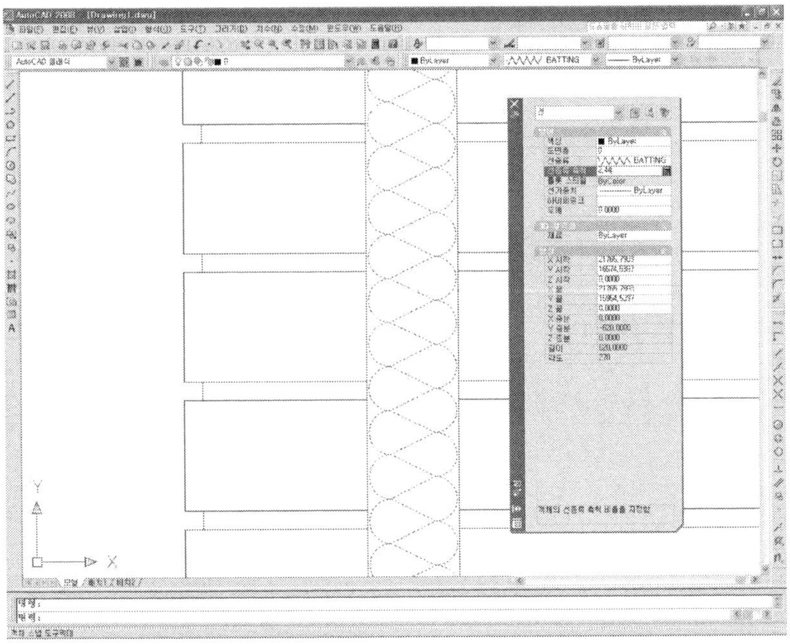

● 여기서는 ltscale을 2.44로 지정하고 있습니다.

이 값은 사용자에 따라 다르게 나타날 것입니다.

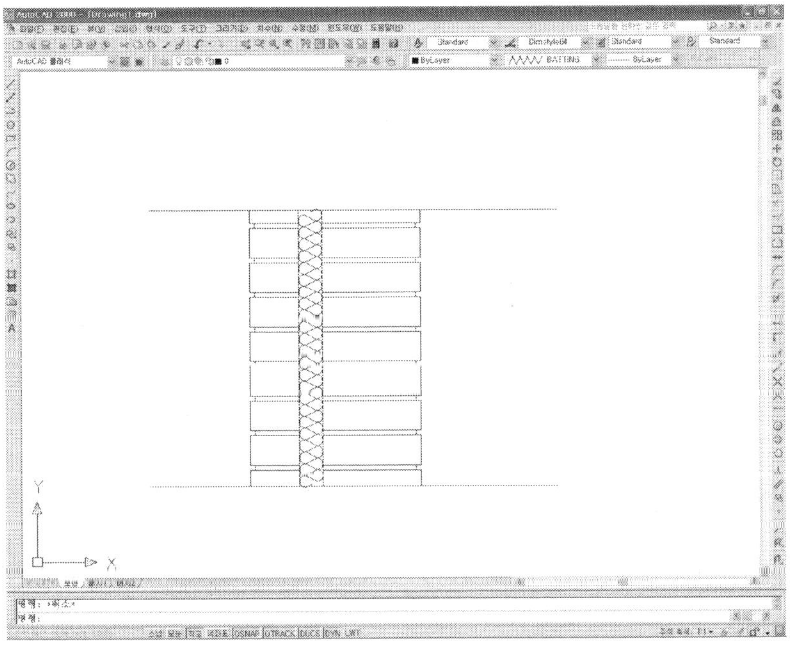

● 적당한 곳에 수평선을 긋고 trim으로 정리하여 줍니다.

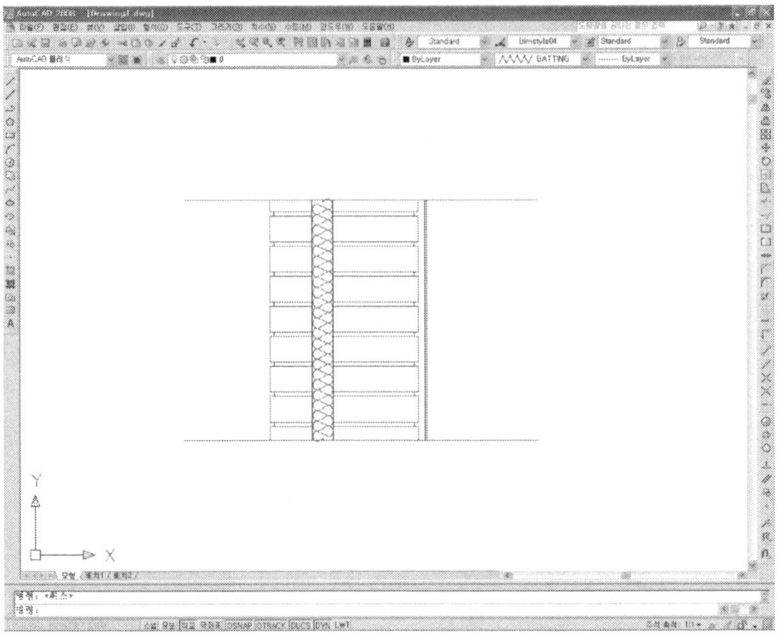

● 우측 벽돌 부분에서 필요 없는 부분(줄눈부분)을 erase 하고 오른 쪽으로 20 및 5의 간격을 갖도록 offset합니다.

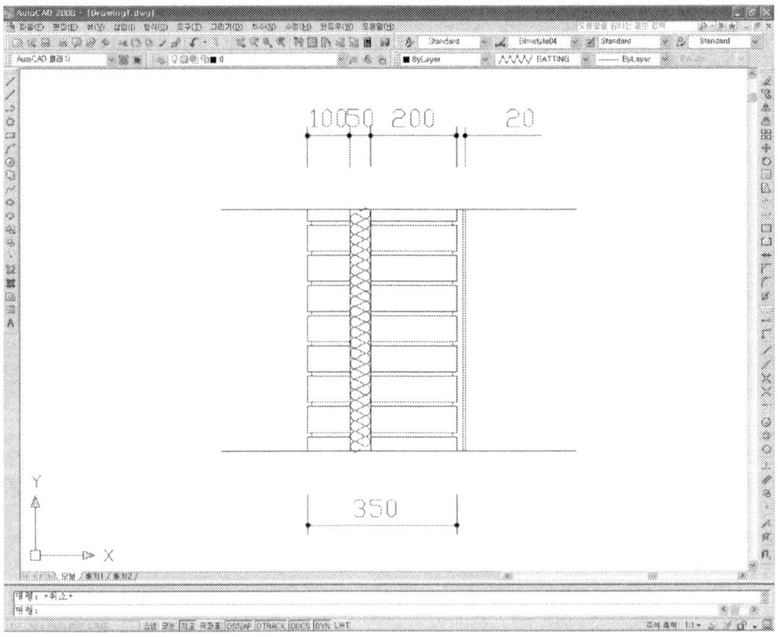

● 치수를 넣읍시다. (기입방법은 치수부분을 참조하세요)

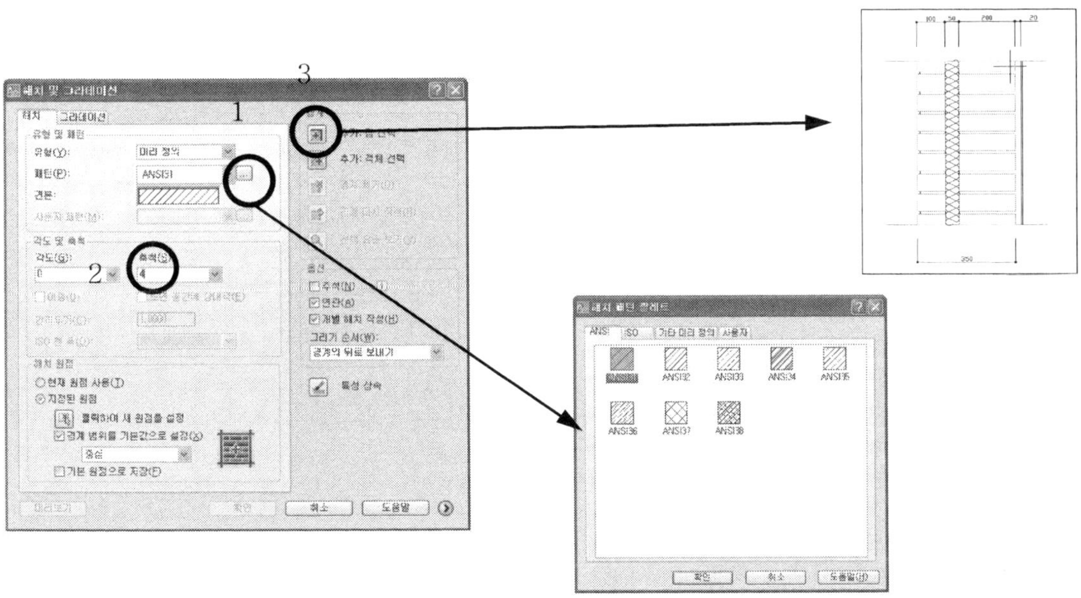

● hatch를 해봅시다.

bhatch ┛, Boundary Hatch 대화상자에서 1을 선택하여 나오는 패턴에서 'ANSI31'을 지정합니다.

2번 (Scale)에 4를 입력합니다.

3번 (Pick Point)을 선택한 후 패턴이 들어가야하는 벽돌의 단면 부분을 모두 클릭합니다.

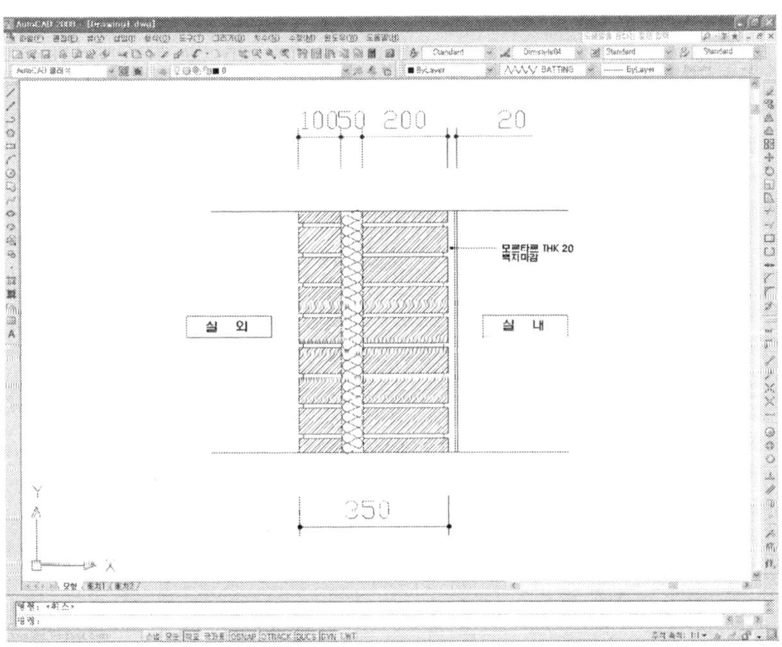

● 문자를 넣어 마무리합니다.

계단 단면 그리기

● 위의 도면을 보고 A-A' 단면도를 그려봅시다.

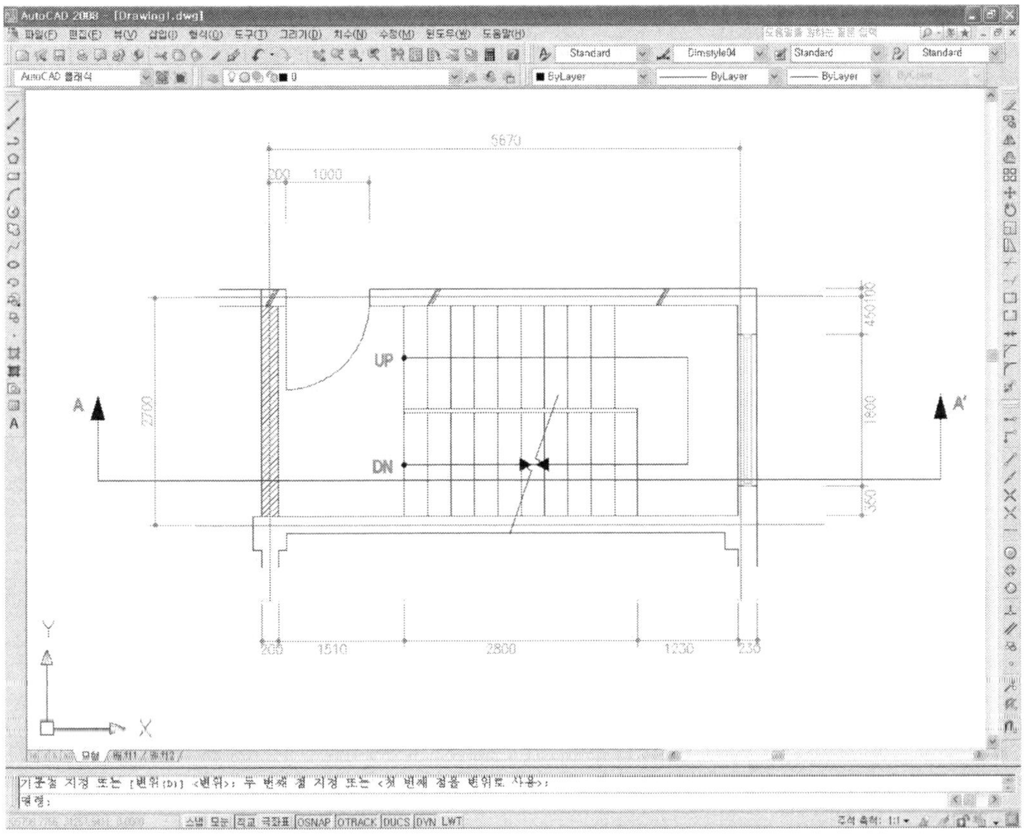

● 2변지지 철근콘크리트 계단으로하고 층고는 3600으로 합니다.

● 알루미늄 샤시의 복층유리 고정창으로 하되 하부부분은 개폐가 가능하도록 합니다.

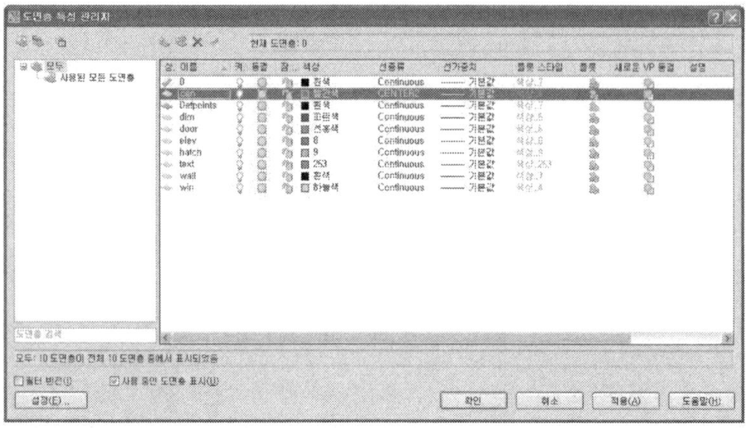

● 먼저 다음의 레이어를 만듭니다.

cen (중심선), wall(벽체), win(창문), dim(치수선), hatch(해칭), text(문자), door(문), elev(입면선)

이제부터는 이 레이어 따라서 도면을 작성합니다.

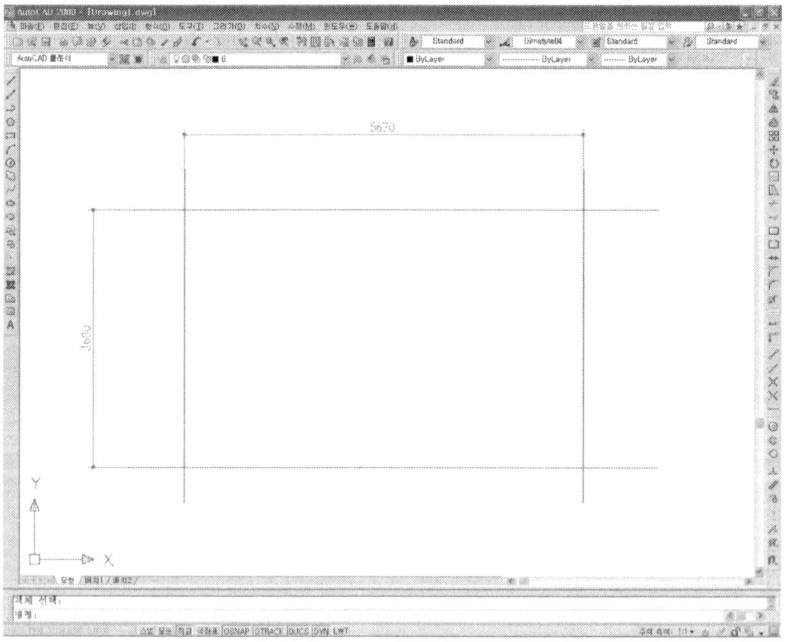

● 그림처럼 벽체와 바닥판이 될 중심선을 긋습니다.

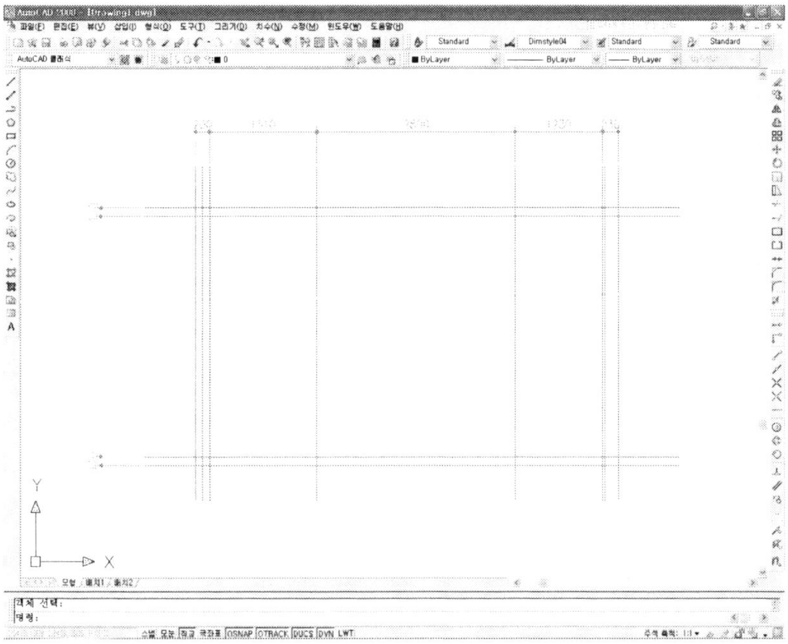

● offset으로 벽 두께와 바닥판과 계단의 나비를 표시해줍니다.

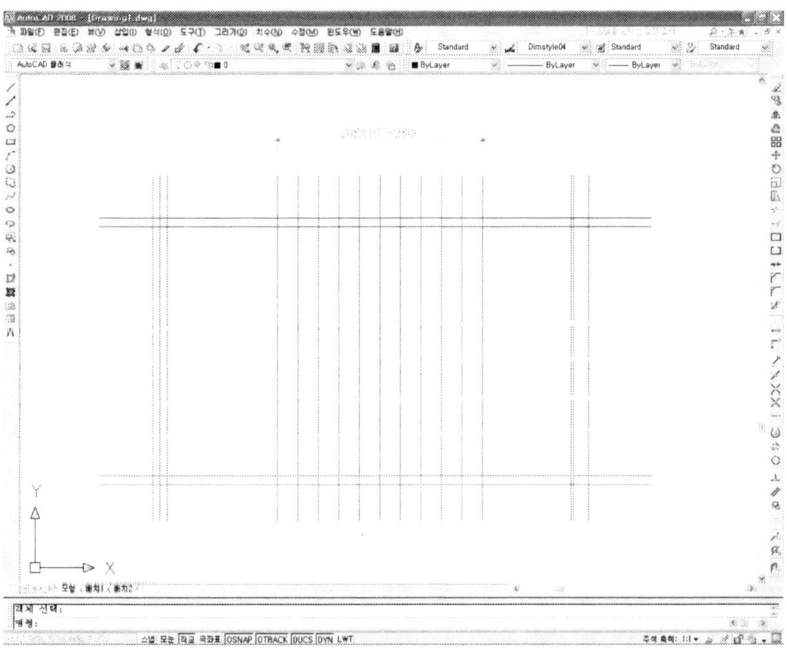

● 계단 나비부분을 표시합니다.

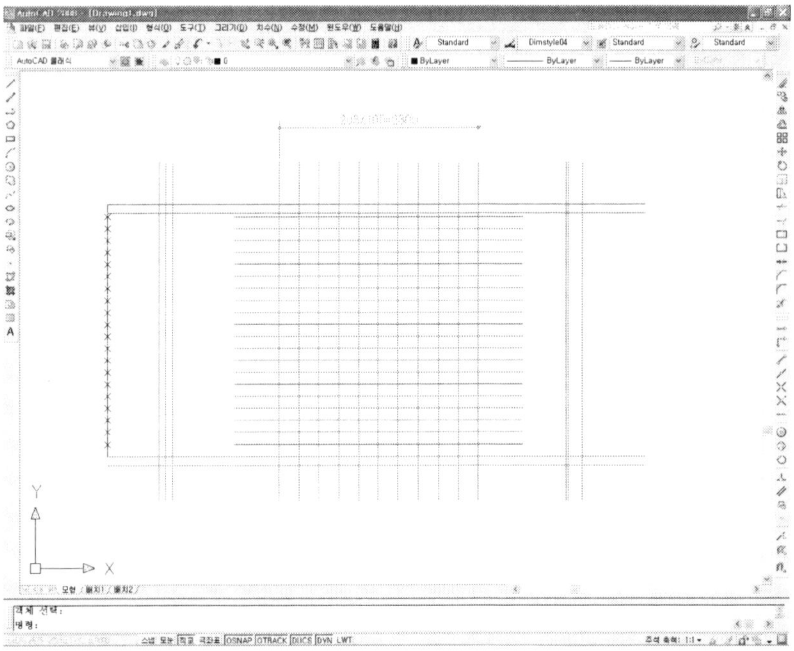

● 상하 바닥판 상부를 연결하는 보조선을 그어 그 선을 **divide** 명령으로 계단의 수인 **21**등분합니다.

그 다음 각 등분점에서 수평선을 그립니다.

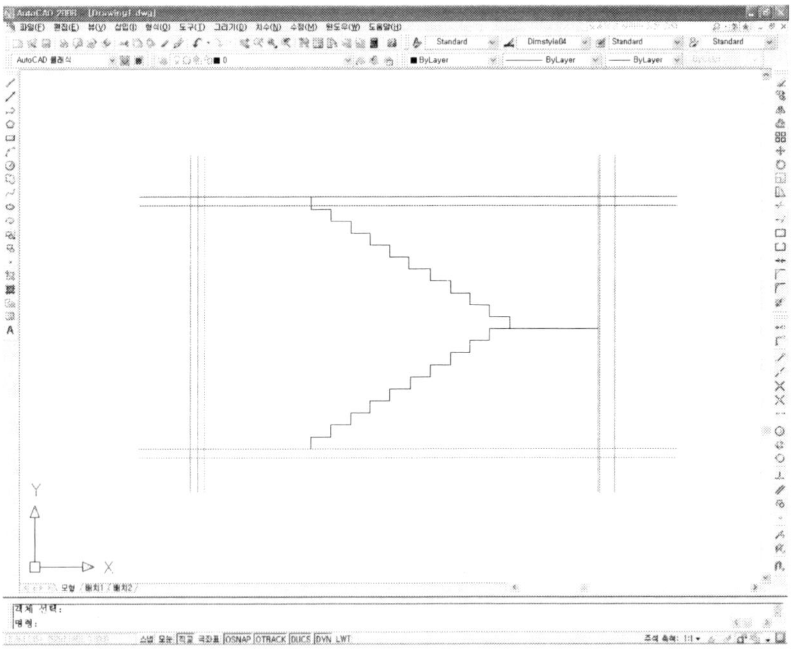

● 보조선을 따라서 계단의 단면을 그립니다.

이때 평면과 잘 대조해가면서 그립니다.

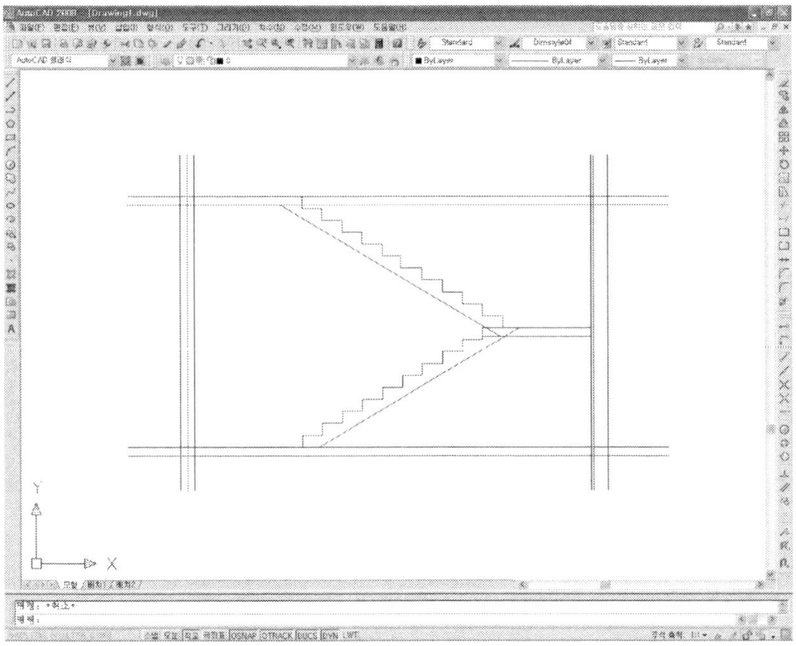

● 벽체와 바닥판의 레이어를 바꾸어주고, 계단 부분의 바닥판(두께120)도 그려줍니다.

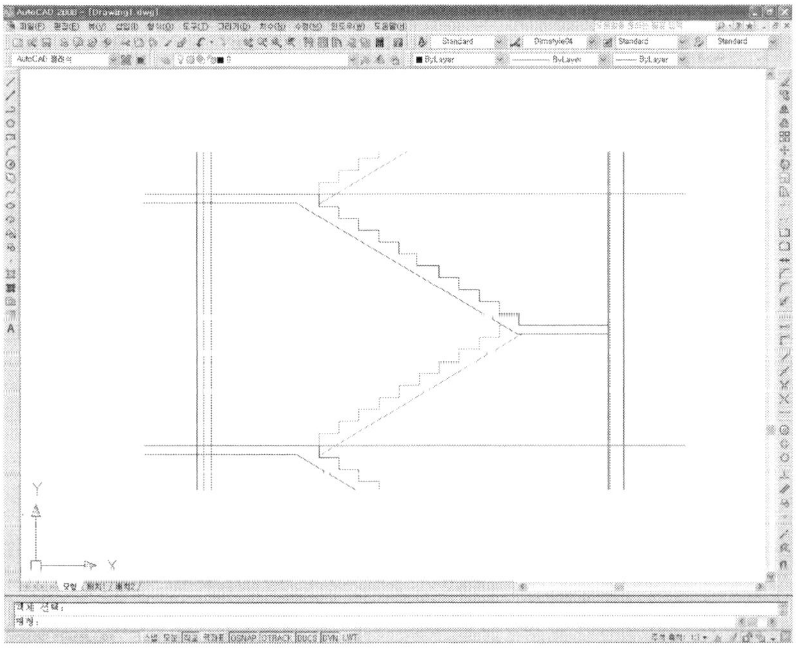

● copy로 위, 아래의 계단부분을 만들고, trim을 이용하여 선을 정리합니다.

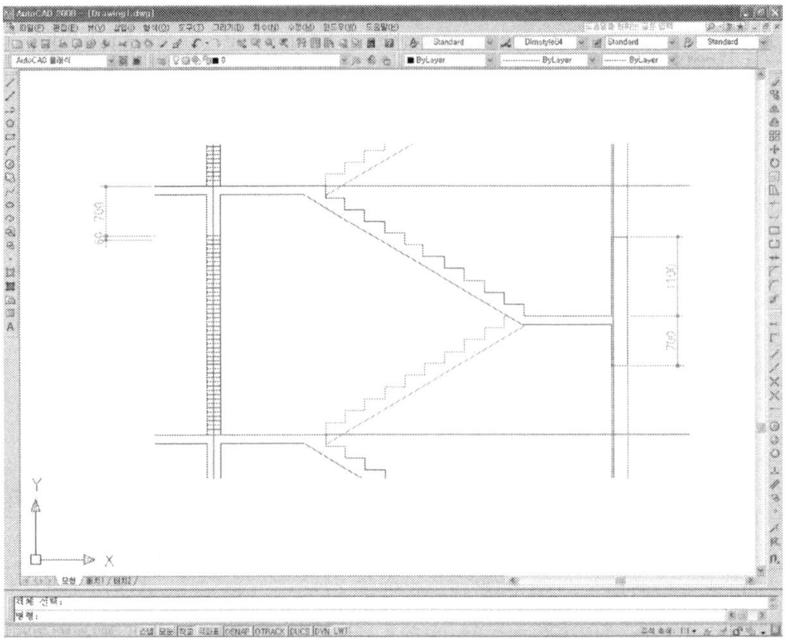

● 콘크리트가 되는 부분을 왼쪽의 치수로 정리하고, 벽돌이 들어갈 부분을 그립니다. 벽돌은 60으로 offset하면 되겠습니다.

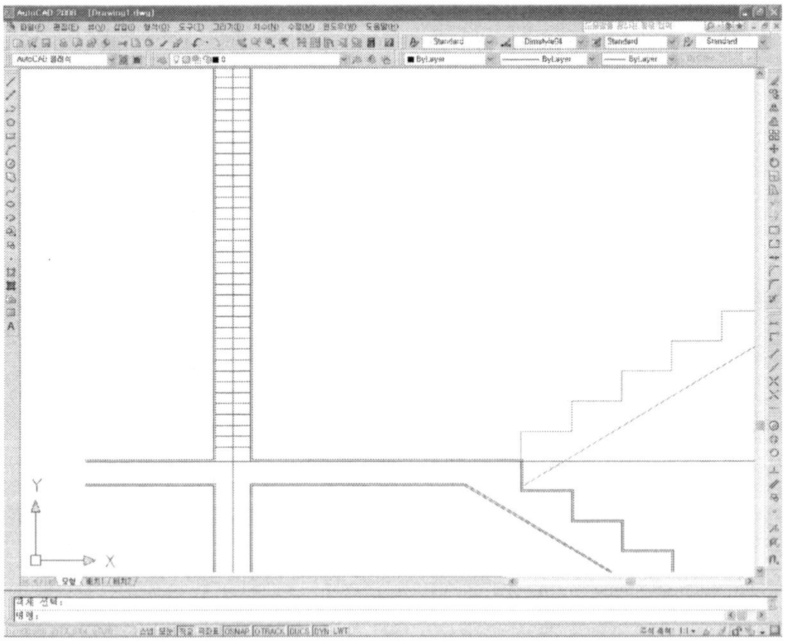

● 마감선을 10만큼 offset하여 그립니다.

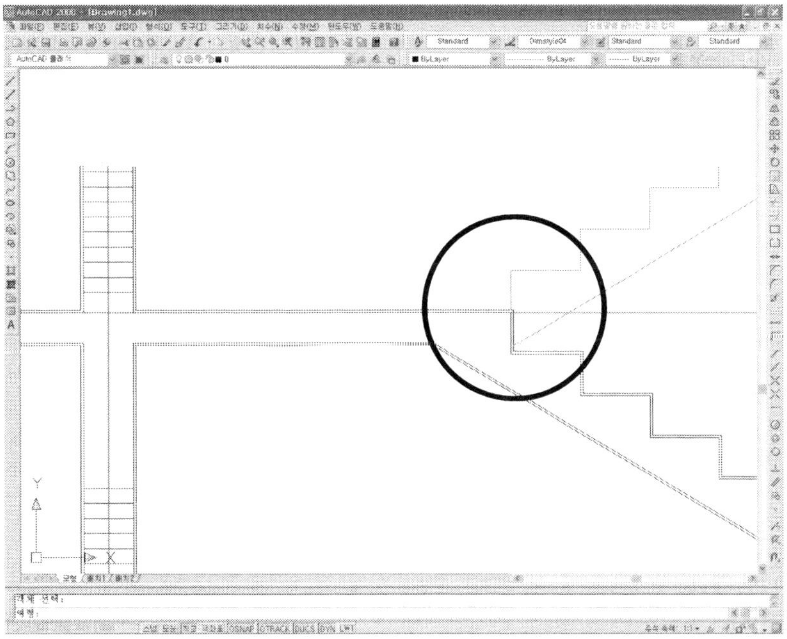

● offset한 마감선들을 trim혹은 fillet 명령으로 정리합니다. 이때 단면으로 잘리지 않는 부분은 마감선만 표현해 줍니다. 뒤쪽으로 보이는 계단 부분이 그 예가 되겠습니다.

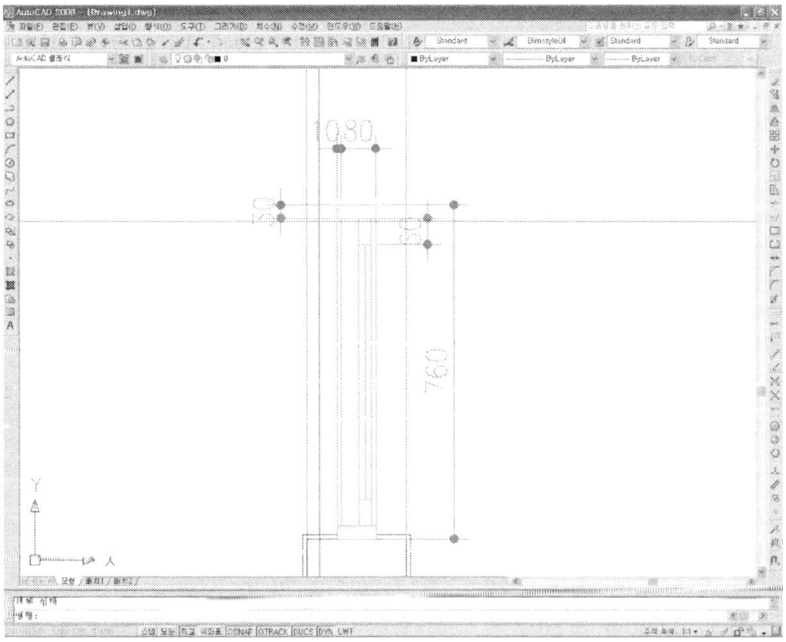

● 창을 위의 치수에 따라 그립니다. offset과 trim을 이용합니다.

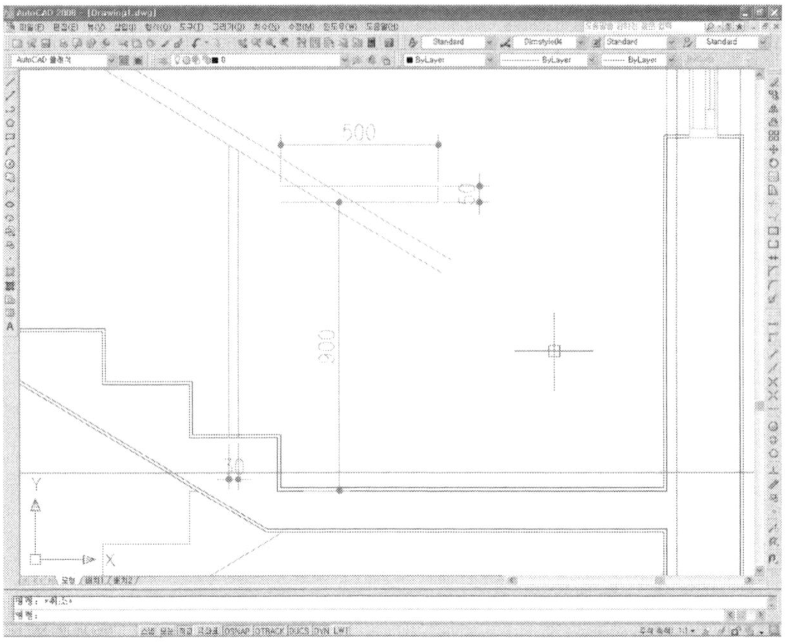

● 계단의 난간을 그리기 위하여 보조선을 빼냅니다.

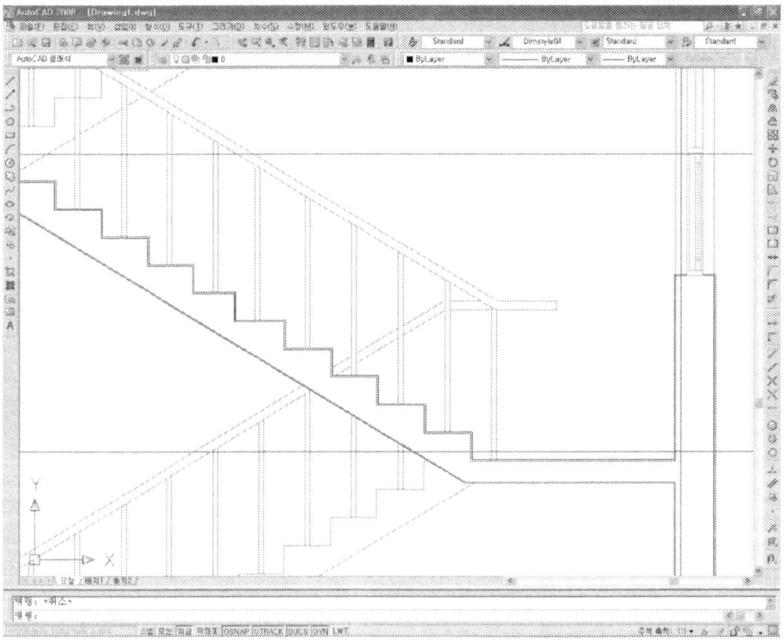

● 선을 정리하여 난간을 완성한 후 mirror를 이용 대칭복사합니다.

fillet, trim, extend, copy 등의 명령으로 정리합니다.

이때 절단선과 겹치는 부분을 잘 생각하면서 그려야 합니다.

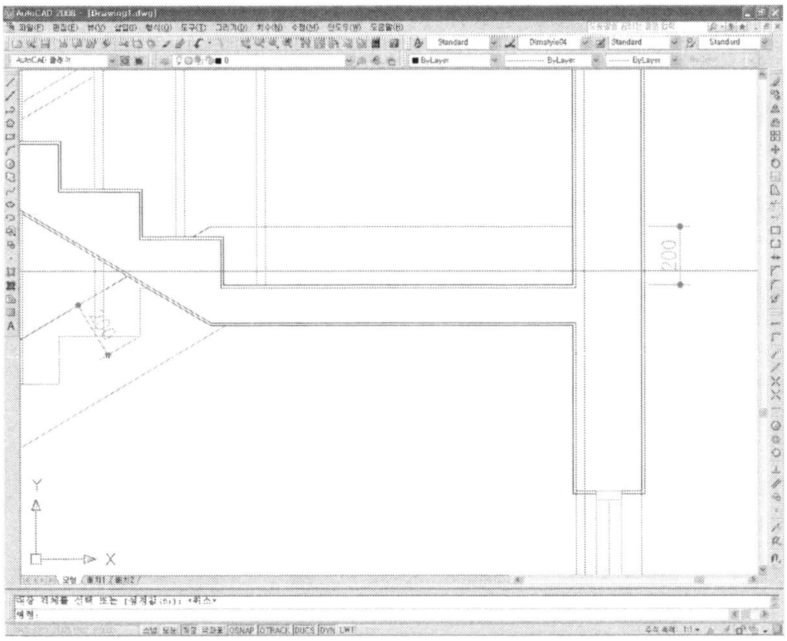

● 다음과 같이 걸레받이를 그립니다. 이때 겹치는 부분의 trim을 할때 조심하세요.

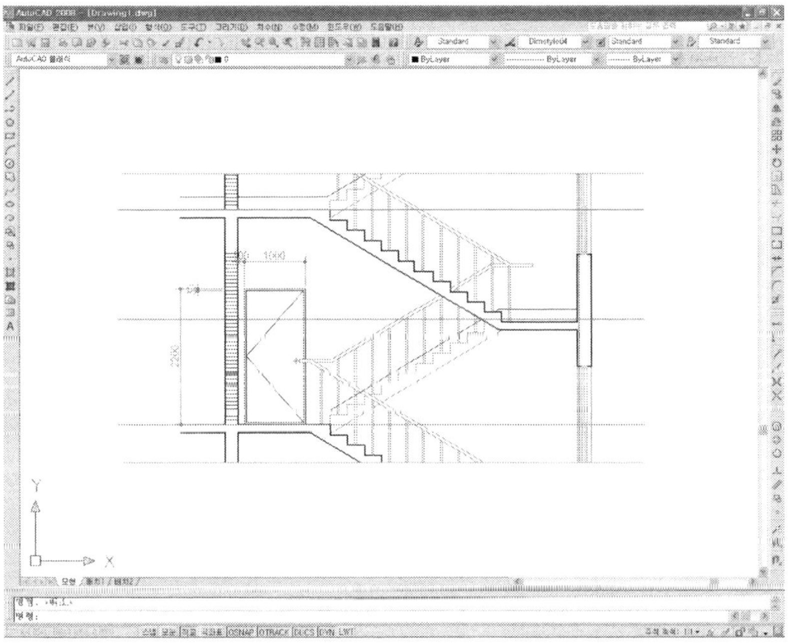

● 문을 그려넣습니다. 문의 폭은 1000, 높이는 2200으로 합니다.

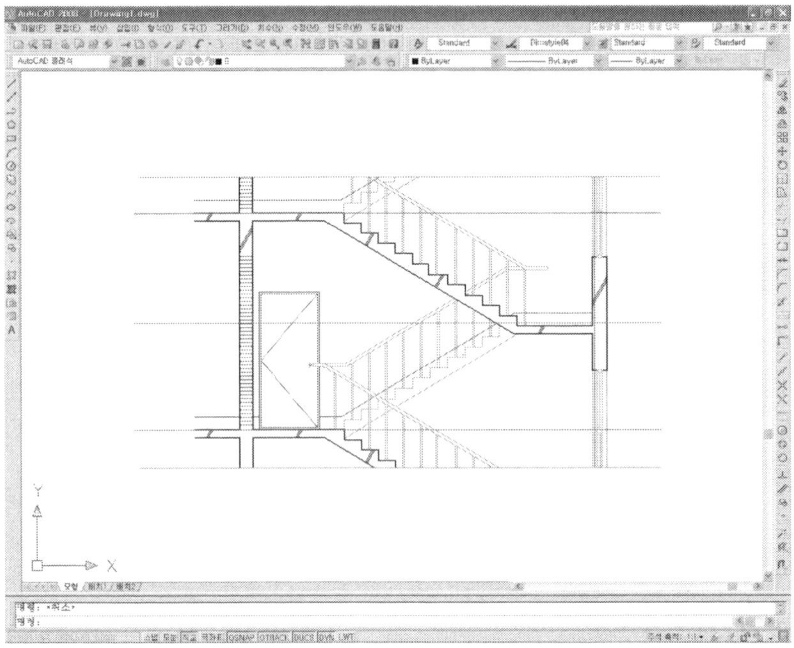

● 해칭을 해봅시다.

벽돌 : ANSI31, 스케일 8, 각도 0

철근콘크리트 : 직접 그려 넣습니다.

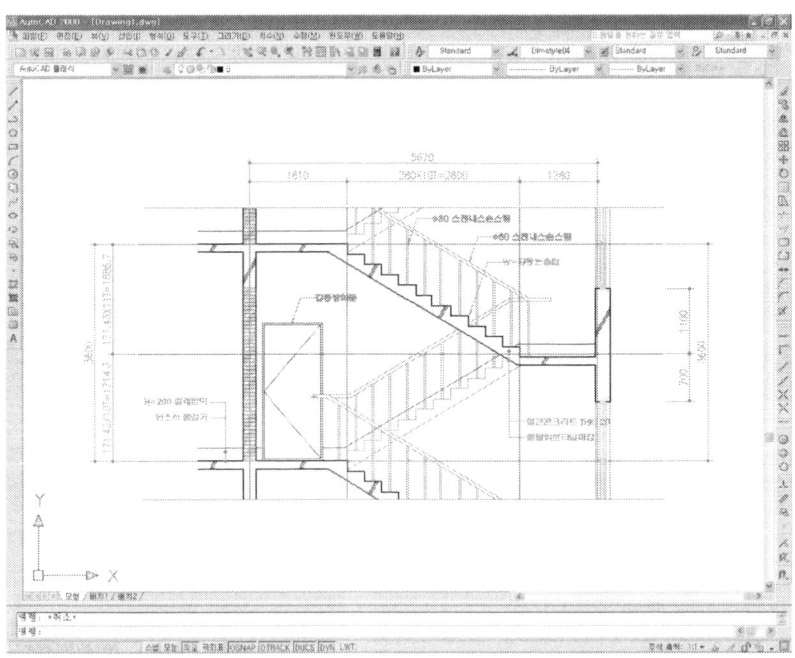

• **문자와 치수를 넣어서 완성합니다.**

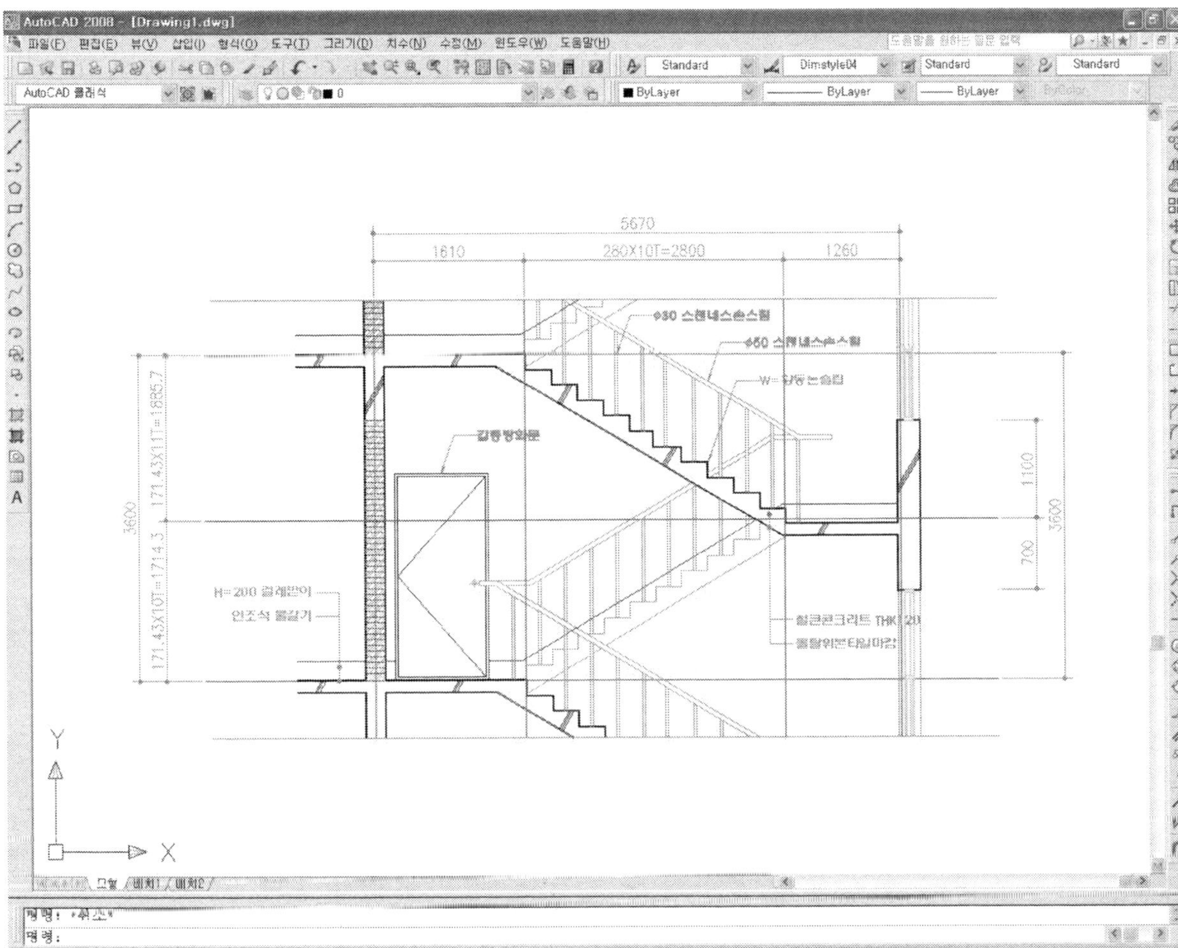
AutoCAD 2008 - [Drawing1.dwg]
5670
1610
280X10T=2800
1260
3600
1100
700
H=200 걸레받이
인조석 물갈기

완성도면

주택 평면 그리기(1)

● 다음의 간단한 아파트 단위 평면도를 그려 봅시다.

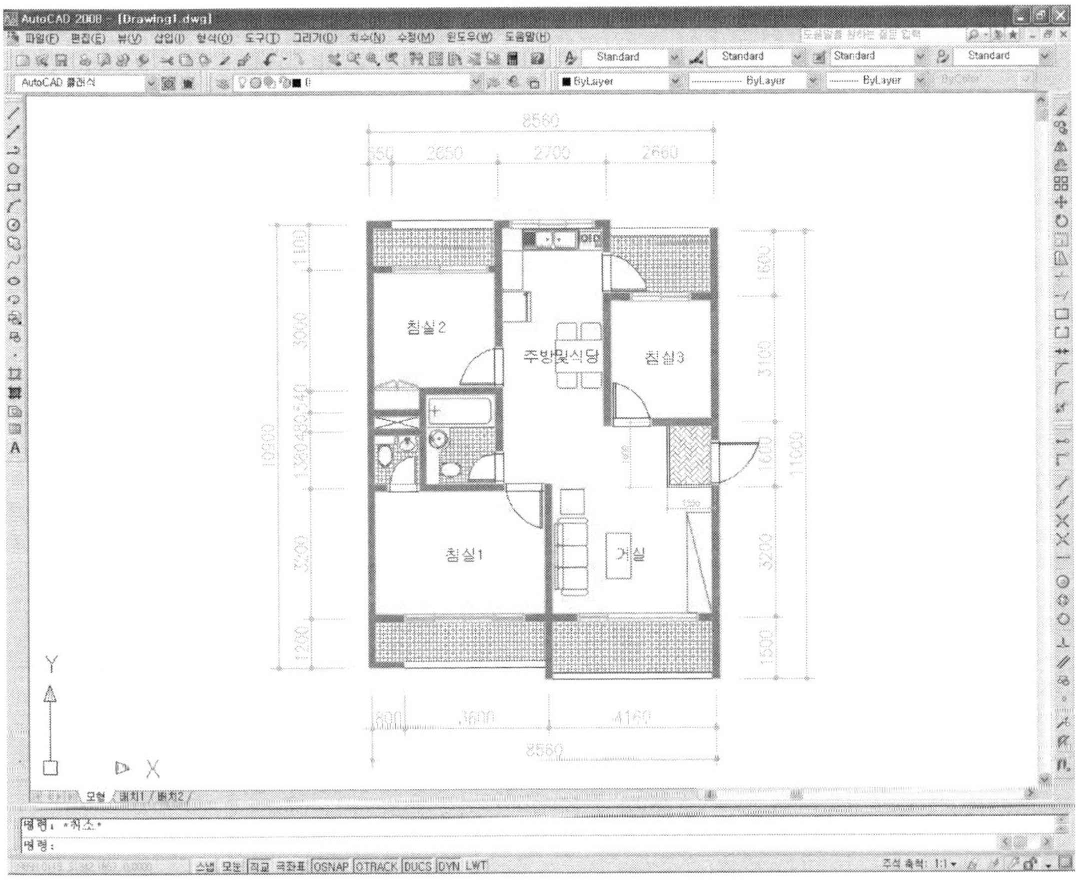

● 먼저 레이어를 나누어 놓고 시작합니다. (색상은 임의로 선택하세요)

cen (중심선), wall (벽체), win (창) , door (문)

dim (치수), fur (가구), hatch (해치), text (문자)

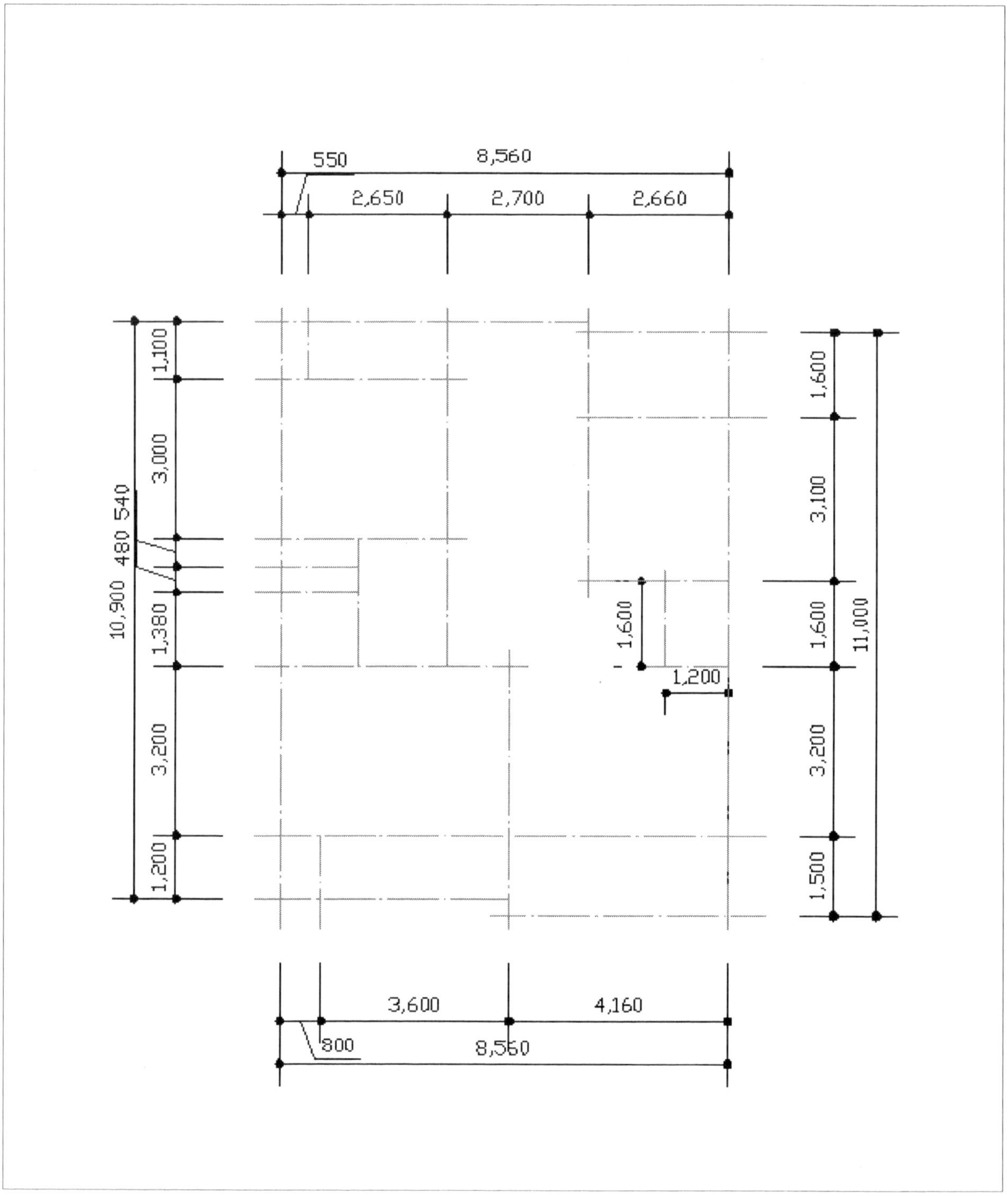

● 중심선을 긋습니다.

● 중심선(1점쇄선)이 재대로 보이지 않는경우에는 ltscale을 조정합니다.

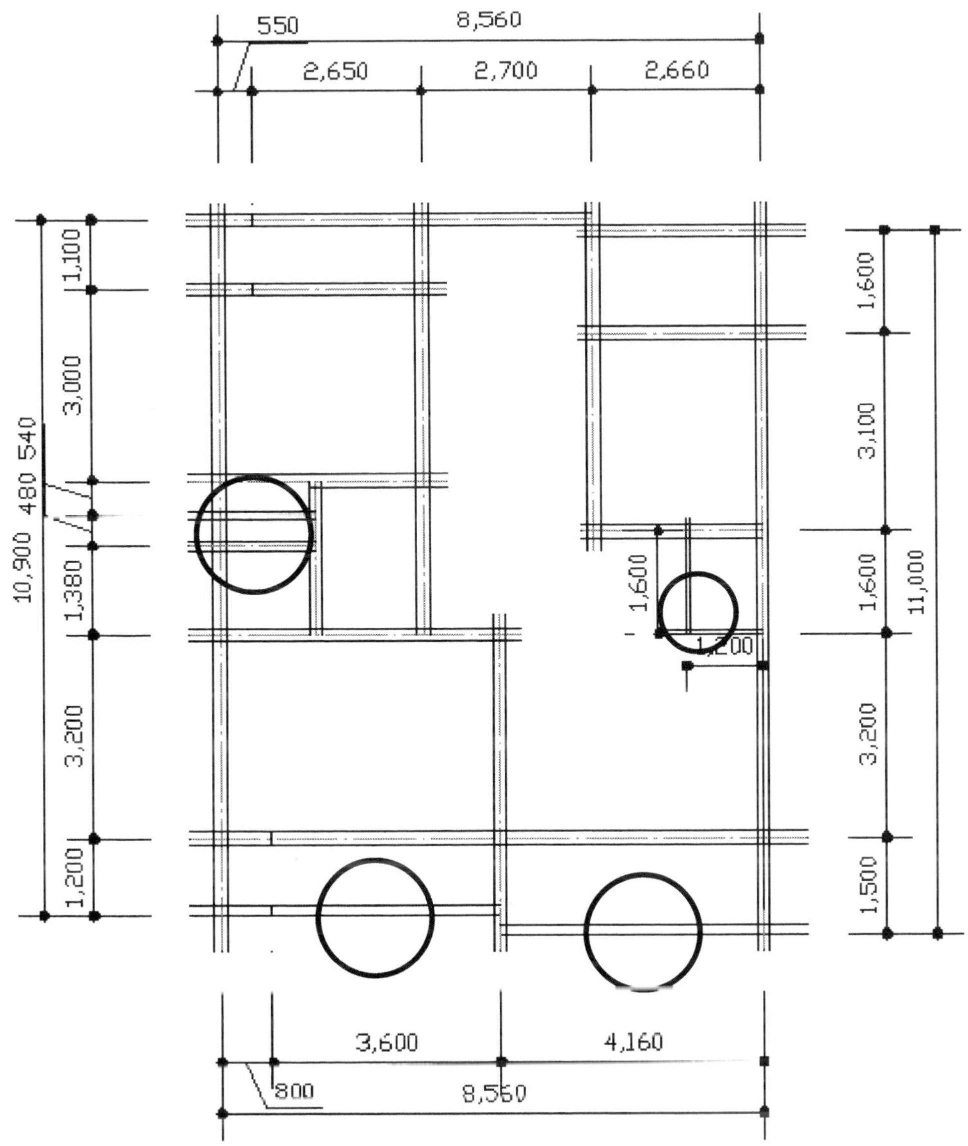

● 중심선을 양쪽으로 100씩 offset하여 두께 200짜리 벽재를 구성합니다. 이때 위에 표시한 부분은 두께 150의 벽체이며, 현관부분은 50 offset합니다.

● offset된 선의 레이어를 properties 명령을 이용하여 cen에서 wall로 바꾸어줍니다.

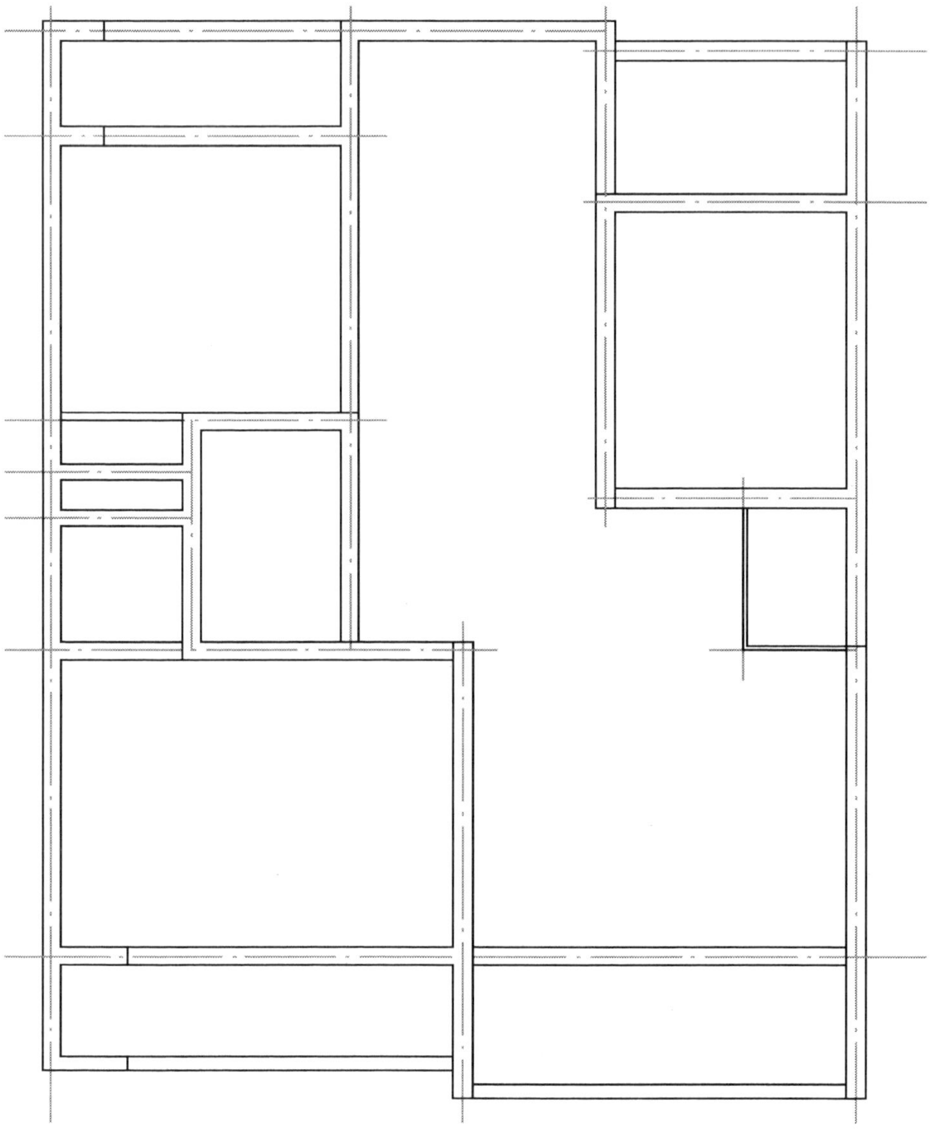

● trim혹은 fillet을 이용하여 벽체선을 정리합니다. Fillet의 radius 값이 0인지 꼭 확인해야 합니다.

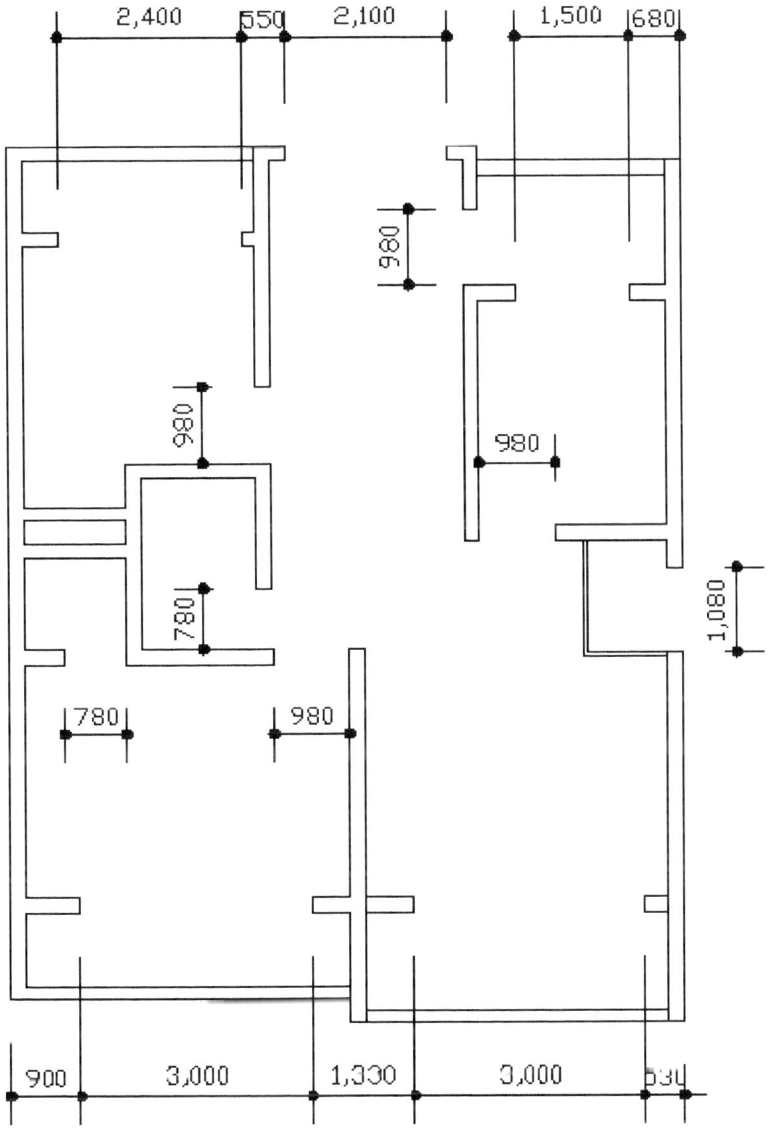

● 도면의 치수를 참고로 하여 창호가 들어갈 부분을 표시합니다.

● 개구부를 trim으로 정리해 줍니다.

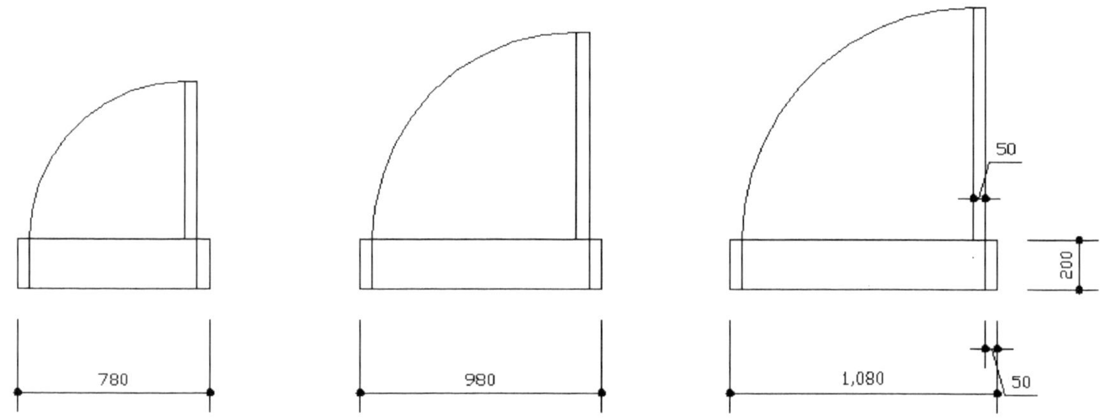

● 그림의 치수를 참조하여 문을 그립니다.

● 앞의 '창과 문 그리기' 예제에서 나온 방법을 이용하여 그립니다.

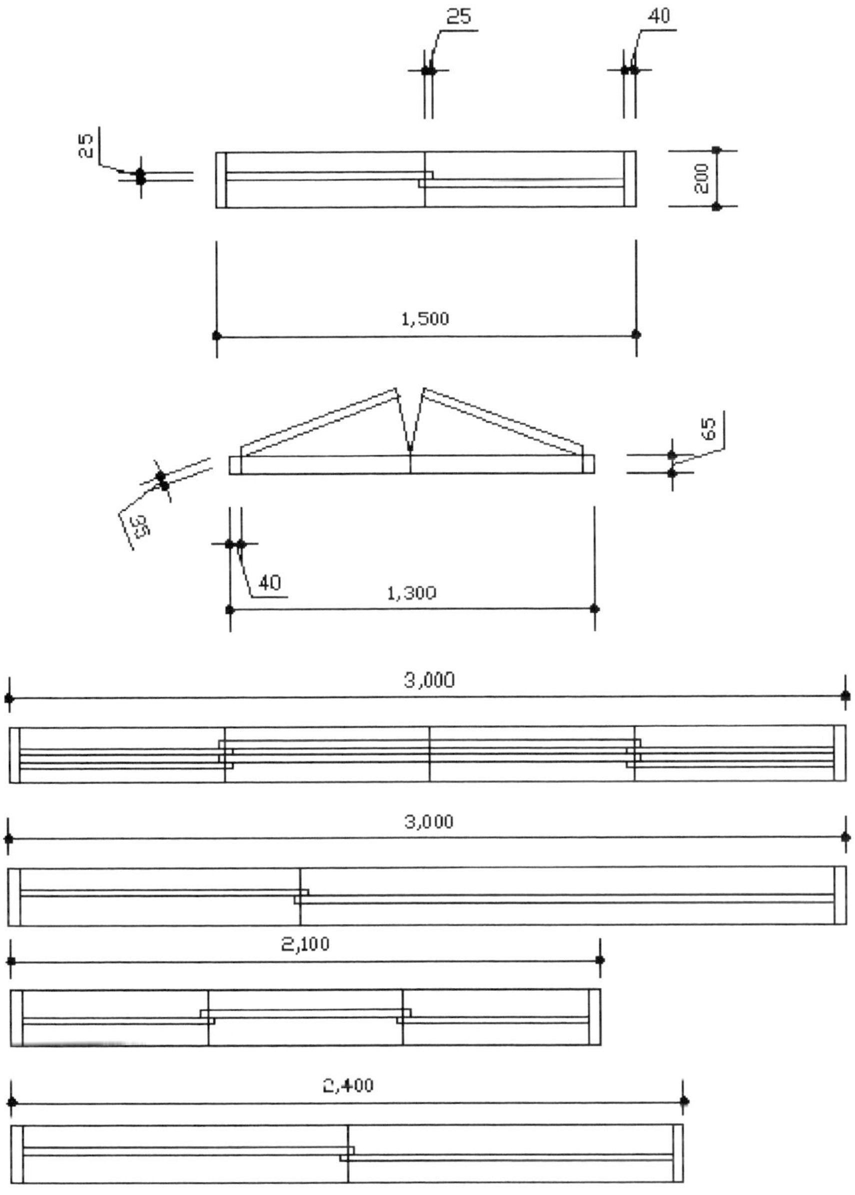

- 도면의 치수를 참고로 하여 창을 그립니다.
- 각각의 창호를 wblock으로 저장해 놓습니다. 이는 다음에 insert할 때 사용하기 위해서 입니다.

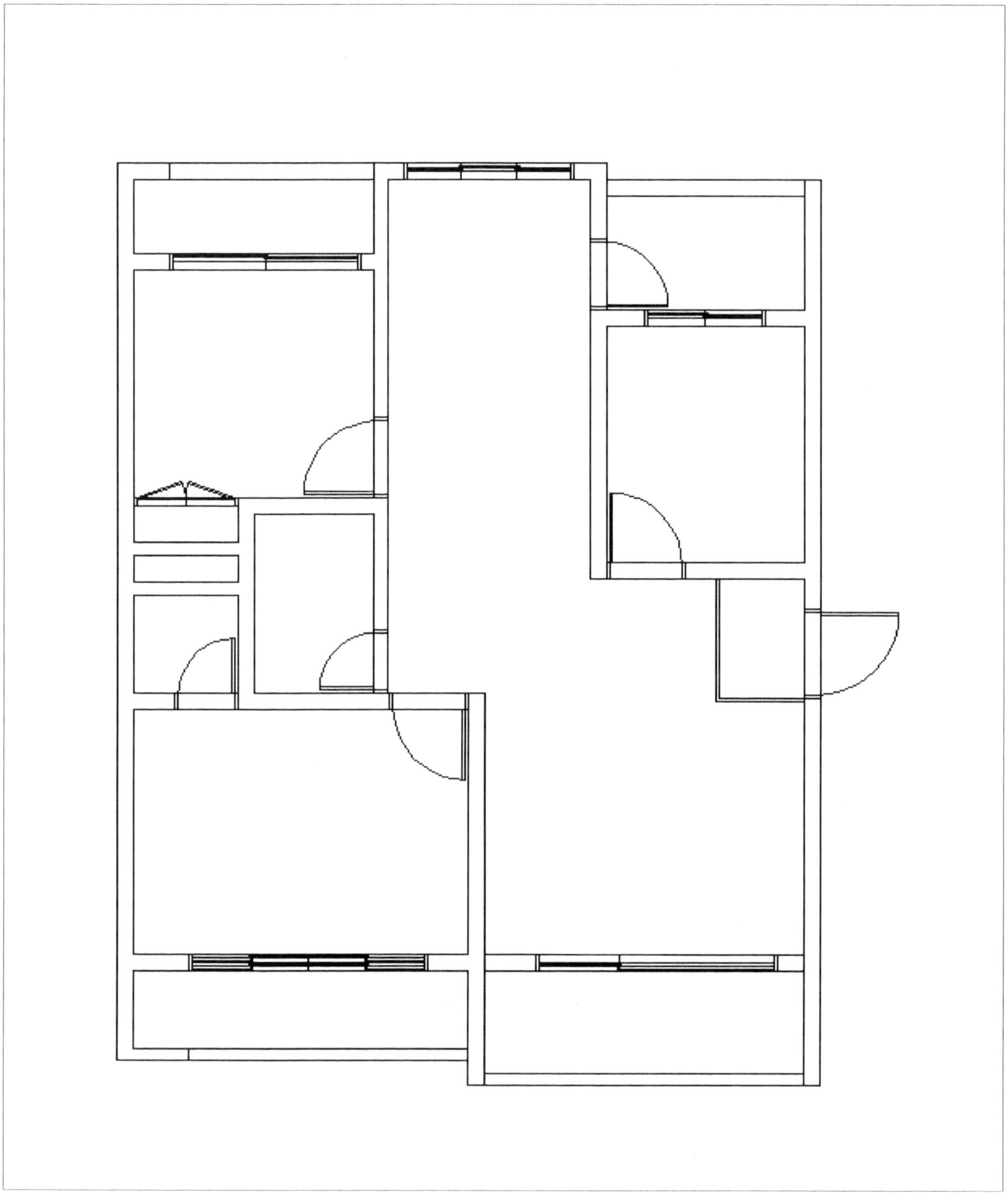

- 창과 문을 붙여 넣습니다.
- wblock으로 되어 있는 창호를 insert합니다.

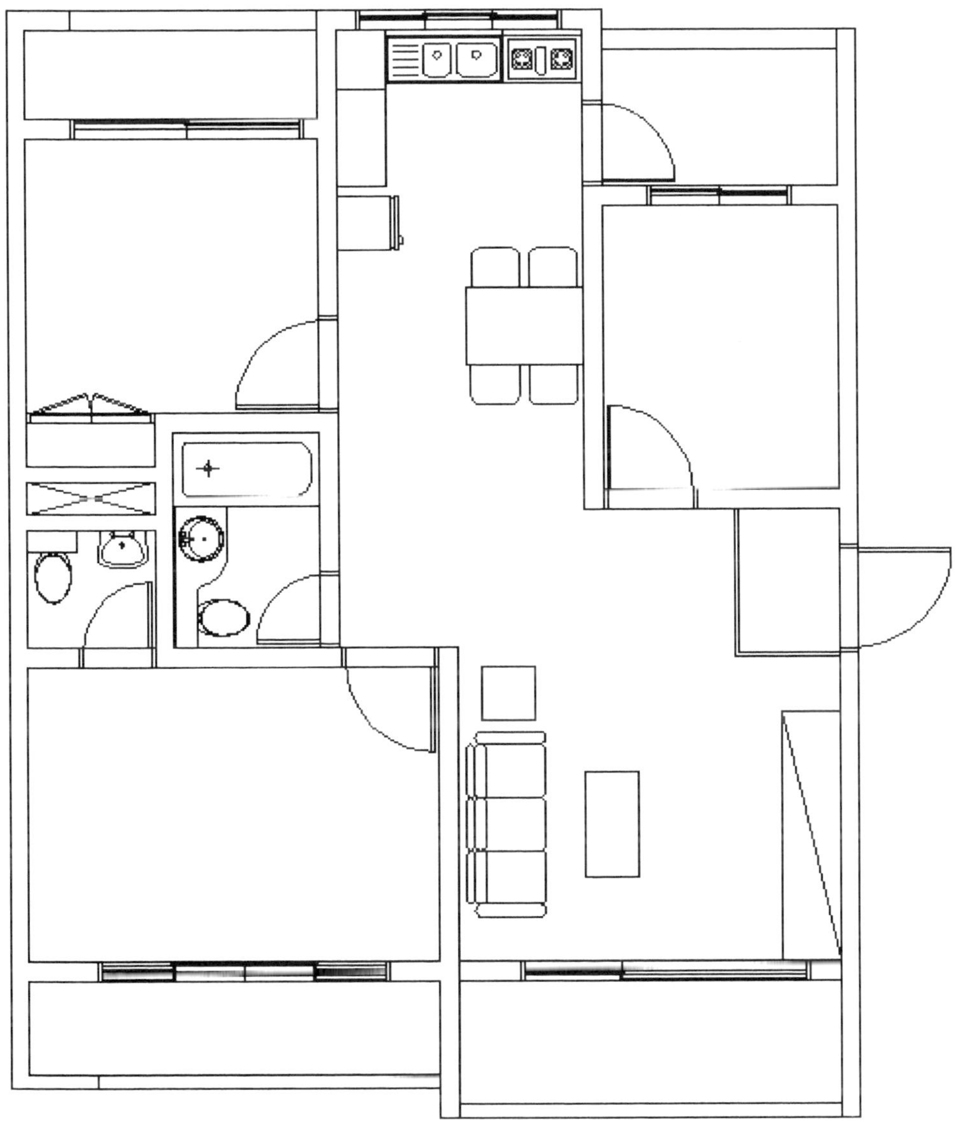

● 가구를 그려 넣습니다.

● 앞의 '가구 그리기' 예제에서 나온 방법을 이용하여 그립니다.

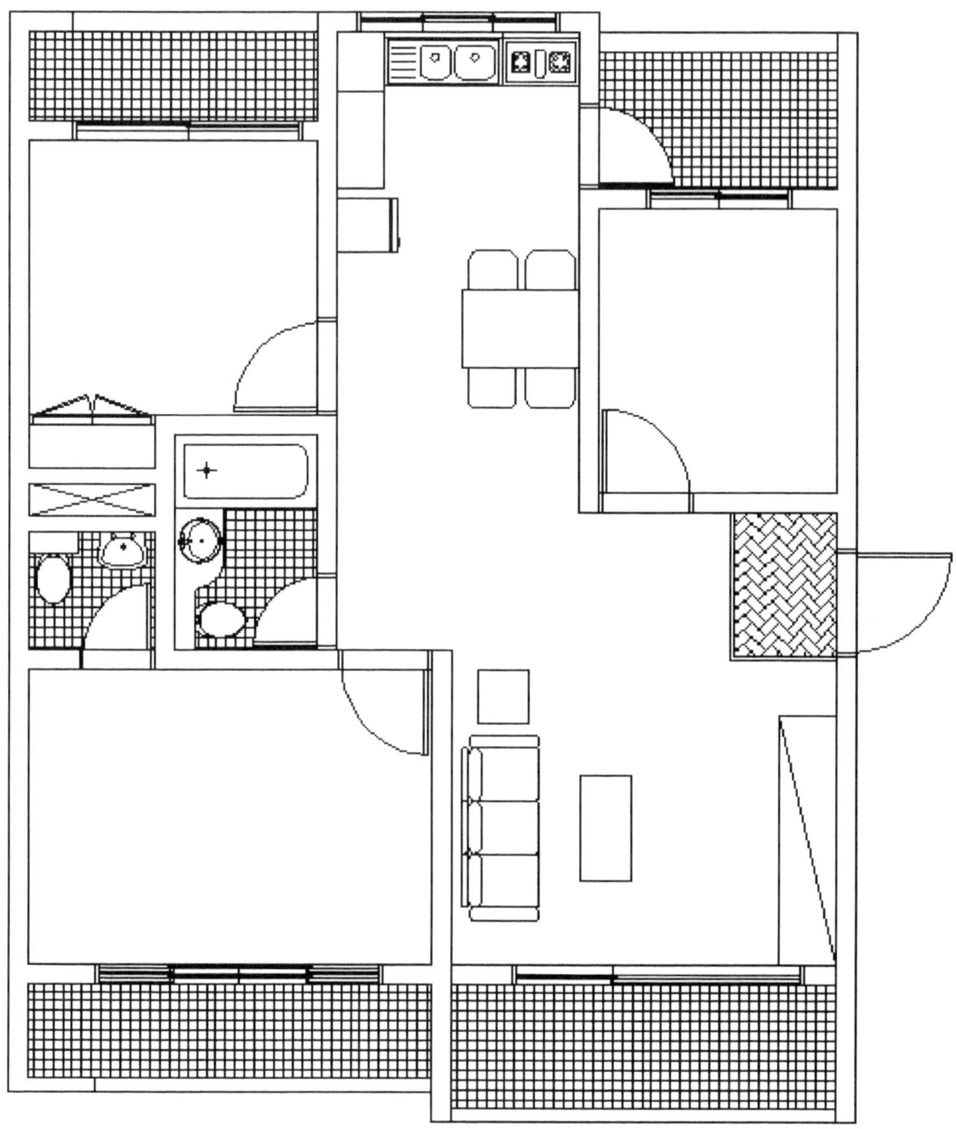

● 해칭을 합니다.

테라스와 욕실 부분 : 패턴명(User-defined), Angle(0), Spacing(100), Double

현관부분 : 패턴명(AR-HBONE0, Angle(0), Scale(1)

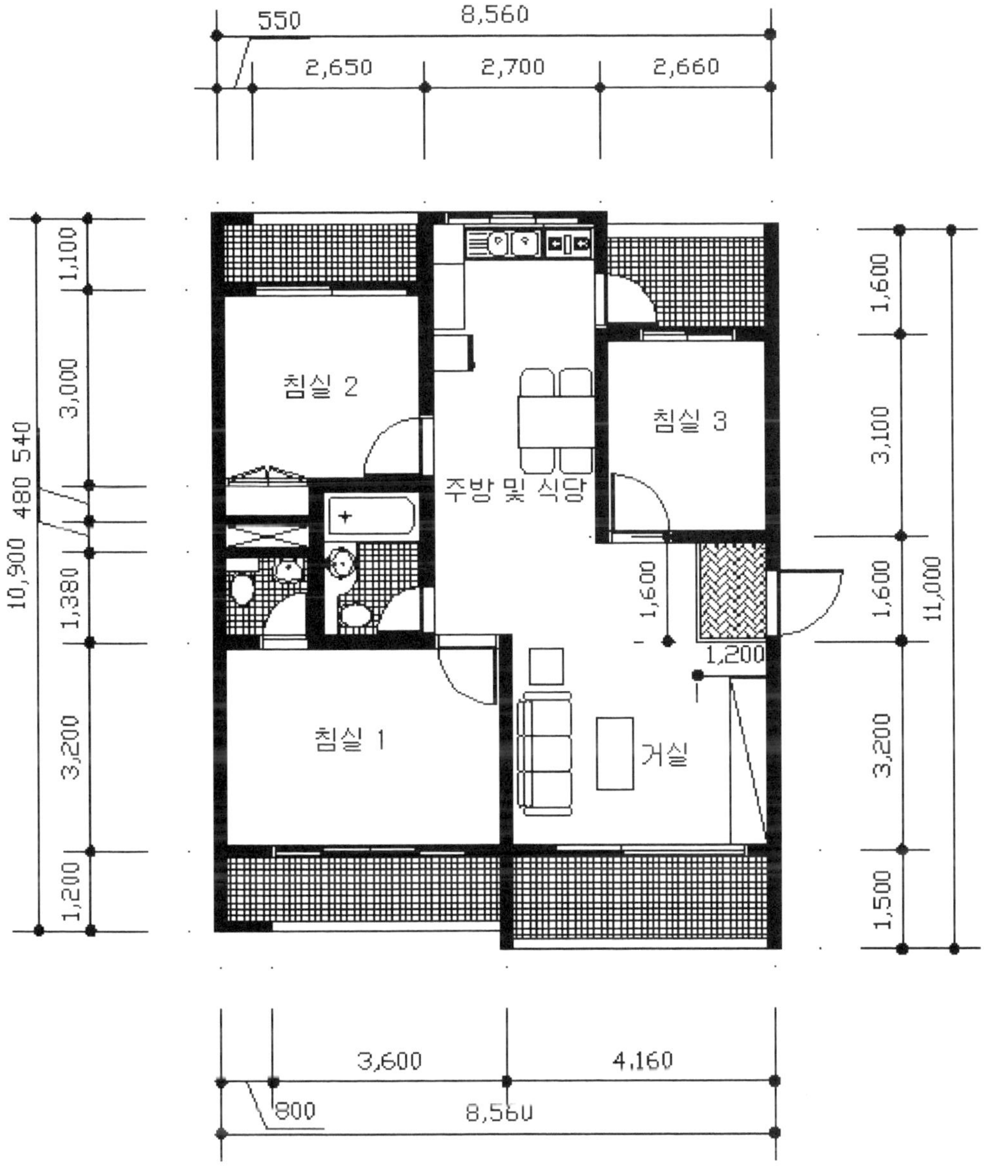

● 벽체에 solid를 넣습니다.

● 치수를 넣고 text를 기입하여 정리합니다.

주택 평면 그리기(2)

● 다음의 간단한 아파트 단위 평면도를 그려 봅시다.

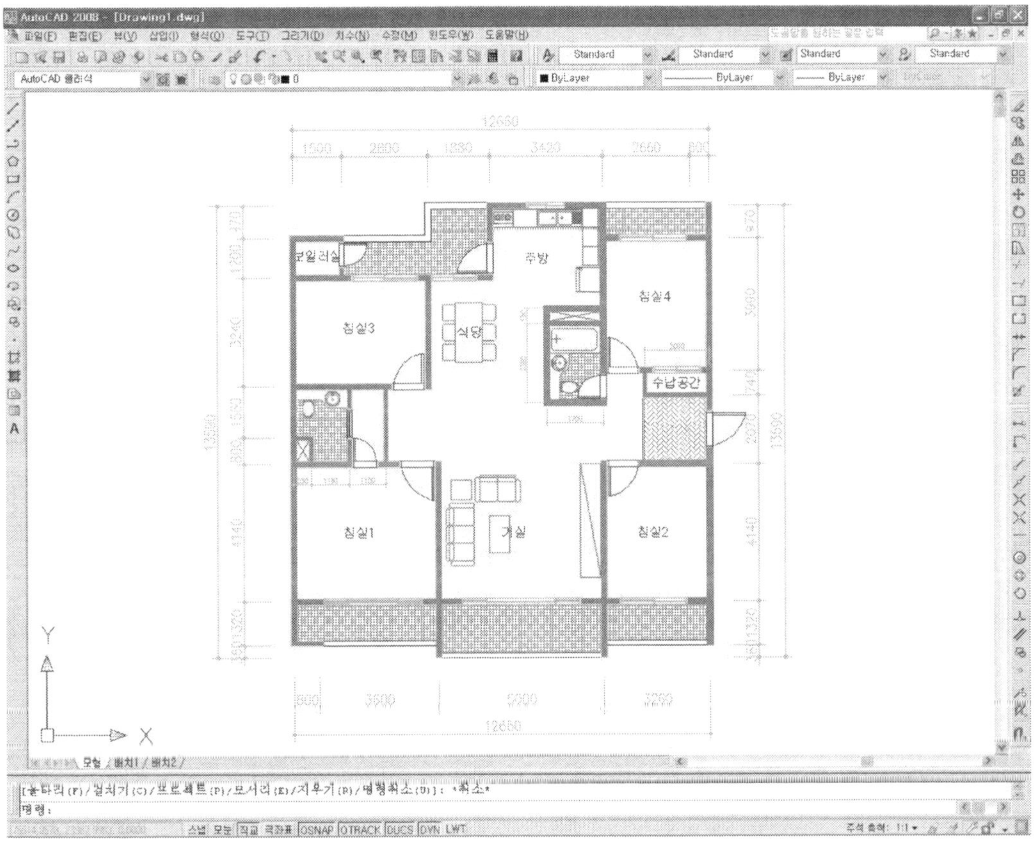

● 먼저 레이어를 나누어 놓고 시작합니다. (색상은 임의로 선택하세요)

cen (중심선), wall (벽체), win (창) , door (문)

dim (치수), fur (가구), hatch (해치), text (문자)

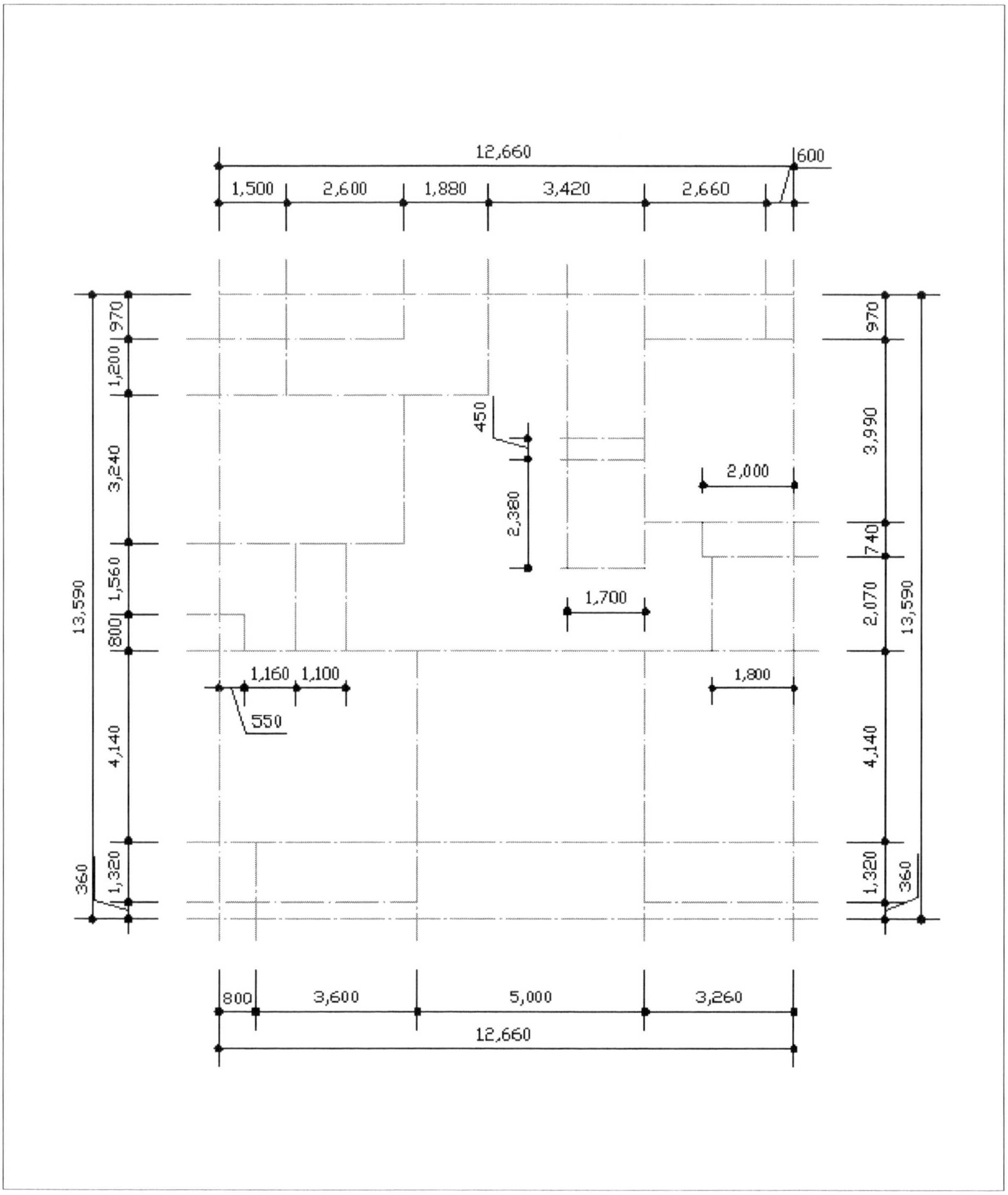

● 중심선을 긋습니다.

● 중심선(1점쇄선)이 재대로 보이지 않는경우에는 ltscale을 조정합니다.

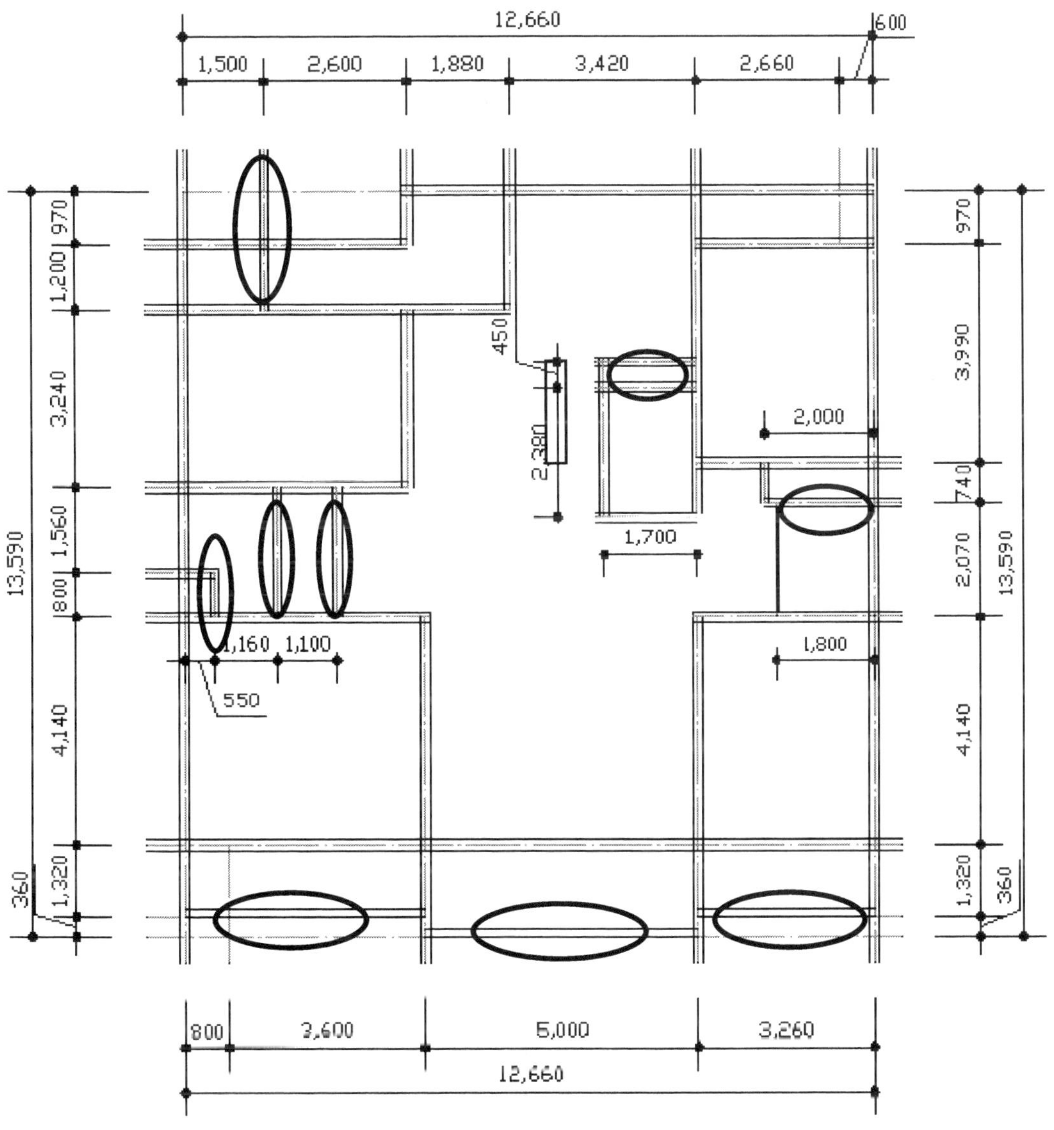

● 중심선을 양쪽으로 100씩 offset하여 두께 200짜리 벽채를 구성합니다. 이때 위에 표시한 부분은 두께 150의 벽체이며, 현관부분의 사각형으로 표시된 부분은 50 offset합니다.

● offset된 선의 레이어를 properties 명령을 이용하여 cen에서 wall로 바꾸어줍니다.

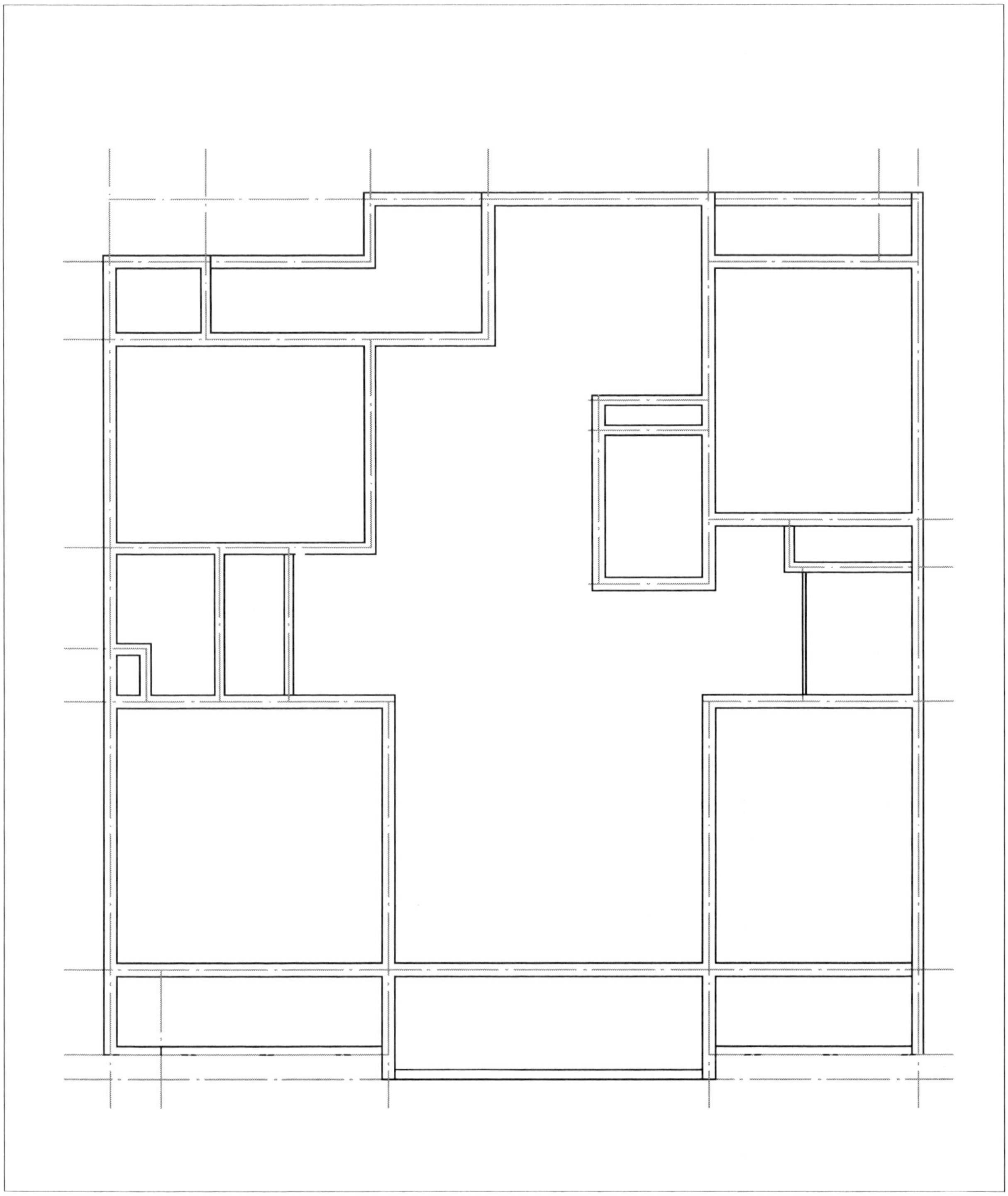

● trim혹은 fillet을 이용하여 벽체선을 정리합니다.

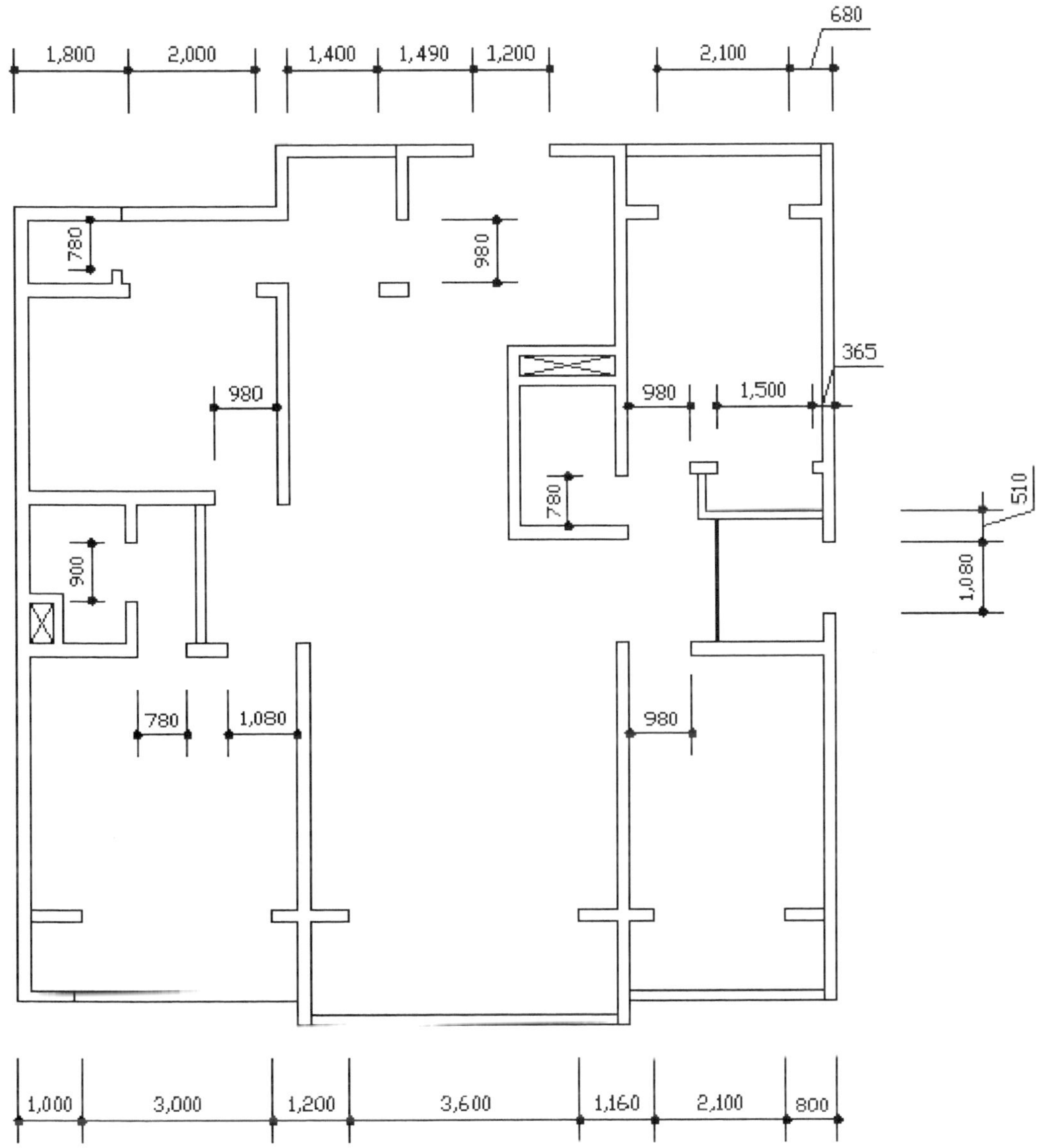

- 도면의 치수를 참고로 하여 창호가 들어갈 부분을 표시합니다.
- 개구부를 trim으로 정리해 줍니다.

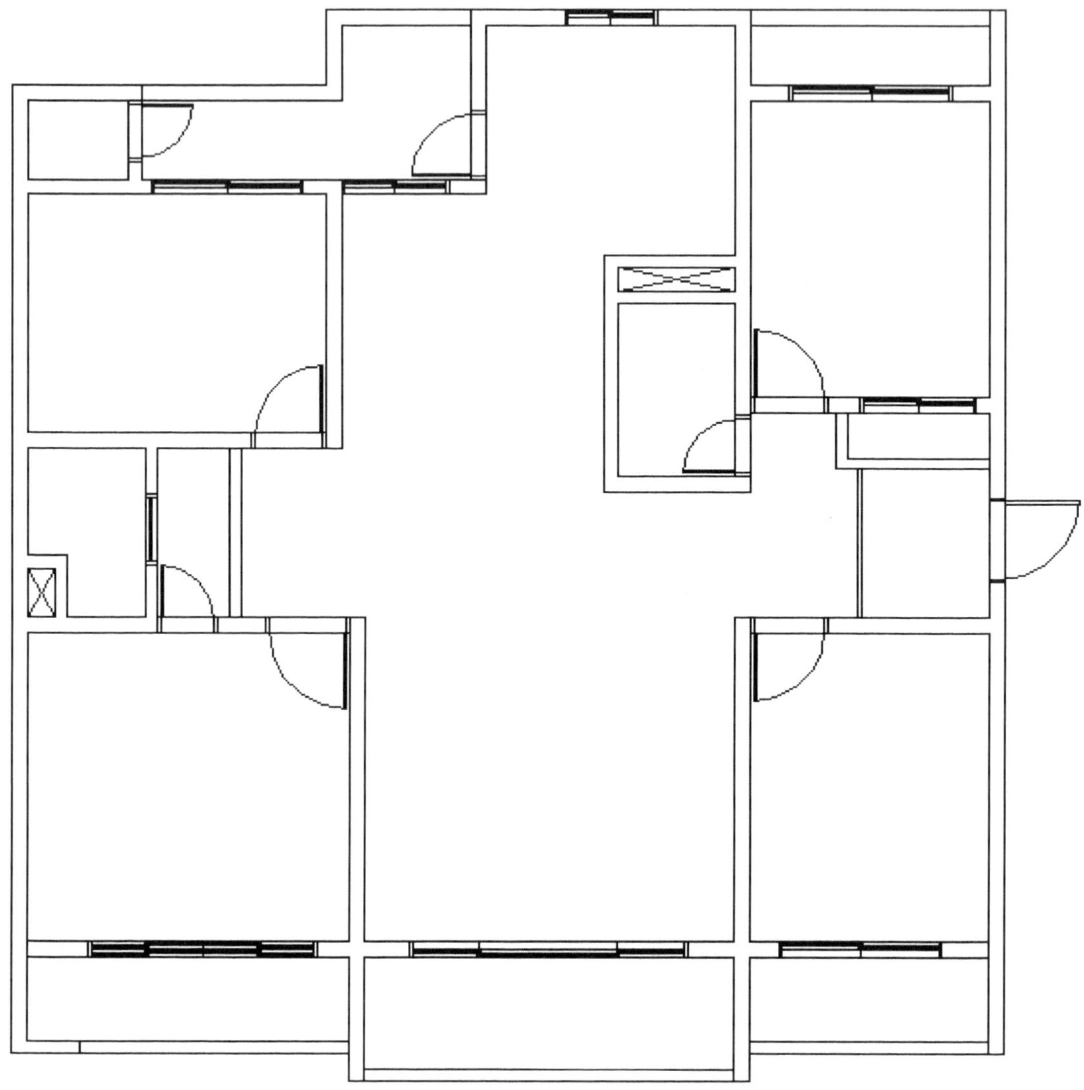

● 창과 문을 붙여 넣습니다.

● 앞(주택평면그리기1)에서 만들어 두었던 wblock을 사용하여 insert 하십시오.

● 치수가 맞지 않는 경우에는 wblock을 explode 하여 편집하면 됩니다.

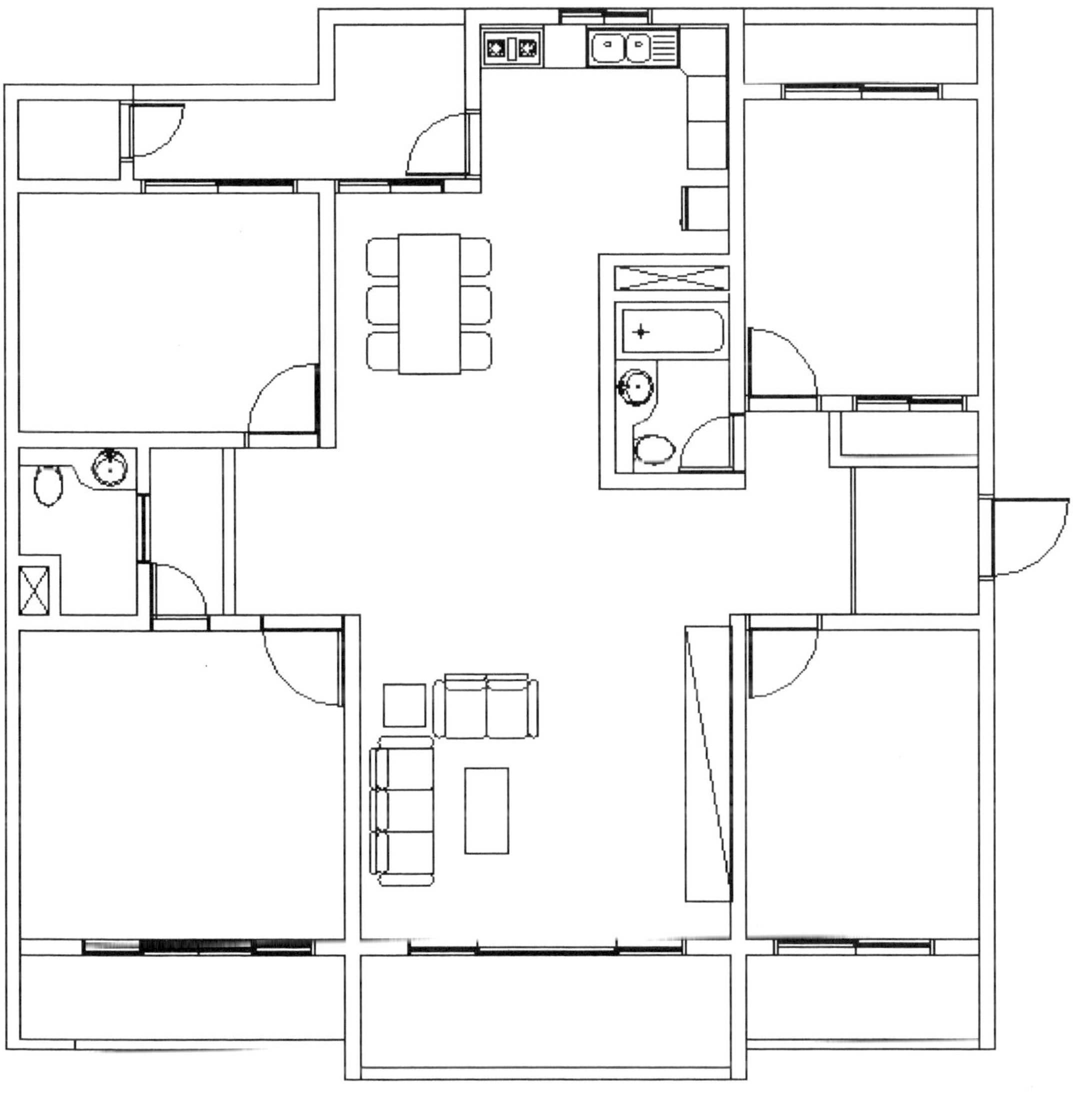

● 가구를 그려 넣습니다

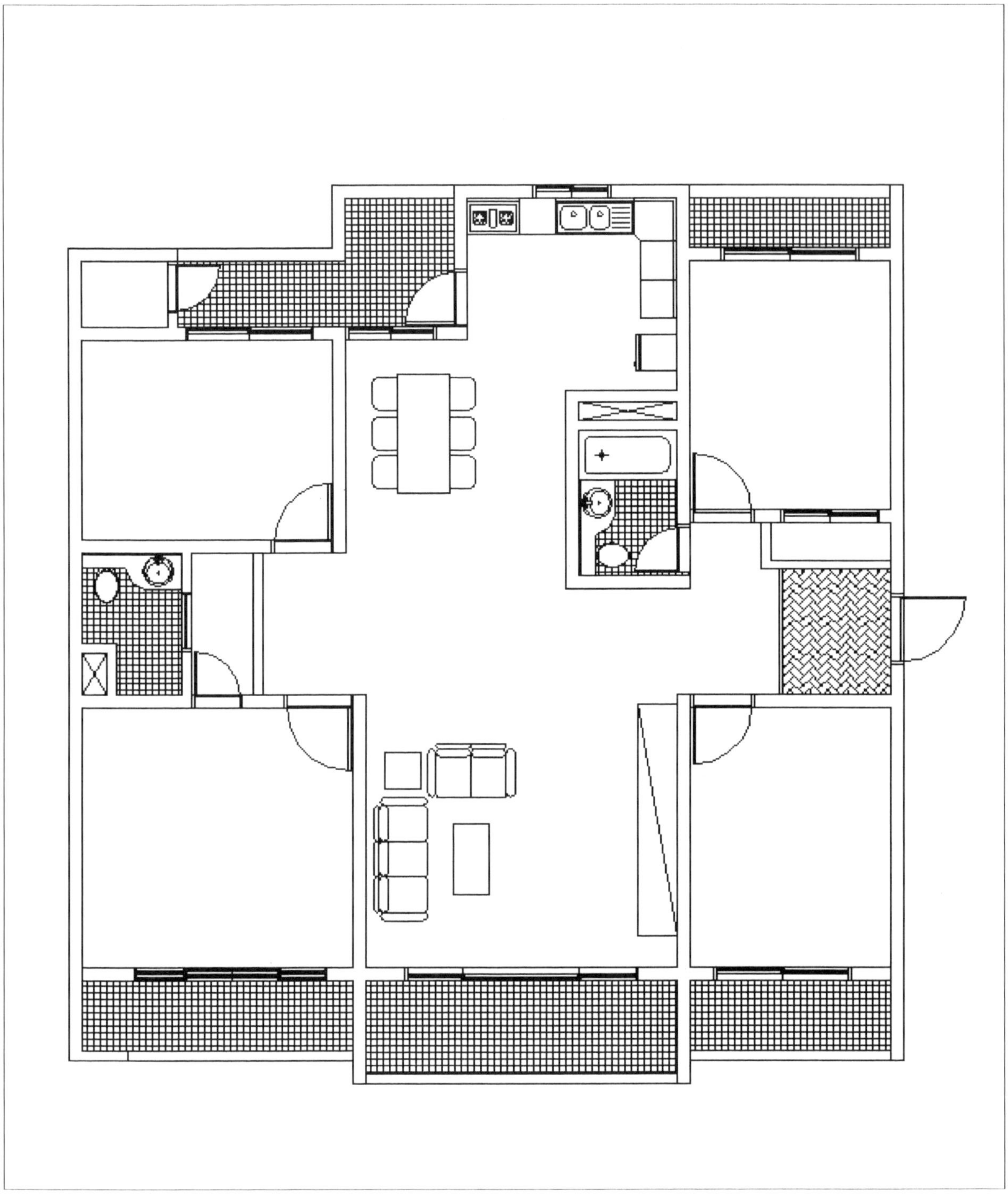

● 해칭을 합니다.

테라스와 욕실 부분 : 패턴명(User-defined), Angle(0), Spacing(100), Double

현관부분 : 패턴명(AR-HBONE0, Angle(0), Scale(1)

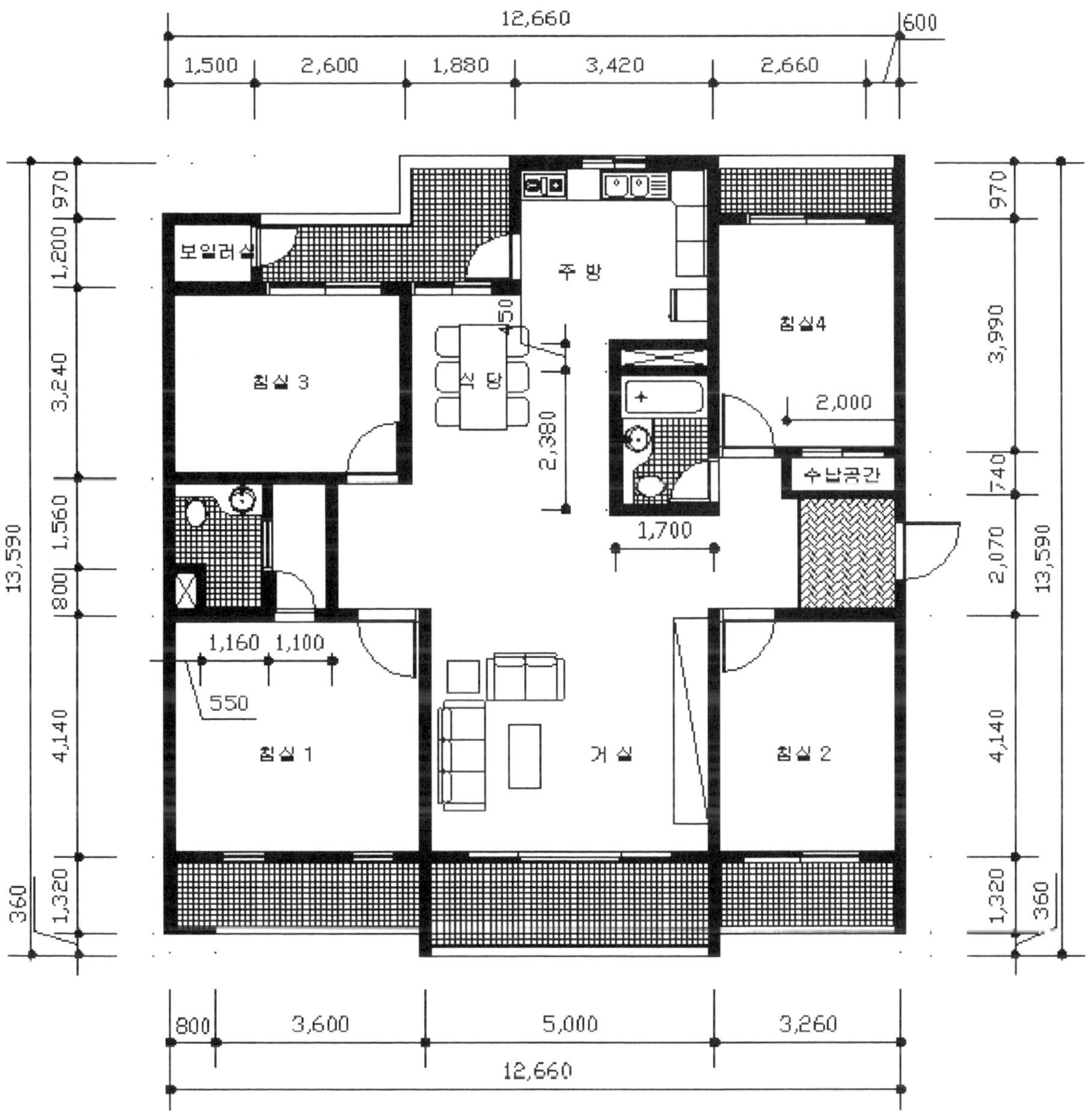

● 벽체에 solid를 넣습니다.

● 치수를 넣고 text를 기입하여 정리합니다.

단면 상세 그리기

● 다음의 일반적인 방 단면도를 그려봅시다.

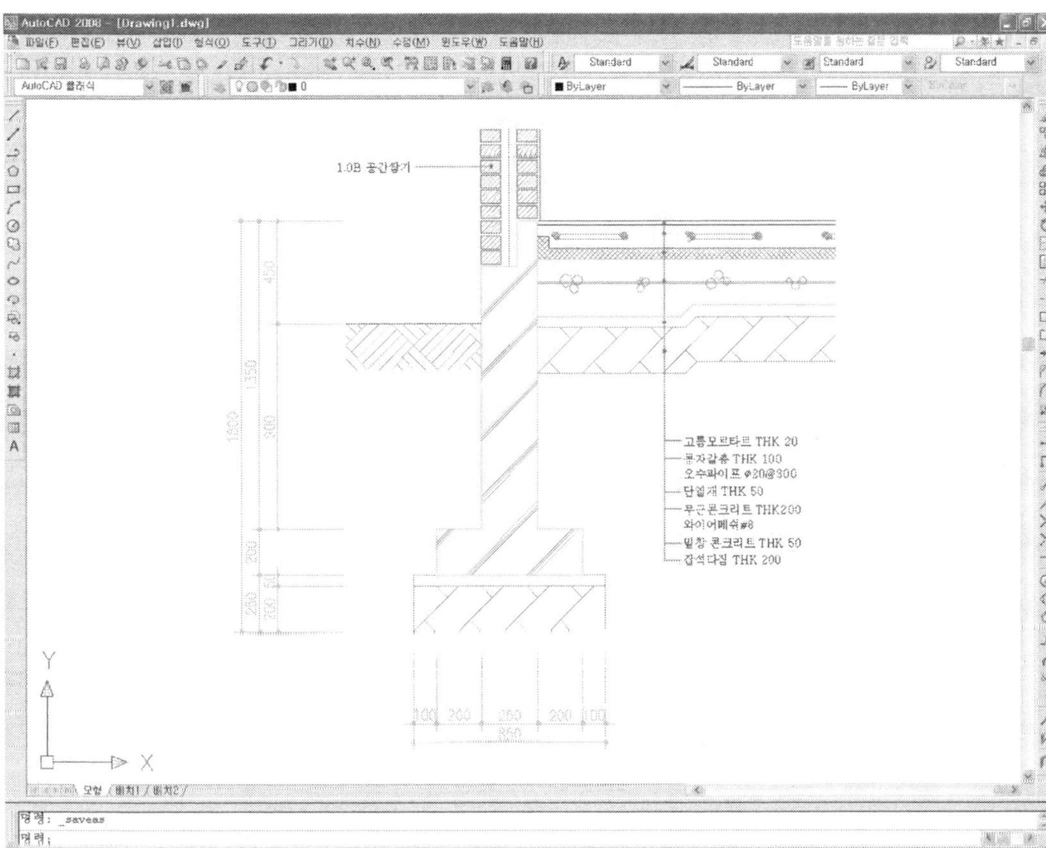

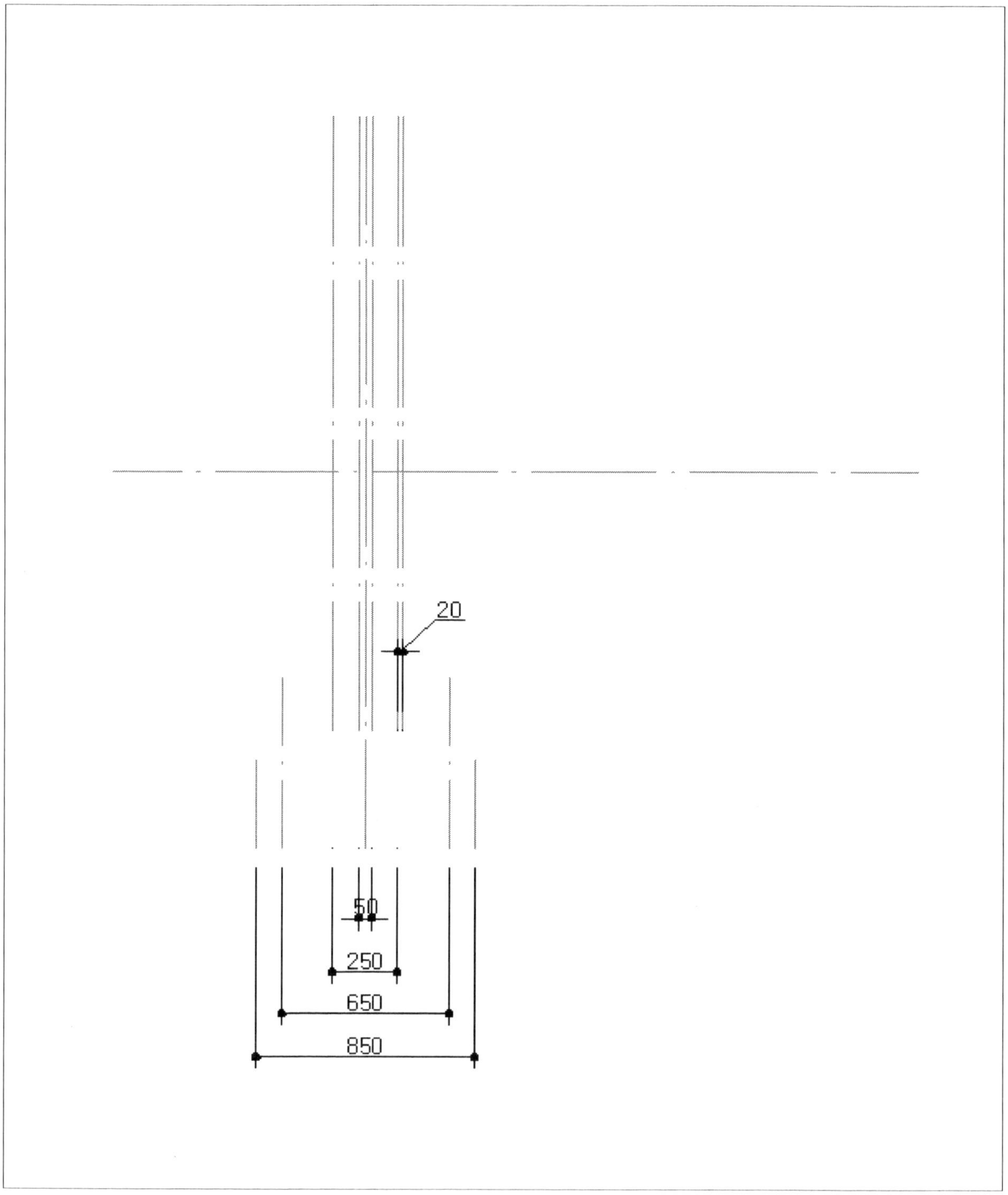

● 임의의 수평, 수직선을 긋습니다.

● 치수에 맞추어 중심선을 긋습니다.

● 중심선(1점쇄선)이 재대로 보이지 않는경우에는 ltscale을 조정합니다.

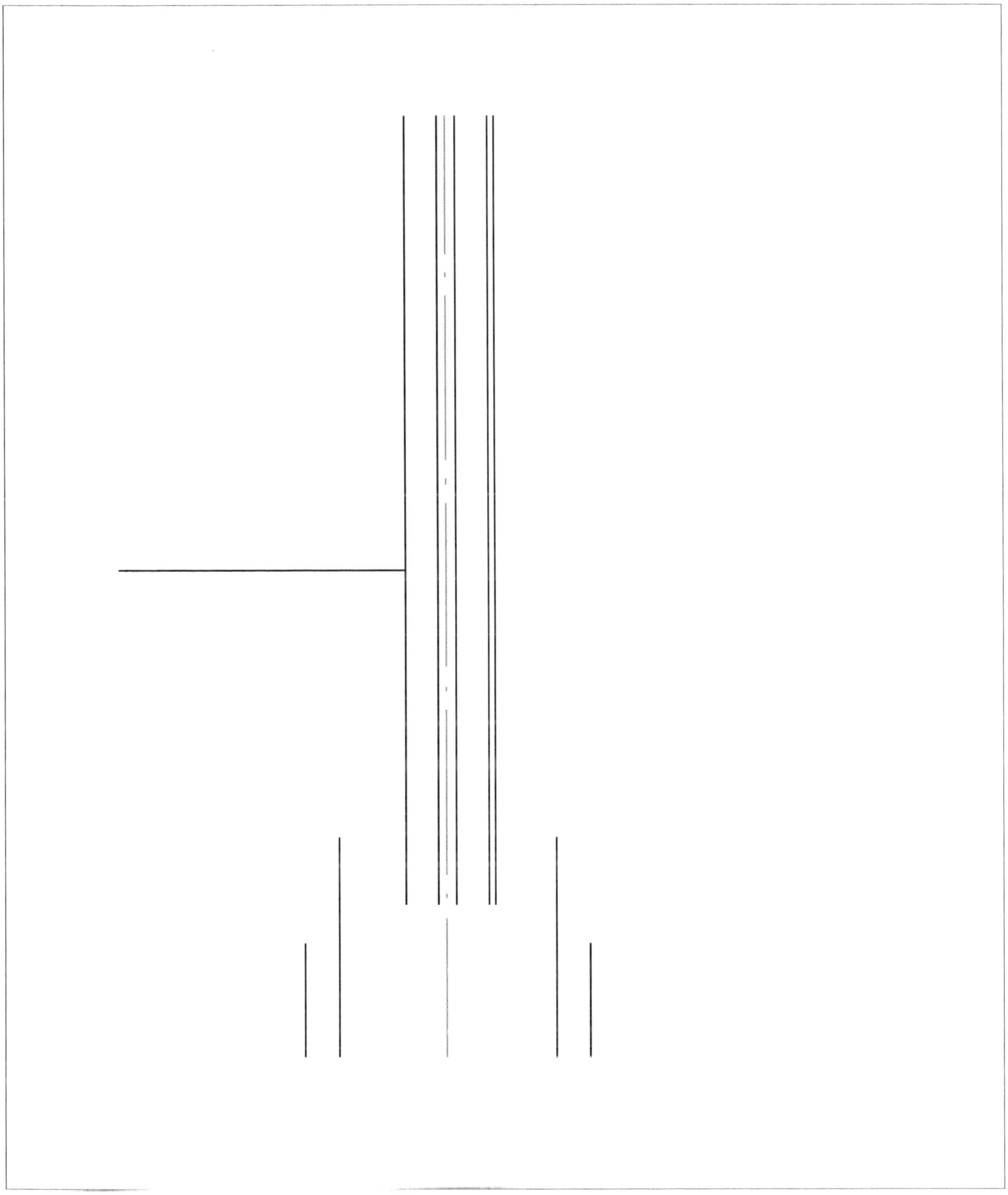

● 가운데의 중심선을 제외한 나머지 선의 레이어를 wall로 바꿉니다.

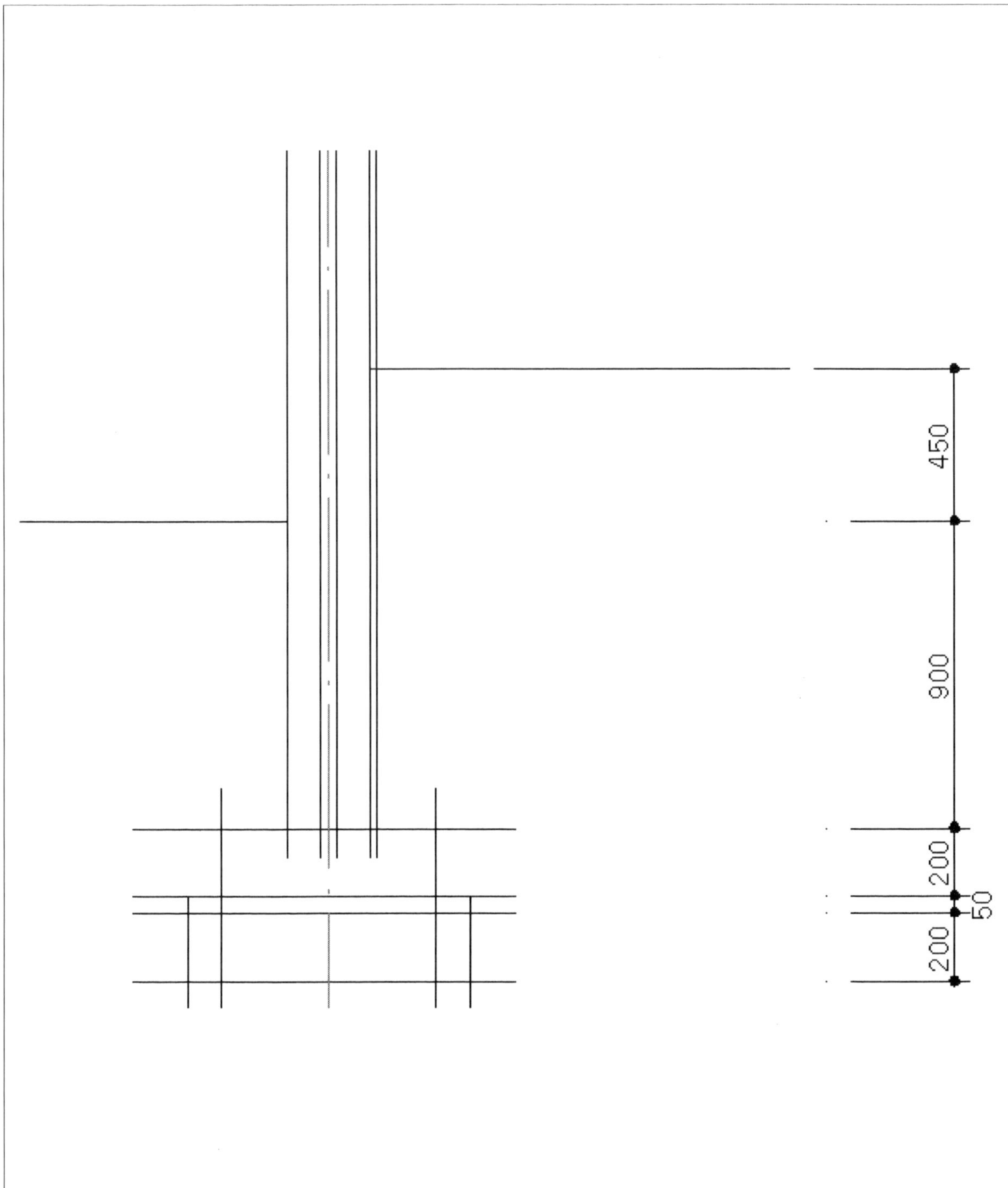

- 치수에 맞추어 수평선들을 그립니다.
- G.L에서 450 위로 방의 높이를 잡고, G.L 아래쪽으로 동결선을 잡습니다.

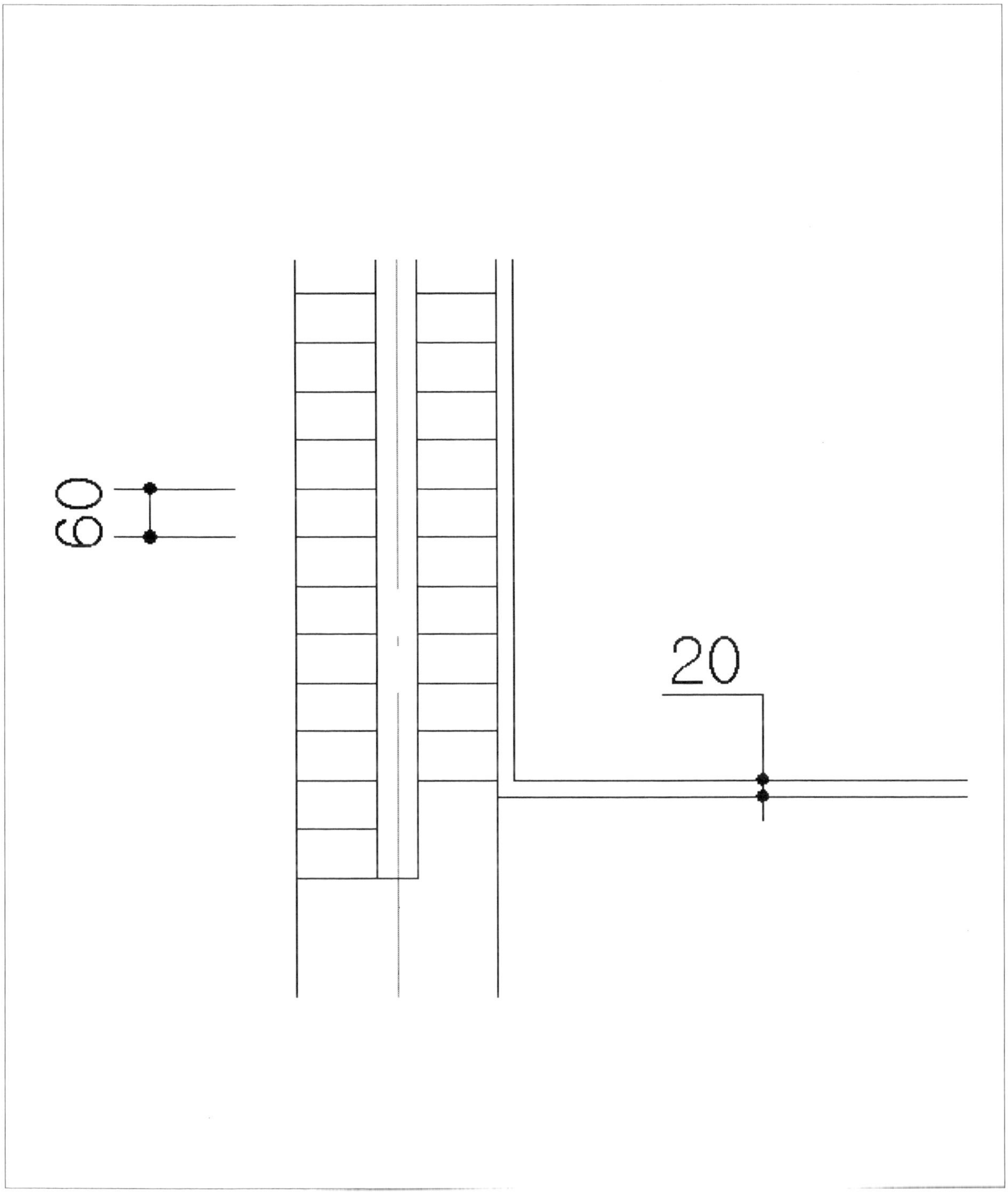

● 방의 바닥부분 수평선을 20 아래로 offset하여 마감선을 만듭니다.

● 1.0B 공간쌓기 부분에 들어가는벽돌 단면을 표현해 줍니다.

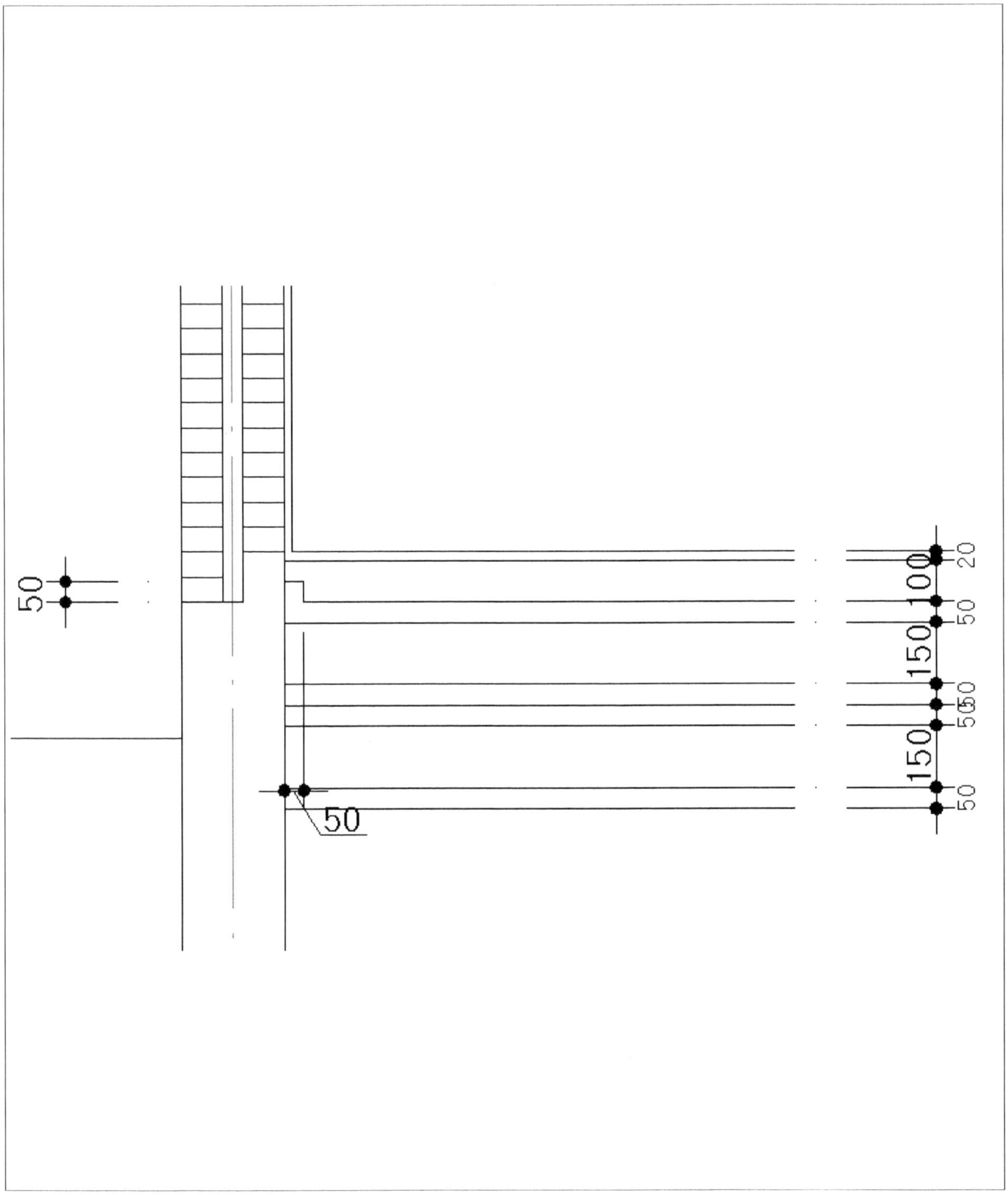

● 방의 바닥 부분이 될 곳에 치수에 맞추어 offset을 실행하여 위의 그림과 같이 그립니다.

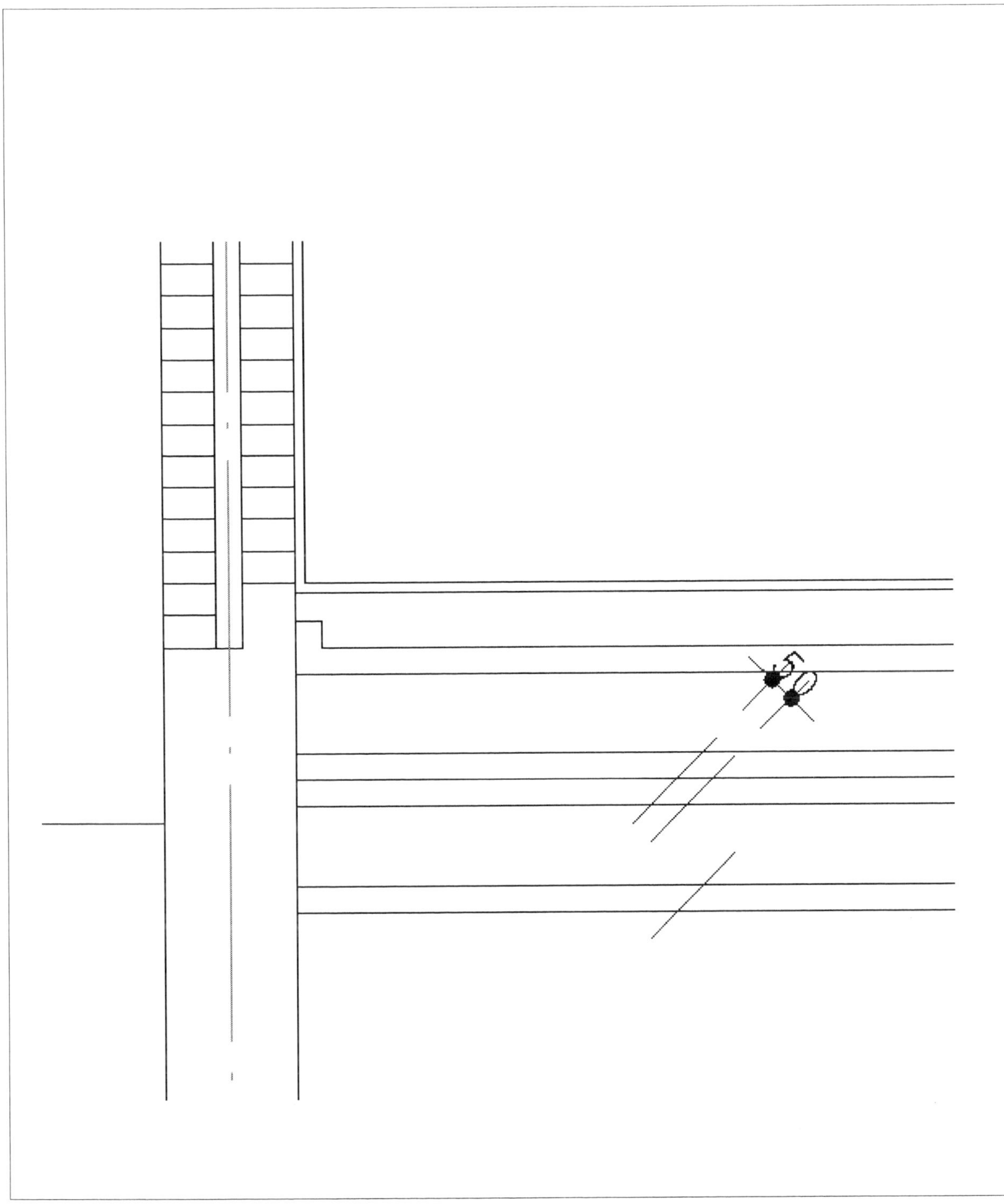

- 꺾이는 부분을 표현하기 위해서 보조선을 긋습니다.
- 제일 아래에 있는 사선 처럼 45도 각도로 적당히 선을 그은 다음, 중간 위치에 복사합니다.

  그리고, 위로 50 만큼 offset 합니다.

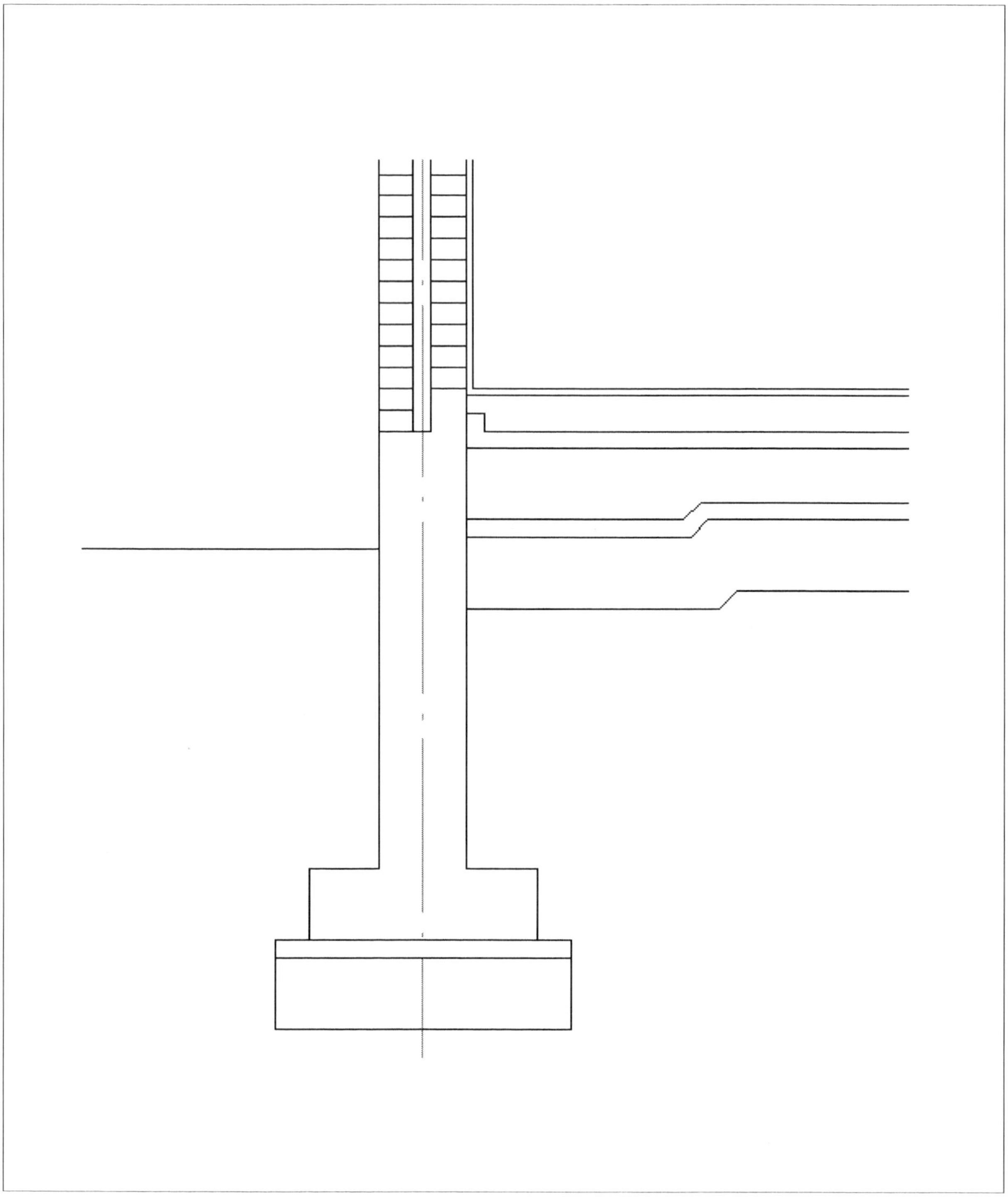

● 바닥 부분과 기초 부분을 trim으로 정리합니다.

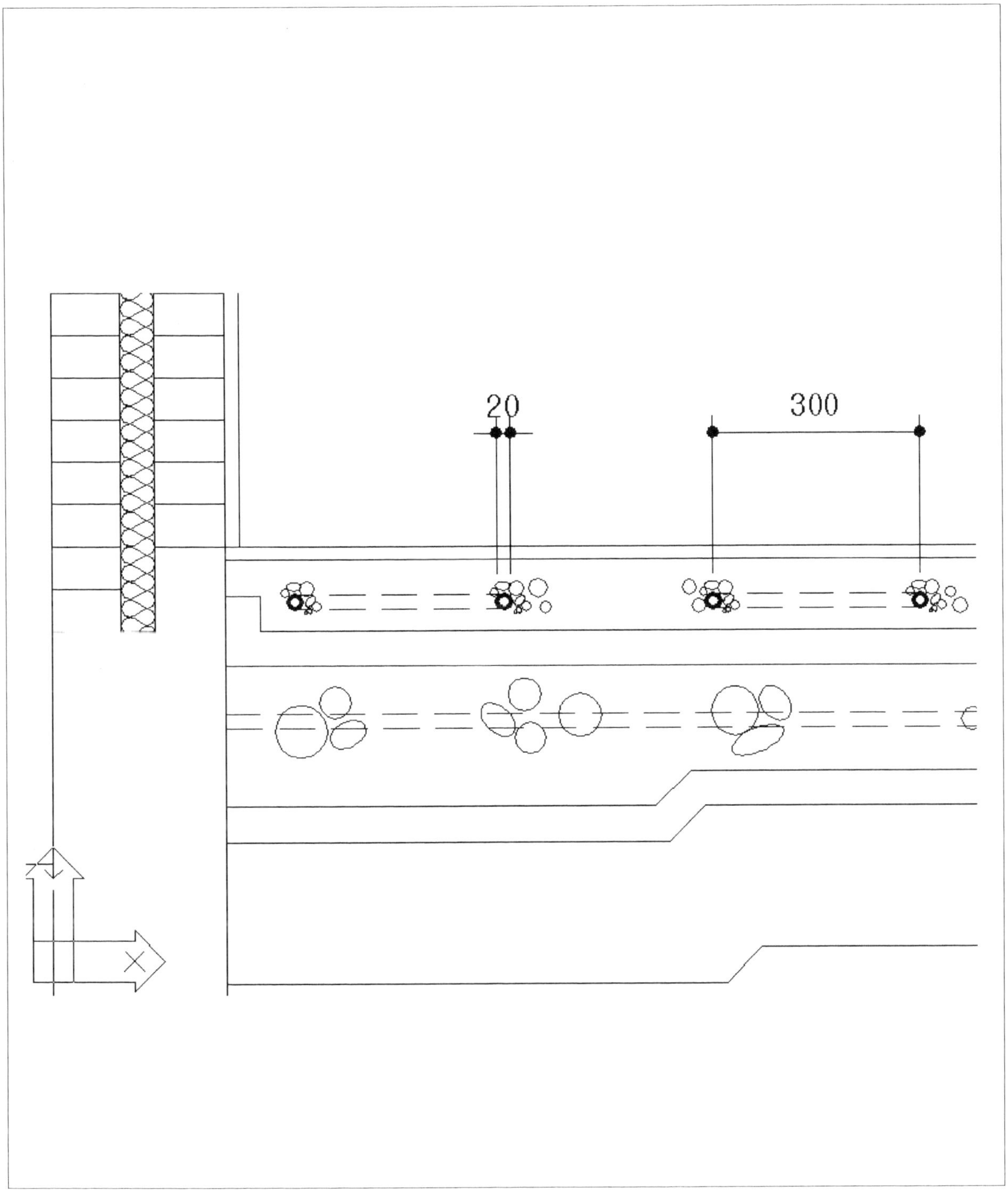

● 온수 파이프는 지름 20에 간격이 300입니다.

● 온수 파이프가 들어가는 콩자갈층과 그 아래의 무근 콘크리트에 직접 재질 표시를 그려 넣습니다.

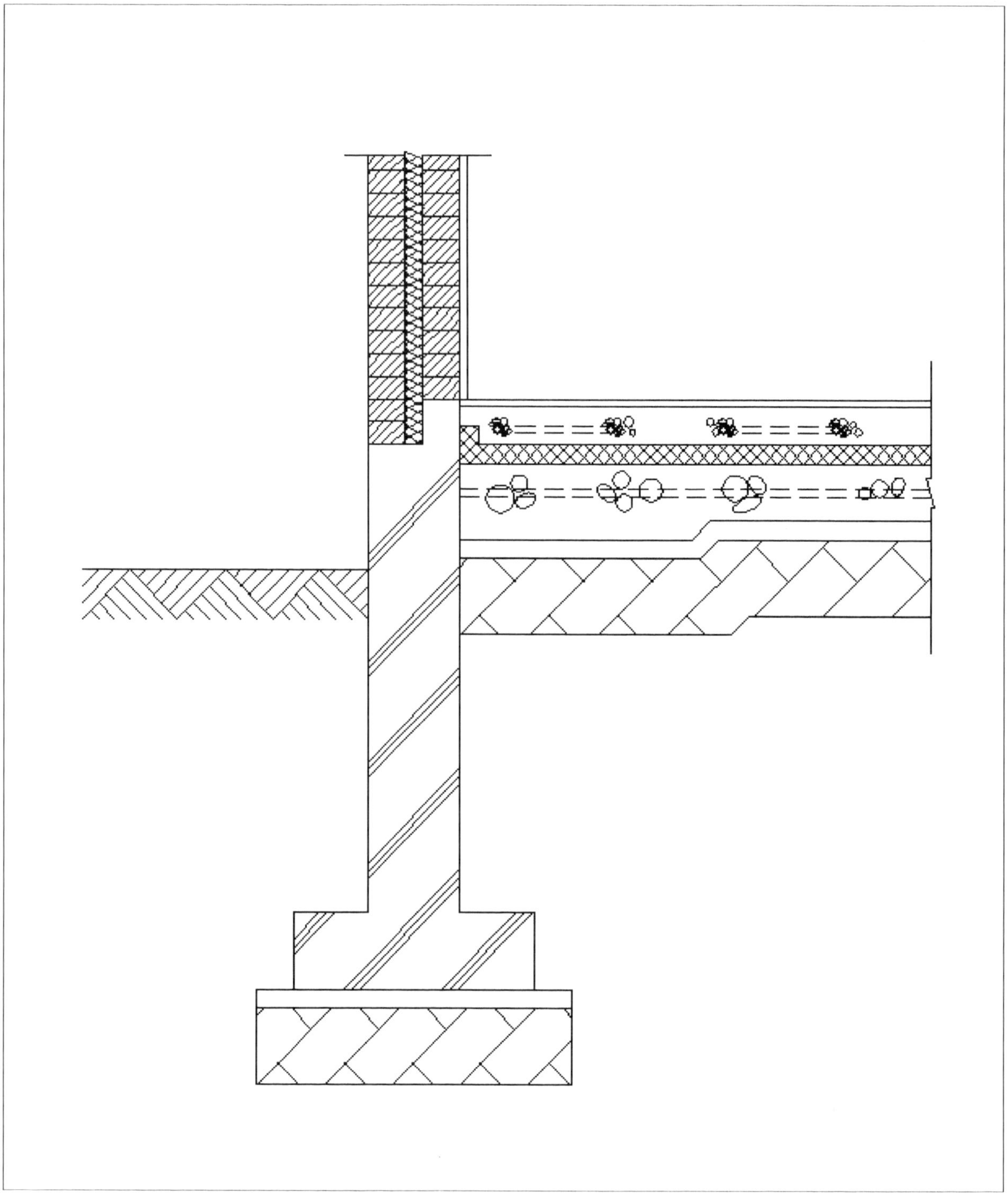

● 해치를 넣어 봅시다.

벽돌 : 패턴명(ANSI31), scale(200), angle(0)

단열재 : 패턴명(USER-DEFINED), scale(30), angle(0) , Double

잡석다짐: 패턴명(BRICK), scale(500), angle(45)

지반 : 패턴명(AR-PARQ1), scale(20), angle(45)

철근콘크리트 : 직접 그립니다.

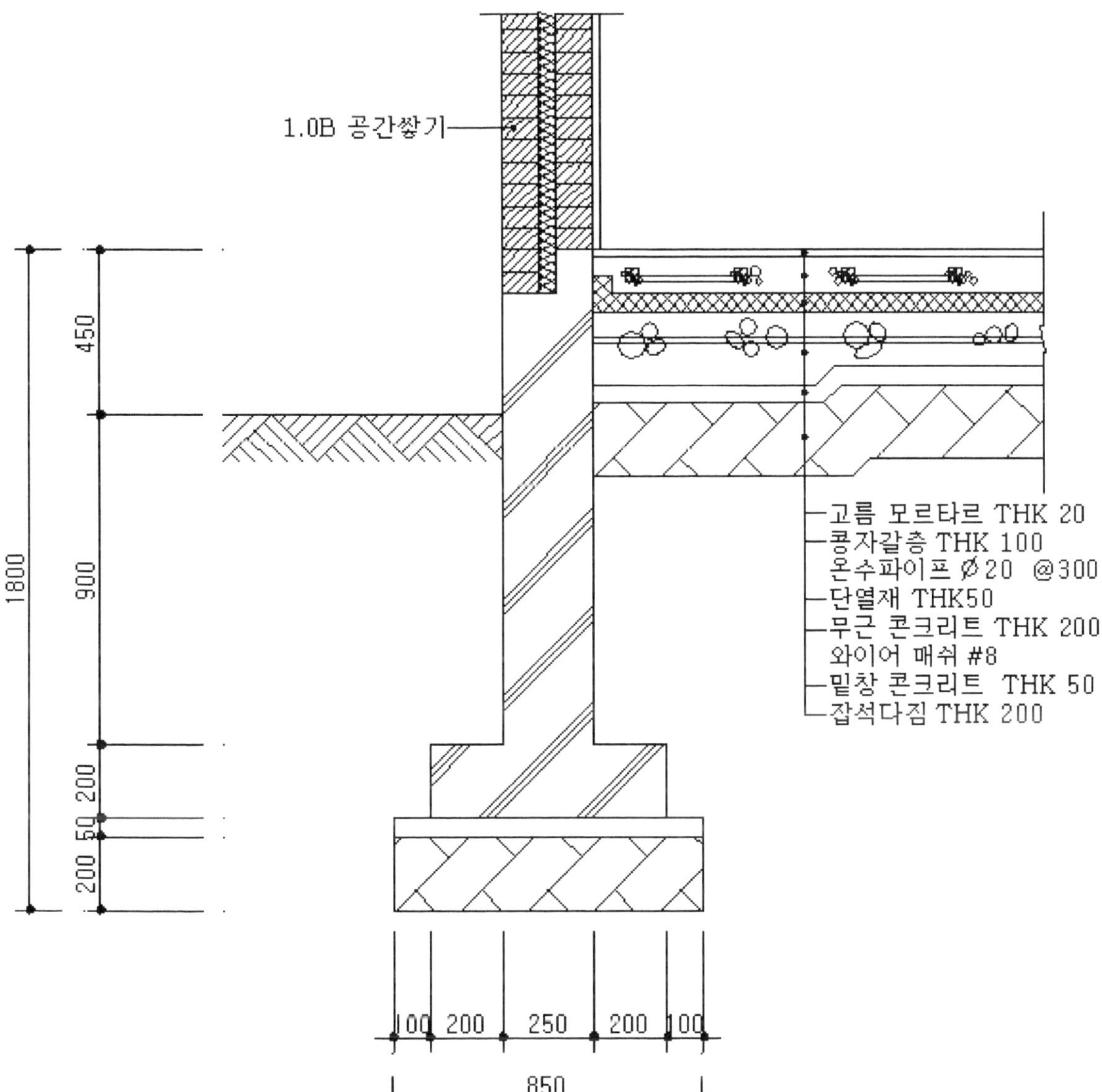

● 치수를 넣고 text를 기입하여 정리 완성합니다.

건축 CAD와 실무 I

2023년 3월 1일 인쇄
2023년 3월 10일 발행

공 저 : 이 영 훈·이 덕 용 ·장 훈 익
펴낸이 : 이 석 환
펴낸곳 : 도서출판 서우
등 록 : 제8-159호
주 소 : 서울시 은평구 통일로 795 (대조동)
전 화 : (02) 383-1696, 1697
팩 스 : (02) 387-9578
ISBN 978-89-97153-73-2 93540

값 18,000원

■ 신저작권법에 의한 한국에서 보호를 받는 저작물이므로
무단전재와 복제를 금합니다.